COLLECTION

DES

MEILLEURS OUVRAGES

DE LA LANGUE FRANÇAISE

EN PROSE ET EN VERS.

OEUVRES

COMPLÈTES

DE MOLIÈRE.

PARIS. — DE L'IMPRIMERIE DE RIGNOUX,
rue des Francs-Bourgeois-S.-Michel, n° 8.

OEUVRES

COMPLÈTES

DE MOLIÈRE

AVEC UNE NOTICE

PAR M. L. B. PICARD

DE L'ACADÉMIE FRANÇOISE.

TOME CINQUIÈME.

PARIS,

BAUDOUIN FRÈRES, ÉDITEURS,

RUE DE VAUGIRARD, N° 17.

MDCCCXXVII.

GEORGE DANDIN

ou

LE MARI CONFONDU,

COMÉDIE EN TROIS ACTES ET EN PROSE,

Représentée à Versailles, le 18 juillet 1668, et à Paris, sur le théâtre du Palais-Royal, le 9 novembre de la même année.

PERSONNAGES.

GEORGE DANDIN, riche paysan, mari d'Angélique [1].
ANGÉLIQUE, femme de George Dandin, et fille de M. de Sotenville [2].
M. DE SOTENVILLE, gentilhomme campagnard, père d'Angélique [3].
MADAME DE SOTENVILLE [4].
CLITANDRE, amant d'Angélique [5].
CLAUDINE, suivante d'Angélique [6].
LUBIN, paysan servant Clitandre [7].
COLIN, valet de George Dandin.

ACTEURS.

[1] MOLIÈRE. — [2] Mademoiselle MOLIÈRE. — [3] DU CROISY. — [4] HUBERT. — [5] LA GRANGE. — [6] Mademoiselle DE BRIE. — [7] LA THORILLIÈRE.

La scène est devant la maison de George Dandin, à la campagne.

GEORGE DANDIN

ou

LE MARI CONFONDU.

ACTE PREMIER.

SCÈNE I.

GEORGE DANDIN.

Ah, qu'une femme demoiselle est une étrange affaire! et que mon mariage est une leçon bien parlante à tous les paysans qui veulent s'élever au dessus de leur condition, et s'allier, comme j'ai fait, à la maison d'un gentilhomme! La noblesse de soi est bonne; c'est une chose considérable assurément; mais elle est accompagnée de tant de mauvaises circonstances, qu'il est très bon de ne s'y point frotter. Je suis devenu là dessus savant à mes dépens, et connois le style des nobles, lorsqu'ils nous font, nous autres, entrer dans leur famille. L'alliance qu'ils font est petite avec nos personnes, c'est notre bien seul qu'ils épousent; et j'aurois bien mieux fait, tout riche que je suis, de m'allier en bonne et franche paysannerie, que de prendre une femme qui se tient au dessus de moi, s'offense de porter mon nom, et pense qu'avec tout mon bien je n'ai pas assez acheté la qualité de son mari. George Dandin, George Dandin! vous avez fait une sottise, la plus grande du monde. Ma maison m'est effroyable maintenant, et je n'y rentre point sans y trouver quelque chagrin.

SCÈNE II.

GEORGE DANDIN, LUBIN.

GEORGE DANDIN, *à part, voyant sortir Lubin de chez lui.*

Que diantre ce drôle-là vient-il faire chez moi?

LUBIN, *à part, apercevant George Dandin.*

Voilà un homme qui me regarde!

GEORGE DANDIN, *à part.*

Il ne me connoît pas.

LUBIN, *à part.*

Il se doute de quelque chose.

GEORGE DANDIN, *à part.*

Ouais! il a grand'peine à saluer.

LUBIN, *à part.*

J'ai peur qu'il n'aille dire qu'il m'a vu sortir de là dedans.

GEORGE DANDIN.

Bonjour.

LUBIN.

Serviteur.

GEORGE DANDIN.

Vous n'êtes pas d'ici, que je crois?

LUBIN.

Non; je n'y suis venu que pour voir la fête de demain.

GEORGE DANDIN.

Hé! dites-moi donc un peu, s'il vous plaît : vous venez de là dedans?

LUBIN.

Chut.

GEORGE DANDIN.

Comment?

LUBIN.

Paix!

GEORGE DANDIN.

Quoi donc?

LUBIN.

Motus! il ne faut pas dire que vous m'ayez vu sortir de là.

GEORGE DANDIN.

Pourquoi?

LUBIN.

Mon dieu! parce...

GEORGE DANDIN.

Mais encore?

LUBIN.

Doucement; j'ai peur qu'on ne nous écoute.

GEORGE DANDIN.

Point, point.

LUBIN.

C'est que je viens de parler à la maîtresse du logis, de la part d'un certain monsieur qui lui fait les doux yeux; et il ne faut pas qu'on sache cela. Entendez-vous?

GEORGE DANDIN.

Oui.

LUBIN.

Voilà la raison. On m'a chargé de prendre garde que personne ne me vît; et je vous prie au moins de ne pas dire que vous m'ayez vu.

GEORGE DANDIN.

Je n'ai garde.

LUBIN.

Je suis bien aise de faire les choses secrètement, comme on m'a recommandé.

GEORGE DANDIN.

C'est bien fait.

LUBIN.

Le mari, à ce qu'ils disent, est un jaloux qui ne veut pas qu'on fasse l'amour à sa femme; et il feroit le diable à quatre si cela venoit à ses oreillles. Vous comprenez bien?

GEORGE DANDIN.

Fort bien.

LUBIN.

Il ne faut pas qu'il sache rien de tout ceci.

GEORGE DANDIN.

Sans doute.

LUBIN.

On le veut tromper tout doucement. Vous entendez bien?

GEORGE DANDIN.

Le mieux du monde.

LUBIN.

Si vous alliez dire que vous m'avez vu sortir de chez lui, vous gâteriez toute l'affaire. Vous comprenez bien?

GEORGE DANDIN.

Assurément. Et comment nommez-vous celui qui vous a envoyé là dedans?

LUBIN.

C'est le seigneur de notre pays, monsieur le vicomte de chose... Foin! je ne me souviens jamais comment diantre ils baragouinent ce nom-là; monsieur Cli.. Clitandre.

GEORGE DANDIN.

Est-ce ce jeune homme qui demeure...

LUBIN.

Oui, auprès de ces arbres.

GEORGE DANDIN, *à part.*

C'est pour cela que depuis peu ce damoiseau poli s'est venu loger contre moi; j'avois bon nez, sans doute, et son voisinage déja m'avoit donné quelque soupçon.

LUBIN.

Tétigué! c'est le plus honnête homme que vous ayez jamais vu. Il m'a donné trois pièces d'or pour aller dire seulement à la femme qu'il est amoureux d'elle, et qu'il souhaite fort l'honneur de pouvoir lui parler. Voyez s'il y a là une grande fatigue pour me payer si bien; et ce qu'est, au prix de cela, une journée de travail, où je ne gagne que dix sols.

GEORGE DANDIN.

Hé bien, avez-vous fait votre message?

LUBIN.

Oui, j'ai trouvé là dedans une certaine Claudine qui, tout du premier coup, a compris ce que je voulois, et qui m'a fait parler à sa maîtresse.

GEORGE DANDIN, *à part*.

Ah, coquine de servante!

LUBIN.

Morguienne! cette Claudine-là est tout-à-fait jolie; elle a gagné mon amitié, et il ne tiendra qu'à elle que nous soyons mariés ensemble.

GEORGE DANDIN.

Mais quelle réponse a faite la maîtresse à ce monsieur le courtisan?

LUBIN.

Elle m'a dit de lui dire... attendez, je ne sais si je me souviendrai bien de tout cela: qu'elle lui est tout-à-fait obligée de l'affection qu'il a pour elle; et qu'à cause de son mari, qui est fantasque, il garde d'en rien faire paroître; et qu'il faudra songer à chercher quelque invention pour se pouvoir entretenir tous deux.

GEORGE DANDIN, *à part*.

Ah, pendarde de femme!

LUBIN.

Tétiguienne! cela sera drôle, car le mari ne se doutera point de la manigance, voilà ce qui est de bon; et il aura un pied de nez avec sa jalousie. Est-ce pas?

GEORGE DANDIN.

Cela est vrai.

LUBIN.

Adieu. Bouche cousue, au moins. Gardez bien le secret, afin que le mari ne le sache pas.

GEORGE DANDIN.

Oui, oui.

LUBIN.

Pour moi, je vais faire semblant de rien. Je suis un fin matois, et l'on ne diroit pas que j'y touche.

SCÈNE III.

GEORGE DANDIN.

Hé bien, George Dandin, vous voyez de quel air votre femme vous traite! Voilà ce que c'est d'avoir voulu épouser une demoiselle! L'on vous accommode de toutes pièces sans que vous puissiez vous venger, et la gentilhommerie vous tient les bras liés. L'égalité de condition laisse du moins à l'honneur d'un mari la liberté du ressentiment; et, si c'étoit une paysanne, vous auriez maintenant toutes vos coudées franches à vous en faire la justice à bons coups de bâton. Mais vous avez voulu tâter de la noblesse, et il vous ennuyoit d'être maître chez vous. Ah, j'enrage de tout mon cœur, et je me donnerois volontiers des soufflets! Quoi, écouter impudemment l'amour d'un damoiseau, et y promettre en même temps la correspondance! Morbleu, je ne veux point laisser passer une occasion de la sorte. Il me faut de ce pas aller faire mes plaintes au père et à la mère, et les rendre témoins, à telle fin que de raison, des sujets de chagrin et de ressentiment que leur fille me donne. Mais les voici l'un et l'autre fort à propos.

SCÈNE IV.

M. DE SOTENVILLE, MADAME DE SOTENVILLE, GEORGE DANDIN.

M. DE SOTENVILLE.

Qu'est-ce, mon gendre? vous me paroissez tout troublé.

GEORGE DANDIN.

Aussi, en ai-je du sujet, et...

MADAME DE SOTENVILLE.

Mon dieu, notre gendre, que vous avez peu de civilité de ne pas saluer les gens quand vous les approchez!

GEORGE DANDIN.

Ma foi, ma belle-mère, c'est que j'ai d'autres choses en tête; et...

MADAME DE SOTENVILLE.

Encore! Est-il possible, notre gendre, que vous sachiez si peu votre monde, et qu'il n'y ait pas moyen de vous instruire de la manière qu'il faut vivre parmi les personnes de qualité?

GEORGE DANDIN.

Comment?

MADAME DE SOTENVILLE.

Ne vous déferez-vous jamais avec moi de la familiarité de ce mot de ma belle-mère, et ne sauriez-vous vous accoutumer à me dire madame?

GEORGE DANDIN.

Parbleu, si vous m'appelez votre gendre, il me semble que je puis vous appeler ma belle-mère!

MADAME DE SOTENVILLE.

Il y a fort à dire, et les choses ne sont pas égales. Apprenez, s'il vous plaît, que ce n'est pas à vous à vous servir de ce mot-là avec une personne de ma condition; que, tout notre gendre que vous soyez, il y a grande différence de vous à nous, et que vous devez vous connoître.

M. DE SOTENVILLE.

C'en est assez, m'amour; laissons cela.

MADAME DE SOTENVILLE.

Mon dieu, monsieur de Sotenville! vous avez des indulgences qui n'appartiennent qu'à vous, et vous ne savez pas vous faire rendre par les gens ce qui vous est dû.

M. DE SOTENVILLE.

Corbleu, pardonnez-moi! on ne peut point me faire de leçons là dessus; et j'ai su montrer en ma vie, par vingt actions de vigueur, que je ne suis point homme à démordre jamais d'un pouce de mes prétentions : mais il suffit de lui avoir donné un petit avertissement. Sachons un peu, mon gendre, ce que vous avez dans l'esprit.

GEORGE DANDIN.

Puisqu'il faut donc parler catégoriquement, je vous dirai, monsieur de Sotenville, que j'ai lieu de...

M. DE SOTENVILLE.

Doucement, mon gendre, apprenez qu'il n'est pas respectueux d'appeler les gens par leur nom; et qu'à ceux qui sont au dessus de nous il faut dire monsieur tout court.

GEORGE DANDIN.

Hé bien, monsieur tout court, et non plus monsieur de Sotenville, j'ai à vous dire que ma femme me donne...

M. DE SOTENVILLE.

Tout beau! apprenez aussi que vous ne devez pas dire ma femme quand vous parlez de notre fille.

GEORGE DANDIN.

J'enrage! Comment, ma femme n'est pas ma femme?

MADAME DE SOTENVILLE.

Oui, notre gendre, elle est votre femme; mais il ne vous est pas permis de l'appeler ainsi, et c'est tout ce que vous pourriez faire si vous aviez épousé une de vos pareilles.

GEORGE DANDIN, *à part.*

Ah, George Dandin, où t'es-tu fourré! (*haut.*) Hé, de grace! mettez pour un moment votre gentilhommerie à côté, et souffrez que je vous parle maintenant comme je pourrai. (*à part.*) Au diantre soit la tyrannie de toutes ces histoires-là! (*à monsieur de*

Sotenville.) Je vous dis donc que je suis mal satisfait de mon mariage.

M. DE SOTENVILLE.

Et la raison, mon gendre?

MADAME DE SOTENVILLE.

Quoi, parler ainsi d'une chose dont vous avez tiré de si grands avantages!.

GEORGE DANDIN.

Et quels avantages, madame? puisque madame y a. L'aventure n'a pas été mauvaise pour vous; car sans moi vos affaires, avec votre permission, étoient fort délabrées, et mon argent a servi à reboucher d'assez bons trous; mais moi, de quoi ai-je profité, je vous prie, que d'un allongement de nom, et, au lieu de *George Dandin*, d'avoir reçu par vous le titre de *monsieur de la Dandinière?*

M. DE SOTENVILLE.

Ne comptez-vous pour rien, mon gendre, l'avantage d'être allié à la maison de Sotenville?

MADAME DE SOTENVILLE.

Et à celle de la Prudoterie, dont j'ai l'honneur d'être issue; maison où le ventre anoblit, et qui, par ce beau privilége, rendra vos enfants gentilshommes?

GEORGE DANDIN.

Oui, voilà qui est bien, mes enfants seront gentilshommes; mais je serai cocu, moi, si l'on n'y met ordre.

M. DE SOTENVILLE.

Que veut dire cela, mon gendre?

####### GEORGE DANDIN.

Cela veut dire que votre fille ne vit pas comme il faut qu'une femme vive, et qu'elle fait des choses qui sont contre l'honneur.

####### MADAME DE SOTENVILLE.

Tout beau, prenez garde à ce que vous dites! Ma fille est d'une race trop pleine de vertu pour se porter jamais à faire aucune chose dont l'honnêteté soit blessée; et, de la maison de la Prudoterie, il y a plus de trois cents ans qu'on n'a point remarqué qu'il y ait eu une femme, dieu merci, qui ait fait parler d'elle.

####### M. DE SOTENVILLE.

Corbleu! dans la maison de Sotenville on n'a jamais vu de coquette; et la bravoure n'y est pas plus héréditaire aux mâles, que la chasteté aux femelles.

####### MADAME DE SOTENVILLE.

Nous avons eu une Jacqueline de la Prudoterie qui ne voulut jamais être la maîtresse d'un duc et pair, gouverneur de notre province.

####### M. DE SOTENVILLE.

Il y a eu une Mathurine de Sotenville qui refusa vingt mille écus d'un favori du roi, qui ne demandoit seulement que la faveur de lui parler.

####### GEORGE DANDIN.

Oh bien, votre fille n'est pas si difficile que cela! et elle s'est apprivoisée depuis qu'elle est chez moi.

####### M. DE SOTENVILLE.

Expliquez-vous, mon gendre. Nous ne sommes point gens à la supporter dans de mauvaises actions;

et nous serons les premiers, sa mère et moi, à vous en faire la justice.

MADAME DE SOTENVILLE.

Nous n'entendons point raillerie sur les matières de l'honneur, et nous l'avons élevée dans toute la sévérité possible.

GEORGE DANDIN.

Tout ce que je puis vous dire, c'est qu'il y a ici un certain courtisan que vous avez vu, qui est amoureux d'elle à ma barbe, et qui lui a fait faire des protestations d'amour, qu'elle a très humainement écoutées.

MADAME DE SOTENVILLE.

Jour de dieu! je l'étranglerois de mes propres mains, s'il falloit qu'elle forlignât de l'honnêteté de sa mère.

M. DE SOTENVILLE.

Corbleu! je lui passerois mon épée au travers du corps, à elle et au galant, si elle avoit forfait à son honneur.

GEORGE DANDIN.

Je vous ai dit ce qui se passe, pour vous faire mes plaintes; et je vous demande raison de cette affaire-là.

M. DE SOTENVILLE.

Ne vous tourmentez point, je vous la ferai de tous deux; et je suis homme pour serrer le bouton à qui que ce puisse être. Mais êtes-vous bien sûr aussi de ce que vous nous dites?

GEORGE DANDIN.

Très sûr.

M. DE SOTENVILLE.

Prenez bien garde, au moins : car, entre gentils-hommes, ce sont des choses chatouilleuses, et il n'est pas question d'aller faire ici un pas de clerc.

GEORGE DANDIN.

Je ne vous ai rien dit, vous dis-je, qui ne soit véritable.

M. DE SOTENVILLE.

M'amour, allez-vous-en parler à votre fille, tandis qu'avec mon gendre j'irai parler à l'homme.

MADAME DE SOTENVILLE.

Se pourroit-il, mon fils, qu'elle s'oubliât de la sorte, après le sage exemple que vous savez vous-même que je lui ai donné !

M. DE SOTENVILLE.

Nous allons éclaircir l'affaire. Suivez-moi, mon gendre, et ne vous mettez pas en peine. Vous verrez de quel bois nous nous chauffons lorsqu'on s'attaque à ceux qui nous peuvent appartenir.

GEORGE DANDIN.

Le voici qui vient vers nous.

SCÈNE V.

M. DE SOTENVILLE, CLITANDRE, GEORGE DANDIN.

M. DE SOTENVILLE.

Monsieur, suis-je connu de vous ?

CLITANDRE.

Non pas que je sache, monsieur.

M. DE SOTENVILLE.

Je m'appelle le baron de Sotenville.

CLITANDRE.

Je m'en réjouis fort.

M. DE SOTENVILLE.

Mon nom est connu à la cour, et j'eus l'honneur, dans ma jeunesse, de me signaler des premiers à l'arrière-ban de Nancy.

CLITANDRE.

A la bonne heure.

M. DE SOTENVILLE.

Monsieur mon père, Jean-Gilles de Sotenville, eut la gloire d'assister en personne au grand siége de Montauban.

CLITANDRE.

J'en suis ravi.

M. DE SOTENVILLE.

Et j'ai eu un aïeul, Bertrand de Sotenville, qui fut si considéré en son temps, que d'avoir permission de vendre tout son bien pour le voyage d'outre-mer.

CLITANDRE.

Je le veux croire.

M. DE SOTENVILLE.

Il m'a été rapporté, monsieur, que vous aimez et poursuivez une jeune personne, qui est ma fille, pour laquelle je m'intéresse (*montrant George Dandin*), et pour l'homme que vous voyez, qui a l'honneur d'être mon gendre.

CLITANDRE.

Qui, moi?

M. DE SOTENVILLE.

Oui; et je suis bien aise de vous parler, pour tirer de vous, s'il vous plaît, un éclaircissement de cette affaire.

CLITANDRE.

Voilà une étrange médisance! Qui vous a dit cela, monsieur?

M. DE SOTENVILLE.

Quelqu'un qui croit le bien savoir.

CLITANDRE.

Ce quelqu'un-là en a menti. Je suis honnête homme. Me croyez-vous capable, monsieur, d'une action aussi lâche que celle-là? Moi, aimer une jeune et belle personne qui a l'honneur d'être la fille de monsieur le baron de Sotenville! Je vous révère trop pour cela, et suis trop votre serviteur. Quiconque vous l'a dit est un sot.

M. DE SOTENVILLE.

Allons, mon gendre.

GEORGE DANDIN.

Quoi?

CLITANDRE.

C'est un coquin et un maraud.

M. DE SOTENVILLE, *à George Dandin.*

Répondez.

GEORGE DANDIN.

Répondez vous-même.

CLITANDRE.

Si je savois qui ce peut être, je lui donnerois, en votre présence, de l'épée dans le ventre.

M. DE SOTENVILLE, *à George Dandin.*

Soutenez donc la chose.

GEORGE DANDIN.

Elle est toute soutenue. Cela est vrai.

CLITANDRE.

Est-ce votre gendre, monsieur, qui...

M. DE SOTENVILLE.

Oui, c'est lui-même qui s'en est plaint à moi.

CLITANDRE.

Certes, il peut remercier l'avantage qu'il a de vous appartenir; et, sans cela, je lui apprendrois bien à tenir de pareils discours d'une personne comme moi.

SCÈNE VI.

M. DE SOTENVILLE, MADAME DE SOTENVILLE, ANGÉLIQUE, CLITANDRE, GEORGE DANDIN, CLAUDINE.

MADAME DE SOTENVILLE.

Pour ce qui est de cela, la jalousie est une étrange chose! J'amène ici ma fille pour éclaircir l'affaire en présence de tout le monde.

CLITANDRE, *à Angélique.*

Est-ce donc vous, madame, qui avez dit à votre mari que je suis amoureux de vous?

ANGÉLIQUE.

Moi? Hé, comment lui aurois-je dit? Est-ce que cela est? Je voudrois bien le voir, vraiment, que vous fussiez amoureux de moi! Jouez-vous-y, je vous en prie ; vous trouverez à qui parler : c'est une chose que je vous conseille de faire. Ayez recours, pour voir, à tous les détours des amants; essayez un peu, par plaisir, à m'envoyer des ambassades, à m'écrire secrètement de petits billets doux, à épier les moments que mon mari n'y sera pas, ou le temps que je sortirai, pour me parler de votre amour : vous n'avez qu'à y venir, je vous promets que vous serez reçu comme il faut.

CLITANDRE.

Hé, la, la, madame, tout doucement! Il n'est pas nécessaire de me faire tant de leçons, et de vous tant scandaliser. Qui vous dit que je songe à vous aimer!

ANGÉLIQUE.

Que sais-je, moi, ce qu'on me vient conter ici?

CLITANDRE.

On dira ce que l'on voudra; mais vous savez si je vous ai parlé d'amour lorsque je vous ai rencontrée.

ANGÉLIQUE.

Vous n'aviez qu'à le faire, vous auriez été bien venu.

CLITANDRE.

Je vous assure qu'avec moi vous n'avez rien à craindre; que je ne suis point homme à donner du chagrin aux belles; et que je vous respecte trop, et vous et messieurs vos parents, pour avoir la pensée d'être amoureux de vous.

MADAME DE SOTENVILLE, *à George Dandin.*

Hé bien, vous le voyez!

M. DE SOTENVILLE.

Vous voilà satisfait, mon gendre. Que dites-vous à cela ?

GEORGE DANDIN.

Je dis que ce sont là des contes à dormir debout; que je sais bien ce que je sais; et que tantôt, puisqu'il faut parler net, elle a reçu une ambassade de sa part.

ANGÉLIQUE.

Moi, j'ai reçu une ambassade?

CLITANDRE.

J'ai envoyé une ambassade?

ANGÉLIQUE.

Claudine?

CLITANDRE, *à Claudine.*

Est-il vrai?

CLAUDINE.

Par ma foi, voilà une étrange fausseté!

GEORGE DANDIN.

Taisez-vous, carogne que vous êtes. Je sais de vos nouvelles; et c'est vous qui, tantôt, avez introduit le courrier.

CLAUDINE.

Qui, moi?

GEORGE DANDIN.

Oui, vous. Ne faites point tant la sucrée.

CLAUDINE.

Hélas, que le monde aujourd'hui est rempli de méchanceté, de m'aller soupçonner ainsi, moi qui suis l'innocence même!

GEORGE DANDIN.

Taisez-vous, bonne pièce. Vous faites la sournoise, mais je vous connois il y a long-temps; et vous êtes une dessalée.

CLAUDINE, *à Angélique.*

Mais, est-ce que...

GEORGE DANDIN.

Taisez-vous, vous dis-je; vous pourriez bien porter la folle-enchère de tous les autres, et vous n'avez point de père gentilhomme.

ANGÉLIQUE.

C'est une imposture si grande, et qui me touche si fort au cœur, que je ne puis pas même avoir la force d'y répondre. Cela est bien horrible d'être accusée par un mari, lorsqu'on ne lui fait rien qui ne soit à faire! Hélas, si je suis blâmable de quelque chose, c'est d'en user trop bien avec lui!

CLAUDINE.

Assurément.

ANGÉLIQUE.

Tout mon malheur est de le trop considérer; et plût au ciel que je fusse capable de souffrir, comme il dit, les galanteries de quelqu'un! je ne serois point tant à plaindre. Adieu, je me retire; je ne puis plus endurer qu'on m'outrage de cette sorte.

SCÈNE VII.

M. DE SOTENVILLE, MADAME DE SOTENVILLE, CLITANDRE, GEORGE DANDIN, CLAUDINE.

MADAME DE SOTENVILLE, *à George Dandin.*
Allez, vous ne méritez pas l'honnête femme qu'on vous a donnée.

CLAUDINE.
Par ma foi, il mériteroit qu'elle lui fît dire vrai : et, si j'étois en sa place, je n'y marchanderois pas. (*à Clitandre.*) Oui, monsieur, vous devez, pour le punir, faire l'amour à ma maîtresse. Poussez, c'est moi qui vous le dis, ce sera fort bien employé; et je m'offre à vous y servir, puisqu'il m'en a déja taxée.
(*Claudine sort.*)

M. DE SOTENVILLE.
Vous méritez, mon gendre, qu'on vous dise ces choses-là; et votre procédé met tout le monde contre vous.

MADAME DE SOTENVILLE.
Allez, songez à mieux traiter une demoiselle bien née; et prenez garde désormais à ne plus faire de pareilles bévues.

GEORGE DANDIN, *à part.*
J'enrage de bon cœur d'avoir tort lorsque j'ai raison.

SCÈNE VIII.

M. DE SOTENVILLE, CLITANDRE, GEORGE DANDIN.

CLITANDRE, *à M. de Sotenville.*

Monsieur, vous voyez comme j'ai été faussement accusé : vous êtes homme qui savez les maximes du point d'honneur; et je vous demande raison de l'affront qui m'a été fait.

M. DE SOTENVILLE.

Cela est juste, et c'est l'ordre des procédés. Allons, mon gendre, faites satisfaction à monsieur.

GEORGE DANDIN.

Comment, satisfaction?

M. DE SOTENVILLE.

Oui, cela se doit dans les règles, pour l'avoir à tort accusé.

GEORGE DANDIN.

C'est une chose, moi, dont je ne demeure pas d'accord, de l'avoir à tort accusé; et je sais bien ce que j'en pense.

M. DE SOTENVILLE.

Il n'importe. Quelque pensée qui vous puisse rester, il a nié : c'est satisfaire les personnes; et l'on n'a nul droit de se plaindre de tout homme qui se dédit.

GEORGE DANDIN.

Si bien donc que si je le trouvois couché avec ma femme, il en seroit quitte pour se dédire?

ACTE I, SCÈNE VIII.

M. DE SOTENVILLE.

Point de raisonnement. Faites-lui les excuses que je vous dis.

GEORGE DANDIN.

Moi, je lui ferai encore des excuses, après...

M. DE SOTENVILLE.

Allons, vous dis-je, il n'y a rien à balancer; et vous n'avez que faire d'avoir peur d'en trop faire, puisque c'est moi qui vous conduis.

GEORGE DANDIN.

Je ne saurois...

M. DE SOTENVILLE.

Corbleu, mon gendre, ne m'échauffez pas la bile! Je me mettrois avec lui contre vous. Allons, laissez-vous gouverner par moi.

GEORGE DANDIN, *à part.*

Ah, George Dandin!

M. DE SOTENVILLE.

Votre bonnet à la main le premier : monsieur est gentilhomme, et vous ne l'êtes pas.

GEORGE DANDIN, *à part, le bonnet à la main.*

J'enrage!

M. DE SOTENVILLE.

Répétez après moi : Monsieur...

GEORGE DANDIN.

Monsieur...

M. DE SOTENVILLE.

Je vous demande pardon... (*Voyant que George Dandin fait difficulté de lui obéir.*) Ah!

GEORGE DANDIN.

Je vous demande pardon...

M. DE SOTENVILLE.

Des mauvaises pensées que j'ai eues de vous.

GEORGE DANDIN.

Des mauvaises pensées que j'ai eues de vous.

M. DE SOTENVILLE.

C'est que je n'avois pas l'honneur de vous connoître.

GEORGE DANDIN.

C'est que je n'avois pas l'honneur de vous connoître.

M. DE SOTENVILLE.

Et je vous prie de croire...

GEORGE DANDIN.

Et je vous prie de croire...

M. DE SOTENVILLE.

Que je suis votre serviteur.

GEORGE DANDIN.

Voulez-vous que je sois serviteur d'un homme qui me veut faire cocu?

M. DE SOTENVILLE, *le menaçant encore.*

Ah!

CLITANDRE.

Il suffit, monsieur.

M. DE SOTENVILLE.

Non, je veux qu'il achève, et que tout aille dans les formes... Que je suis votre serviteur.

GEORGE DANDIN.

Que je suis votre serviteur.

ACTE I, SCÈNE IX.

CLITANDRE, *à George Dandin.*

Monsieur, je suis le vôtre de tout mon cœur, et je ne songe plus à ce qui s'est passé. (*à M. de Sotenville.*) Pour vous, monsieur, je vous donne le bonjour, et suis fâché du petit chagrin que vous avez eu.

M. DE SOTENVILLE.

Je vous baise les mains; et, quand il vous plaira, je vous donnerai le divertissement de courre un lièvre.

CLITANDRE.

C'est trop de grace que vous me faites.

(*Clitandre sort.*)

M. DE SOTENVILLE.

Voilà, mon gendre, comme il faut pousser les choses. Adieu. Sachez que vous êtes entré dans une famille qui vous donnera de l'appui, et ne souffrira point que l'on vous fasse aucun affront.

SCÈNE IX.

GEORGE DANDIN.

Ah! que je... Vous l'avez voulu, vous l'avez voulu, George Dandin, vous l'avez voulu; cela vous sied fort bien, et vous voilà ajusté comme il faut : vous avez justement ce que vous méritez. Allons, il s'agit seulement de désabuser le père et la mère; et je pourrai trouver peut-être quelque moyen d'y réussir.

FIN DU PREMIER ACTE.

ACTE SECOND.

SCÈNE I.

CLAUDINE, LUBIN.

CLAUDINE.

Oui, j'ai bien deviné qu'il falloit que cela vînt de toi, et que tu l'eusses dit à quelqu'un qui l'ait rapporté à notre maître.

LUBIN.

Par ma foi, je n'en ai touché qu'un petit mot en passant à un homme, afin qu'il ne dît point qu'il m'avoit vu sortir; et il faut que les gens, en ce pays-ci, soient de grands babillards.

CLAUDINE.

Vraiment, ce monsieur le vicomte a bien choisi son monde, que de te prendre pour son ambassadeur; et il s'est allé servir là d'un homme bien chanceux!

LUBIN.

Va, une autre fois je serai plus fin, et je prendrai mieux garde à moi.

CLAUDINE.

Oui, oui, il sera temps.

LUBIN.

Ne parlons plus de cela. Écoute.

CLAUDINE.

Que veux-tu que j'écoute?

LUBIN.

Tourne un peu ton visage devers moi.

CLAUDINE.

Hé bien! qu'est-ce?

LUBIN.

Claudine.

CLAUDINE.

Quoi?

LUBIN.

Hé, la! ne sais-tu pas bien ce que je veux dire?

CLAUDINE.

Non.

LUBIN.

Morgué, je t'aime.

CLAUDINE.

Tout de bon?

LUBIN.

Oui, le diable m'emporte! Tu me peux croire, puisque j'en jure.

CLAUDINE.

A la bonne heure.

LUBIN.

Je me sens tout tribouiller le cœur quand je te regarde.

CLAUDINE.

Je m'en réjouis.

LUBIN.

Comment est-ce que tu fais pour être si jolie?

CLAUDINE.

Je fais comme font les autres.

LUBIN.

Vois-tu, il ne faut point tant de beurre pour faire un quarteron. Si tu veux, tu seras ma femme, je serai ton mari, et nous serons tous deux mari et femme.

CLAUDINE.

Tu serois peut-être jaloux comme notre maître.

LUBIN.

Point.

CLAUDINE.

Pour moi, je hais les maris soupçonneux, et j'en veux un qui ne s'épouvante de rien, un si plein de confiance, et si sûr de ma chasteté, qu'il me vît, sans inquiétude, au milieu de trente hommes.

LUBIN.

Hé bien, je serai tout comme cela.

CLAUDINE.

C'est la plus sotte chose du monde que de se défier d'une femme, et de la tourmenter. La vérité de l'affaire est qu'on n'y gagne rien de bon : cela nous fait songer à mal ; et ce sont souvent les maris qui, avec leurs vacarmes, se font eux-mêmes ce qu'ils sont.

LUBIN.

Hé bien, je te donnerai la liberté de faire tout ce qu'il te plaira.

CLAUDINE.

Voilà comme il faut faire pour n'être point trompé.

Lorsqu'un mari se met à notre discrétion, nous ne prenons de liberté que ce qu'il nous en faut; et il en est comme avec ceux qui nous ouvrent leur bourse, et nous disent : Prenez ; nous en usons honnêtement, et nous nous contentons de la raison. Mais ceux qui nous chicannent, nous nous efforçons de les tondre, et nous ne les épargnons point.

LUBIN.

Va, je serai de ceux qui ouvrent leur bourse, et tu n'as qu'à te marier avec moi.

CLAUDINE.

Hé bien! bien; nous verrons.

LUBIN.

Viens donc ici, Claudine.

CLAUDINE.

Que veux-tu?

LUBIN.

Viens, te dis-je.

CLAUDINE.

Ah, doucement! Je n'aime pas les patineurs.

LUBIN.

Hé, un petit brin d'amitié.

CLAUDINE.

Laisse-moi, la, te dis-je; je n'entends pas raillerie.

LUBIN.

Claudine.

CLAUDINE, *repoussant Lubin.*

Hai!

LUBIN.

Ah, que tu es rude à pauvres gens! Fi, que cela

est malhonnête de refuser les personnes! N'as-tu point de honte d'être belle, et de ne vouloir pas qu'on te caresse? Hé, la!

CLAUDINE.

Je te donnerai sur le nez.

LUBIN.

Oh, la farouche! la sauvage! Fi! pouas! la vilaine, qui est cruelle!

CLAUDINE.

Tu t'émancipes trop.

LUBIN.

Qu'est-ce que cela te coûteroit de me laisser un peu faire?

CLAUDINE.

Il faut que tu te donnes patience.

LUBIN.

Un petit baiser seulement, en rabattant sur notre mariage.

CLAUDINE.

Je suis votre servante.

LUBIN.

Claudine, je t'en prie, sur l'et tant moins [1].

CLAUDINE.

Hé, que nenni! J'y ai déja été attrapée. Adieu. Va-t'en, et dis à monsieur le vicomte que j'aurai soin de rendre son billet.

LUBIN.

Adieu, beauté rudanière!

---

[1] *Et tant moins*, pour *en déduction*.

CLAUDINE.

Le mot est amoureux.

LUBIN.

Adieu, rocher, caillou, pierre de taille, et tout ce qu'il y a de plus dur au monde.

CLAUDINE, *seule*.

Je vais remettre aux mains de ma maîtresse... Mais la voici avec son mari; éloignons-nous, et attendons qu'elle soit seule.

SCÈNE II.

GEORGE DANDIN, ANGÉLIQUE.

GEORGE DANDIN.

Non, non : on ne m'abuse pas avec tant de facilité; et je ne suis que trop certain que le rapport que l'on m'a fait est véritable. J'ai de meilleurs yeux qu'on ne pense, et votre galimatias ne m'a point tantôt ébloui.

SCÈNE III.

CLITANDRE, ANGÉLIQUE, GEORGE DANDIN.

CLITANDRE, *à part, dans le fond du théâtre*

Ah, la voilà! mais le mari est avec elle!

GEORGE DANDIN, *sans voir Clitandre*.

Au travers de toutes vos grimaces, j'ai vu la vérité de ce que l'on m'a dit, et le peu de respect que vous avez pour le nœud qui nous joint.

(*Clitandre et Angélique se saluent.*)
Mon dieu! laissez là votre révérence; ce n'est pas de ces sortes de respects dont je vous parle, et vous n'avez que faire de vous moquer.

ANGÉLIQUE.

Moi, me moquer! en aucune façon.

GEORGE DANDIN.

Je sais votre pensée, et connois...
(*Clitandre et Angélique se saluent encore.*)
Encore! Ah, ne raillons point davantage! Je n'ignore pas qu'à cause de votre noblesse vous me tenez fort au dessous de vous; et le respect que je veux dire ne regarde point ma personne. J'entends parler de celui que vous devez à des nœuds aussi vénérables que le sont ceux du mariage.
(*Angélique fait signe à Clitandre.*)
Il ne faut point lever les épaules, et je ne dis point de sottises.

ANGÉLIQUE.

Qui songe à lever les épaules?

GEORGE DANDIN.

Mon dieu, nous voyons clair! Je vous dis encore une fois que le mariage est une chaîne à laquelle on doit porter toutes sortes de respects, et que c'est fort mal fait à vous d'en user comme vous faites.
(*Angélique fait signe de la tête à Clitandre.*)
Oui, oui, mal fait à vous; et vous n'avez que faire de hocher la tête et de me faire la grimace.

ANGÉLIQUE.

Moi? je ne sais ce que vous voulez dire.

GEORGE DANDIN.

Je le sais fort bien, moi; et vos mépris me sont connus. Si je ne suis pas né noble, au moins suis-je d'une race où il n'y a point de reproche; et la famille des Dandins...

CLITANDRE, *derrière Angélique, sans être aperçu de George Dandin.*

Un moment d'entretien.

GEORGE DANDIN, *sans voir Clitandre.*

Hé!

ANGÉLIQUE.

Quoi? je ne dis mot.

(*George Dandin tourne autour de sa femme; et Clitandre se retire, en faisant une grande révérence à George Dandin.*)

SCÈNE IV.

GEORGE DANDIN, ANGÉLIQUE.

GEORGE DANDIN.

Le voilà qui vient rôder autour de vous.

ANGÉLIQUE.

Hé bien, est-ce ma faute? Que voulez-vous que j'y fasse?

GEORGE DANDIN.

Je veux que vous y fassiez ce que fait une femme qui ne veut plaire qu'à son mari. Quoi qu'on en puisse dire, les galants n'obsèdent jamais que quand on le veut bien. Il y a un certain air doucereux qui les attire, ainsi que le miel fait les mouches; et les honnêtes femmes ont des manières qui les savent chasser d'abord.

ANGÉLIQUE.

Moi, les chasser! et par quelle raison? Je ne me scandalise point qu'on me trouve bien faite; et cela me fait du plaisir.

GEORGE DANDIN.

Oui. Mais quel personnage voulez-vous que joue un mari pendant cette galanterie?

ANGÉLIQUE.

Le personnage d'un honnête homme, qui est bien aise de voir sa femme considérée.

GEORGE DANDIN.

Je suis votre valet. Ce n'est pas là mon compte, et les Dandins ne sont point accoutumés à cette mode-là.

ANGÉLIQUE.

Oh! les Dandins s'y accoutumeront s'ils veulent; car, pour moi, je vous déclare que mon dessein n'est pas de renoncer au monde et de m'enterrer toute vive dans un mari. Comment! parce qu'un homme s'avise de nous épouser, il faut d'abord que toutes choses soient finies pour nous, et que nous rompions tout commerce avec les vivants! C'est une chose merveilleuse que cette tyrannie de messieurs les maris; et je les trouve bons de vouloir qu'on soit morte à tous les divertissements, et qu'on ne vive que pour eux! Je me moque de cela, et ne veux point mourir si jeune.

GEORGE DANDIN.

C'est ainsi que vous satisfaites aux engagements de la foi que vous m'avez donnée publiquement?

ANGÉLIQUE.

Moi? je ne vous l'ai point donnée de bon cœur, et vous me l'avez arrachée. M'avez-vous, avant le mariage, demandé mon consentement, et si je voulois bien de vous? Vous n'avez consulté pour cela que mon père et ma mère; ce sont eux proprement qui vous ont épousé; et c'est pourquoi vous ferez bien de vous plaindre toujours à eux des torts que l'on pourra vous faire. Pour moi, qui ne vous ai point dit de vous marier avec moi, et que vous avez prise sans consulter mes sentiments, je prétends n'être point obligée à me soumettre en esclave à vos volontés; et je veux jouir, s'il vous plaît, de quelque nombre de beaux jours que m'offre la jeunesse, prendre les douces libertés que l'âge me permet, voir un peu le beau monde, et goûter le plaisir de m'ouïr dire des douceurs. Préparez-vous-y pour votre punition, et rendez graces au ciel de ce que je ne suis pas capable de quelque chose de pis.

GEORGE DANDIN.

Oui, c'est ainsi que vous le prenez! Je suis votre mari, et je vous dis que je n'entends pas cela.

ANGÉLIQUE.

Moi, je suis votre femme, et je vous dis que je l'entends.

GEORGE DANDIN, *à part*.

Il me prend des tentations d'accommoder tout son

visage à la compote, et le mettre en état de ne plaire de sa vie aux diseurs de fleurettes. Ah! allons, George Dandin; je ne pourrois me retenir, et il vaut mieux quitter la place.

SCÈNE V.

ANGÉLIQUE, CLAUDINE.

CLAUDINE.

J'avois, madame, impatience qu'il s'en allât, pour vous rendre ce mot de la part que vous savez.

ANGÉLIQUE.

Voyons.

CLAUDINE, *à part.*

A ce que je puis remarquer, ce qu'on lui écrit ne lui déplaît pas trop.

ANGÉLIQUE.

Ah, Claudine, que ce billet s'explique d'une façon galante! Que, dans tous leurs discours et dans toutes leurs actions, les gens de cour ont un air agréable! Et qu'est-ce que c'est, auprès d'eux, que nos gens de province?

CLAUDINE.

Je crois qu'après les avoir vus, les Dandins ne vous plaisent guère.

ANGÉLIQUE.

Demeure ici, je m'en vais faire la réponse.

CLAUDINE, *seule.*

Je n'ai pas besoin, que je pense, de lui recommander de la faire agréable. Mais voici...

SCÈNE VI.

CLITANDRE, LUBIN, CLAUDINE.

CLAUDINE.

Vraiment, monsieur, vous avez pris là un habile messager!

CLITANDRE.

Je n'ai pas osé envoyer de mes gens. Mais, ma pauvre Claudine, il faut que je te récompense des bons offices que je sais que tu m'as rendus.
(*Il fouille dans sa poche.*)

CLAUDINE.

Hé, monsieur! il n'est pas nécessaire. Non, monsieur, vous n'avez que faire de vous donner cette peine-là; et je vous rends service parce que vous le méritez, et je me sens au cœur de l'inclination pour vous.

CLITANDRE, *donnant de l'argent à Claudine.*

Je te suis obligé.

LUBIN, *à Claudine.*

Puisque nous serons mariés, donne-moi cela, que je le mette avec le mien.

CLAUDINE.

Je te le garde, aussi bien que le baiser.

CLITANDRE, *à Claudine.*

Dis-moi, as-tu rendu mon billet à ta belle maîtresse?

CLAUDINE.

Oui; elle est allée y répondre.

CLITANDRE.

Mais, Claudine, n'y a-t-il pas moyen que je la puisse entretenir?

CLAUDINE.

Oui; venez avec moi, je vous ferai parler à elle.

CLITANDRE.

Mais le trouvera-t-elle bon, et n'y a-t-il rien à risquer?

CLAUDINE.

Non, non. Son mari n'est pas au logis; et puis, ce n'est pas lui qu'elle a le plus à ménager : c'est son père et sa mère; et, pourvu qu'ils soient prévenus, tout le reste n'est point à craindre.

CLITANDRE.

Je m'abandonne à ta conduite.

LUBIN, *seul*.

Tétiguienne, que j'aurai là une habile femme! Elle a de l'esprit comme quatre.

SCÈNE VII.

GEORGE DANDIN, LUBIN.

GEORGE DANDIN, *bas, à part*.

Voici mon homme de tantôt. Plût au ciel qu'il pût se résoudre à vouloir rendre témoignage au père et à la mère de ce qu'ils ne veulent point croire!

LUBIN.

Ah, vous voilà, monsieur le babillard, à qui j'avois tant recommandé de ne point parler, et qui me l'aviez tant promis! Vous êtes donc un causeur, et vous allez redire ce que l'on vous dit en secret?

GEORGE DANDIN.

Moi?

LUBIN.

Oui; vous avez été tout rapporter au mari, et vous êtes cause qu'il a fait du vacarme. Je suis bien aise de savoir que vous avez de la langue; et cela m'apprendra à ne vous plus rien dire.

GEORGE DANDIN.

Écoute, mon ami!

LUBIN.

Si vous n'aviez pas babillé, je vous aurois conté ce qui se passe à cette heure; mais, pour votre punition, vous ne saurez rien du tout.

GEORGE DANDIN.

Comment! qu'est-ce qui se passe?

LUBIN.

Rien, rien. Voilà ce que c'est d'avoir causé; vous n'en tâterez plus, et je vous laisse sur la bonne bouche.

GEORGE DANDIN.

Arrête un peu.

LUBIN.

Point.

GEORGE DANDIN.

Je ne te veux dire qu'un mot.

LUBIN.

Nennin, nennin. Vous avez envie de me tirer les vers du nez.

GEORGE DANDIN.
Non, ce n'est pas cela.
LUBIN.
Hé! quelque sot... Je vous vois venir.
GEORGE DANDIN.
C'est autre chose. Écoute.
LUBIN.
Point d'affaire. Vous voudriez que je vous disse que monsieur le vicomte vient de donner de l'argent à Claudine, et qu'elle l'a mené chez sa maîtresse. Mais je ne suis pas si bête.
GEORGE DANDIN.
De grace.
LUBIN.
Non.
GEORGE DANDIN.
Je te donnerai...
LUBIN.
Tarare!

SCÈNE VIII.

GEORGE DANDIN.

Je n'ai pu me servir, avec cet innocent, de la pensée que j'avois. Mais le nouvel avis qui lui est échappé feroit la même chose; et, si le galant est chez moi, ce seroit pour avoir raison aux yeux du père et de la mère, et les convaincre pleinement de l'effronterie de leur fille. Le mal de tout ceci c'est que je ne sais comment faire pour profiter d'un tel avis. Si je rentre chez moi, je ferai évader le drôle; et, quelque chose que je puisse voir moi-même de mon déshonneur, je n'en serai point cru à mon serment, et l'on me dira que je rêve. Si, d'autre part, je vais querir beau-père et belle-mère sans être sûr de trouver chez moi le galant, ce sera la même chose, et je retomberai dans l'inconvénient de tantôt. Pourrois-je point m'éclaircir doucement s'il y est encore?

(*Après avoir été regarder par le trou de la serrure.*) Ah, ciel! il n'en faut plus douter, et je viens de l'apercevoir par le trou de la porte. Le sort me donne ici de quoi confondre ma partie; et pour achever l'aventure, il fait venir à point nommé les juges dont j'avois besoin.

SCÈNE IX.

M. DE SOTENVILLE, MADAME DE SOTENVILLE, GEORGE DANDIN.

GEORGE DANDIN.

Enfin vous ne m'avez pas voulu croire tantôt, et votre fille l'a emporté sur moi : mais j'ai en main de quoi vous faire voir comme elle m'accommode; et, dieu merci, mon déshonneur est si clair maintenant, que vous n'en pourrez plus douter.

M. DE SOTENVILLE.

Comment, mon gendre! vous en êtes encore là dessus?

GEORGE DANDIN.

Oui, j'y suis, et jamais je n'eus tant de sujet d'y être.

MADAME DE SOTENVILLE.

Vous nous venez encore étourdir la tête?

GEORGE DANDIN.

Oui, madame; et l'on fait bien pis à la mienne.

M. DE SOTENVILLE.

Ne vous lassez-vous point de vous rendre importun?

GEORGE DANDIN.

Non; mais je me lasse fort d'être pris pour dupe.

MADAME DE SOTENVILLE.

Ne voulez-vous point vous défaire de vos pensées extravagantes?

GEORGE DANDIN.

Non, madame; mais je voudrois bien me défaire d'une femme qui me déshonore.

MADAME DE SOTENVILLE.

Jour de dieu! notre gendre, apprenez à parler.

M. DE SOTENVILLE.

Corbleu! cherchez des termes moins offensants que ceux-là.

GEORGE DANDIN.

Marchand qui perd ne peut rire.

MADAME DE SOTENVILLE.

Souvenez-vous que vous avez épousé une demoiselle.

GEORGE DANDIN.

Je m'en souviens assez, et ne m'en souviendrai que trop.

ACTE II, SCÈNE IX.

M. DE SOTENVILLE.

Si vous vous en souvenez, songez donc à parler d'elle avec plus de respect.

GEORGE DANDIN.

Mais que ne songe-t-elle plutôt à me traiter plus honnêtement? Quoi! parce qu'elle est demoiselle, il faut qu'elle ait la liberté de me faire ce qui lui plaît sans que j'ose souffler?

M. DE SOTENVILLE.

Qu'avez-vous donc, et que pouvez-vous dire? N'avez-vous pas vu ce matin qu'elle s'est défendue de connoître celui dont vous m'étiez venu parler?

GEORGE DANDIN.

Oui; mais vous, que pourrez-vous dire, si je vous fais voir maintenant que le galant est avec elle?

MADAME DE SOTENVILLE.

Avec elle?

GEORGE DANDIN.

Oui, avec elle, et dans ma maison.

M. DE SOTENVILLE.

Dans votre maison?

GEORGE DANDIN.

Oui, dans ma propre maison.

MADAME DE SOTENVILLE.

Si cela est, nous serons pour vous contre elle.

M. DE SOTENVILLE.

Oui, l'honneur de notre famille nous est plus cher que toute chose; et, si vous dites vrai, nous la renoncerons pour notre sang, et l'abandonnerons à votre colère.

GEORGE DANDIN.

Vous n'avez qu'à me suivre.

MADAME DE SOTENVILLE.

Gardez de vous tromper.

M. DE SOTENVILLE.

N'allez pas faire comme tantôt.

GEORGE DANDIN.

Mon dieu! vous allez voir. (*montrant Clitandre, qui sort avec Angélique.*) Tenez, ai-je menti?

SCÈNE X.

ANGÉLIQUE, CLITANDRE, CLAUDINE; M. DE SOTENVILLE ET MADAME DE SOTENVILLE, AVEC GEORGE DANDIN, *dans le fond du théâtre.*

ANGÉLIQUE, *à Clitandre.*

Adieu; j'ai peur qu'on vous surprenne ici, et j'ai quelques mesures à garder.

CLITANDRE.

Promettez-moi donc, madame, que je pourrai vous parler cette nuit.

ANGÉLIQUE.

J'y ferai mes efforts.

GEORGE DANDIN, *à monsieur et à madame de Sotenville.*

Approchons doucement par derrière, et tâchons de n'être point vus.

CLAUDINE.

Ah, madame, tout est perdu! Voilà votre père et votre mère accompagnés de votre mari.

ACTE II, SCÈNE X.

CLITANDRE.

Ah, ciel!

ANGÉLIQUE, *bas à Clitandre et à Claudine.*

Ne faites pas semblant de rien, et me laissez faire tous deux. (*haut à Clitandre.*) Quoi! vous osez en user de la sorte, après l'affaire de tantôt! et c'est ainsi que vous dissimulez vos sentiments! On me vient rapporter que vous avez de l'amour pour moi, et que vous faites des desseins de me solliciter; j'en témoigne mon dépit, et m'explique à vous clairement en présence de tout le monde; vous niez hautement la chose, et me donnez parole de n'avoir aucune pensée de m'offenser; et cependant, le même jour, vous prenez la hardiesse de venir chez moi me rendre visite, de me dire que vous m'aimez, de me faire cent sots contes, pour me persuader de répondre à vos extravagances, comme si j'étois femme à violer la foi que j'ai donnée à un mari, et m'éloigner jamais de la vertu que mes parents m'ont enseignée! Si mon père savoit cela, il vous apprendroit bien à tenter de ces entreprises! Mais une honnête femme n'aime point les éclats; je n'ai garde de lui en rien dire; (*après avoir fait signe à Claudine d'apporter un bâton.*) et je veux vous montrer que, toute femme que je suis, j'ai assez de courage pour me venger moi-même des offenses que l'on me fait. L'action que vous avez faite n'est pas d'un gentilhomme, et ce n'est pas en gentilhomme aussi que je veux vous traiter.

(*Angélique prend le bâton et le lève sur Clitandre, qui se range de façon que les coups tombent sur George Dandin.*)

CLITANDRE, *criant comme s'il avoit été frappé.*
Ah, ah, ah, ah, ah! doucement!

SCÈNE XI.

M. DE SOTENVILLE, MADAME DE SOTENVILLE, ANGÉLIQUE, GEORGE DANDIN, CLAUDINE.

CLAUDINE.

Fort, madame, frappez comme il faut!

ANGÉLIQUE, *faisant semblant de parler à Clitandre.*

S'il vous demeure quelque chose sur le cœur, je suis pour vous répondre.

CLAUDINE.

Apprenez à qui vous vous jouez.

ANGÉLIQUE, *faisant l'étonnée.*

Ah, mon père, vous êtes-là!

M. DE SOTENVILLE.

Oui, ma fille, et je vois qu'en sagesse et en courage tu te montres un digne rejeton de la maison de Sotenville. Viens çà, approche-toi, que je t'embrasse.

MADAME DE SOTENVILLE.

Embrasse-moi aussi, ma fille. Las! je pleure de joie, et reconnois mon sang aux choses que tu viens de faire.

M. DE SOTENVILLE.

Mon gendre, que vous devez être ravi, et que cette aventure est pour vous pleine de douceurs! Vous aviez un juste sujet de vous alarmer; mais vos soupçons se trouvent dissipés le plus avantageusement du monde.

ACTE II, SCÈNE XI.

MADAME DE SOTENVILLE.

Sans doute, notre gendre; et vous devez maintenant être le plus content des hommes.

CLAUDINE.

Assurément. Voilà une femme, celle-là! Vous êtes trop heureux de l'avoir, et vous devriez baiser les pas où elle passe.

GEORGE DANDIN, *à part.*

Hé, traîtresse!

M. DE SOTENVILLE.

Qu'est-ce, mon gendre? Que ne remerciez-vous un peu votre femme de l'amitié que vous voyez qu'elle montre pour vous?

ANGÉLIQUE.

Non, non, mon père, il n'est pas nécessaire : il ne m'a aucune obligation de ce qu'il vient de voir, et tout ce que j'en fais n'est que pour l'amour de moi-même.

M DE SOTENVILLE.

Où allez-vous, ma fille?

ANGÉLIQUE.

Je me retire, mon père, pour ne me voir point obligée à recevoir ses compliments.

CLAUDINE, *à George Dandin.*

Elle a raison d'être en colère. C'est une femme qui mérite d'être adorée, et vous ne la traitez pas comme vous devriez.

GEORGE DANDIN, *à part.*

Scélérate!

SCÈNE XII.

M. DE SOTENVILLE, MADAME DE SOTENVILLE, GEORGE DANDIN.

M. DE SOTENVILLE.

C'est un petit ressentiment de l'affaire de tantôt, et cela se passera avec un peu de caresses que vous lui ferez. Adieu, mon gendre; vous voilà en état de ne vous plus inquiéter. Allez-vous-en faire la paix ensemble, et tâchez de l'apaiser par des excuses de votre emportement.

MADAME DE SOTENVILLE.

Vous devez considérer que c'est une jeune fille élevée à la vertu, et qui n'est point accoutumée à se voir soupçonner d'aucune vilaine action. Adieu. Je suis ravie de voir vos désordres [1] finis, et des transports de joie que vous doit donner sa conduite.

SCÈNE XIII.

GEORGE DANDIN.

Je ne dis mot, car je ne gagnerois rien à parler; et jamais il ne s'est rien vu d'égal à ma disgrace. Oui, j'admire mon malheur, et la subtile adresse de ma carogne de femme, pour se donner toujours raison

---

[1] *Désordres*, pour *démêlés*.

et me faire avoir tort. Est-il possible que toujours j'aurai du dessous avec elle, que les apparences toujours tourneront contre moi, et que je ne parviendrai point à convaincre mon effrontée? O ciel, seconde mes desseins, et m'accorde la grace de faire voir aux gens que l'on me déshonore!

FIN DU SECOND ACTE.

ACTE TROISIÈME.

SCÈNE I.

CLITANDRE, LUBIN.

CLITANDRE.

La nuit est avancée, et j'ai peur qu'il ne soit trop tard. Je ne vois point à me conduire. Lubin?

LUBIN.

Monsieur!

CLITANDRE.

Est-ce par ici?

LUBIN.

Je pense que oui. Morgué, voilà une sotte nuit, d'être si noire que cela!

CLITANDRE.

Elle a tort assurément; mais si d'un côté elle nous empêche de voir, elle empêche de l'autre que nous ne soyons vus.

LUBIN.

Vous avez raison; elle n'a pas tant de tort. Je voudrois bien savoir, monsieur, vous qui êtes savant, pourquoi il ne fait point jour la nuit?

CLITANDRE.

C'est une grande question, et qui est difficile. Tu es curieux, Lubin.

ACTE III, SCÈNE I.

LUBIN.

Oui, si j'avois étudié, j'aurois été songer à des choses où on n'a jamais songé.

CLITANDRE.

Je le crois. Tu as la mine d'avoir l'esprit subtil et pénétrant.

LUBIN.

Cela est vrai. Tenez, j'explique du latin, quoique jamais je ne l'aie appris; et voyant l'autre jour écrit sur une grande porte, *collegium,* je devinai que cela vouloit dire collége.

CLITANDRE.

Cela est admirable. Tu sais donc lire, Lubin?

LUBIN.

Oui, je sais lire la lettre moulée; mai je n'ai jamais su apprendre à lire l'écriture.

CLITANDRE.

Nous voici contre la maison. (*après avoir frappé dans ses mains.*) C'est le signal que m'a donné Claudine.

LUBIN.

Par ma foi, c'est une fille qui vaut de l'argent; et je l'aime de tout mon cœur.

CLITANDRE.

Aussi t'ai-je amené avec moi pour l'entretenir.

LUBIN.

Monsieur, je vous suis...

CLITANDRE.

Chut! J'entends quelque bruit.

SCÈNE II.

ANGÉLIQUE, CLAUDINE, CLITANDRE, LUBIN.

ANGÉLIQUE.

Claudine?

CLAUDINE.

Hé bien?

ANGÉLIQUE.

Laisse la porte entr'ouverte.

CLAUDINE.

Voilà qui est fait.

(*Scène de nuit. Les acteurs se cherchent les uns les autres, dans l'obscurité.*)

CLITANDRE, *à Lubin.*

Ce sont elles. St.

ANGÉLIQUE.

St.

LUBIN.

St.

CLAUDINE.

St.

CLITANDRE, *à Claudine, qu'il prend pour Angélique.*
Madame.

ANGÉLIQUE, *à Lubin, qu'elle prend pour Clitandre.*
Quoi?

LUBIN, *à Angélique, qu'il prend pour Claudine.*
Claudine.

CLAUDINE, *à Clitandre, qu'elle prend pour Lubin.*
Qu'est-ce?

ACTE III, SCÈNE II.

CLITANDRE, *à Claudine, croyant parler à Angélique.*

Ah, madame, que j'ai de joie!

LUBIN, *à Angélique, croyant parler à Claudine.*

Claudine, ma pauvre Claudine!

CLAUDINE, *à Clitandre.*

Doucement, monsieur.

ANGÉLIQUE, *à Lubin.*

Tout beau, Lubin.

CLITANDRE.

Est-ce toi, Claudine?

CLAUDINE.

Oui.

LUBIN.

Est-ce vous, madame?

ANGÉLIQUE.

Oui.

CLAUDINE, *à Clitandre.*

Vous avez pris l'une pour l'autre.

LUBIN, *à Angélique.*

Ma foi, la nuit on n'y voit goutte.

ANGÉLIQUE.

Est-ce pas vous, Clitandre?

CLITANDRE.

Oui, madame.

ANGÉLIQUE.

Mon mari ronfle comme il faut, et j'ai pris ce temps pour nous entretenir ici.

CLITANDRE.

Cherchons quelque lieu pour nous asseoir.

CLAUDINE.

C'est fort bien avisé.
(*Angélique, Clitandre et Claudine vont s'asseoir dans le fond du théâtre.*)

LUBIN, *cherchant Claudine.*

Claudine, où est-ce que tu es?

SCÈNE III.

ANGÉLIQUE, CLITANDRE ET CLAUDINE, *assis au fond du théâtre;* GEORGE DANDIN, *à moitié déshabillé;* LUBIN.

GEORGE DANDIN, *à part.*

J'ai entendu descendre ma femme, et je me suis vite habillé pour descendre après elle. Où peut-elle être allée? Seroit-elle sortie?

LUBIN, *cherchant Claudine.*

Où es-tu donc, Claudine? (*prenant George Dandin pour Claudine.*) Ah, te voilà! Par ma foi, ton maître est plaisamment attrapé, et je trouve ceci aussi drôle que les coups de bâton de tantôt, dont on m'a fait récit. Ta maîtresse dit qu'il ronfle à cette heure comme tous les diantres; et il ne sait pas que monsieur le vicomte et elle sont ensemble pendant qu'il dort. Je voudrois bien savoir quel songe il fait maintenant. Cela est tout-à-fait risible. De quoi s'avise-t-il aussi d'être jaloux de sa femme, et de vouloir qu'elle soit à lui tout seul? C'est un impertinent, et monsieur le vicomte lui fait trop d'honneur. Tu ne dis mot, Clau-

dine! Allons, suivons-les, et me donne ta petite me-
notte, que je la baise. Ah, que cela est doux ! il me
semble que je mange des confitures.

(*à George Dandin, qu'il prend toujours pour
Claudine, et qui le repousse rudement.*)
Tubleu, comme vous y allez ! Voilà une petite me-
notte qui est un peu bien rude.

GEORGE DANDIN.

Qui va là ?

LUBIN.

Personne.

GEORGE DANDIN.

Il fuit, et me laisse informé de la nouvelle perfidie
de ma coquine. Allons, il faut que, sans tarder, j'envoie appeler son père et sa mère, et que cette aventure me serve à me faire séparer d'elle. Holà, Colin,
Colin !

SCÈNE IV.

ANGÉLIQUE et CLITANDRE, avec CLAUDINE
et LUBIN, *assis au fond du théâtre ;* GEORGE
DANDIN, COLIN.

COLIN, *à la fenêtre.*

Monsieur ?

GEORGE DANDIN.

Allons vite, ici bas.

COLIN, *sautant par la fenêtre.*

M'y voilà, on ne peut pas plus vite.

GEORGE DANDIN.
Tu es là?

COLIN.
Oui, monsieur.

(Pendant que George Dandin va chercher Colin du côté où il a entendu sa voix, Colin passe de l'autre, et s'endort.)

GEORGE DANDIN, *se tournant du côté où il croit qu'est Colin.*

Doucement, parle bas. Écoute. Va-t'en chez mon beau-père et ma belle-mère, et leur dis que je les prie très instamment de venir tout-à-l'heure ici. Entends-tu? Hé, Colin, Colin!

COLIN, *de l'autre côté, se réveillant.*

Monsieur?

GEORGE DANDIN.
Où diable es-tu?

COLIN.
Ici.

GEORGE DANDIN.
Peste soit du maroufle qui s'éloigne de moi!

(Pendant que George Dandin retourne du côté où il croit que Colin est resté, Colin, à moitié endormi, passe de l'autre côté, et se rendort.)

Je te dis que tu ailles de ce pas trouver mon beau-père et ma belle-mère, et leur dire que je les conjure de se rendre ici tout-à-l'heure. M'entends-tu bien? Réponds. Colin, Colin!

COLIN, *de l'autre côté, se réveillant.*

Monsieur?

ACTE III, SCÈNE IV.

GEORGE DANDIN.

Voilà un pendard qui me fera enrager. Viens-t'en à moi.

(*Ils se rencontrent, et tombent tous deux.*)

Ah, le traître, il m'a estropié! Où est-ce que tu es? Approche, que je te donne mille coups. Je pense qu'il me fuit.

COLIN.

Assurément.

GEORGE DANDIN.

Veux-tu venir?

COLIN.

Nenni, ma foi!

GEORGE DANDIN.

Viens, te dis-je.

COLIN.

Point. Vous me voulez battre.

GEORGE DANDIN.

Hé bien, non! Je ne te ferai rien.

COLIN.

Assurément?

GEORGE DANDIN.

Oui. Approche. Bon. (*à Colin, qu'il tient par le bras.*) Tu es bien heureux de ce que j'ai besoin de toi. Va-t'en vite, de ma part, prier mon beau-père et ma belle-mère de se rendre ici le plus tôt qu'ils pourront, et leur dis que c'est pour une affaire de la dernière conséquence; et, s'ils faisoient quelque difficulté à cause de l'heure, ne manque pas de les presser et de leur faire bien entendre qu'il est très important qu'ils viennent, en quelque état qu'ils soient. Tu m'entends bien maintenant?

COLIN.

Oui, monsieur.

GEORGE DANDIN.

Va vite, et reviens de même (*se croyant seul.*) Et moi, je vais rentrer dans ma maison, attendant que... Mais j'entends quelqu'un. Ne seroit-ce point ma femme? il faut que j'écoute, et me serve de l'obscurité qu'il fait.

(*George Dandin se range près de la porte de sa maison.*)

SCÈNE V.

ANGÉLIQUE, CLITANDRE, CLAUDINE, LUBIN, GEORGE DANDIN.

ANGÉLIQUE, *à Clitandre.*

Adieu, il est temps de se retirer.

CLITANDRE.

Quoi, sitôt?

ANGÉLIQUE.

Nous nous sommes assez entretenus.

CLITANDRE.

Ah, madame! puis-je assez vous entretenir, et trouver, en si peu de temps, toutes les paroles dont j'ai besoin? Il me faudroit des journées entières pour me bien expliquer à vous de tout ce que je sens; et je ne vous ai pas dit encore la moindre partie de ce que j'ai à vous dire.

ANGÉLIQUE.

Nous en écouterons une autre fois davantage.

CLITANDRE.

Hélas, de quel coup me percez-vous l'ame, lorsque vous parlez de vous retirer! et avec combien de chagrins m'allez-vous laisser maintenant!

ANGÉLIQUE.

Nous trouverons moyen de nous revoir.

CLITANDRE.

Oui; mais je pense qu'en me quittant vous allez trouver un mari. Cette pensée m'assassine; et les priviléges qu'ont les maris sont des choses cruelles pour un amant qui aime bien.

ANGÉLIQUE.

Serez-vous assez foible pour avoir cette inquiétude, et pensez-vous qu'on soit capable d'aimer de certains maris qu'il y a? On les prend parce qu'on ne s'en peut défendre, et que l'on dépend de parents qui n'ont des yeux que pour le bien; mais on sait leur rendre justice, et l'on se moque fort de les considérer au delà de ce qu'ils méritent.

GEORGE DANDIN, *à part*.

Voilà nos carognes de femmes!

CLITANDRE.

Ah, qu'il faut avouer que celui qu'on vous a donné étoit peu digne de l'honneur qu'il a reçu, et que c'est une étrange chose que l'assemblage qu'on a fait d'une personne comme vous avec un homme comme lui!

GEORGE DANDIN, *à part*.

Pauvres maris, voilà comme on vous traite!

CLITANDRE.

Vous méritez, sans doute, une tout autre destinée, et le ciel ne vous a point faite pour être la femme d'un paysan.

GEORGE DANDIN.

Plût au ciel fût-elle la tienne, tu changerois bien de langage! Rentrons; c'en est assez.
(*George Dandin étant rentré, ferme la porte en dedans.*)

SCÈNE VI.

ANGÉLIQUE, CLITANDRE, CLAUDINE, LUBIN.

CLAUDINE.

Madame, si vous avez à dire du mal de votre mari, dépêchez vite, car il est tard.

CLITANDRE.

Ah, Claudine, tu es cruelle!

ANGÉLIQUE, *à Clitandre.*

Elle a raison, séparons-nous.

CLITANDRE.

Il faut donc s'y résoudre, puisque vous le voulez; mais au moins je vous conjure de me plaindre un peu des méchants moments que je vais passer.

ANGÉLIQUE.

Adieu.

LUBIN.

Où es-tu, Claudine? que je te donne le bonsoir.

ACTE III, SCÈNE VIII.

CLAUDINE.

Va, va, je le reçois de loin, et je t'en renvoie autant.

SCÈNE VII.

ANGÉLIQUE, CLAUDINE.

ANGÉLIQUE.
Rentrons sans faire de bruit.

CLAUDINE.
La porte s'est fermée.

ANGÉLIQUE.
J'ai le passe-partout.

CLAUDINE.
Ouvrez donc doucement.

ANGÉLIQUE.
On a fermé en dedans ; et je ne sais comment nous ferons.

CLAUDINE.
Appelez le garçon qui couche là.

ANGÉLIQUE.
Colin, Colin, Colin !

SCÈNE VIII.

GEORGE DANDIN, ANGÉLIQUE, CLAUDINE.

GEORGE DANDIN, *à la fenêtre.*
Colin, Colin ! Ah ! je vous y prends donc, madame

ma femme; et vous faites des *escampativos*[1] pendant que je dors! Je suis bien aise de cela, et de vous voir dehors à l'heure qu'il est.

ANGÉLIQUE.

Hé bien! quel grand mal est-ce qu'il y a à prendre le frais de la nuit?

GEORGE DANDIN.

Oui, oui, l'heure est bonne à prendre le frais. C'est bien plutôt le chaud, madame la coquine; et nous savons toute l'intrigue du rendez-vous et du damoiseau. Nous avons entendu votre galant entretien, et les beaux vers à ma louange que vous avez dits l'un et l'autre. Mais ma consolation, c'est que je vais être vengé, et que votre père et votre mère seront convaincus maintenant de la justice de mes plaintes et du déréglement de votre conduite. Je les ai envoyé querir, et ils vont être ici dans un moment.

ANGÉLIQUE, *à part*.

Ah, ciel!

CLAUDINE.

Madame!

GEORGE DANDIN.

Voilà un coup sans doute où vous ne vous attendiez pas. C'est maintenant que je triomphe; et j'ai de quoi mettre à bas votre orgueil et détruire vos artifices. Jusqu'ici vous avez joué mes accusations, ébloui vos parents, et plâtré vos malversations. J'ai eu beau voir et beau dire, votre adresse toujours l'a emporté

---

[1] *Faire des escampativos*, pour *sortir à la dérobée*.

sur mon bon droit, et toujours vous avez trouvé moyen d'avoir raison; mais à cette fois, dieu merci, les choses vont être éclaircies, et votre effronterie sera pleinement confondue.

ANGÉLIQUE.

Hé, je vous prie! faites-moi ouvrir la porte.

GEORGE DANDIN.

Non, non; il faut attendre la venue de ceux que j'ai mandés, et je veux qu'ils vous trouvent dehors à la belle heure qu'il est. En attendant qu'ils viennent, songez, si vous voulez, à chercher dans votre tête quelque nouveau détour pour vous tirer de cette affaire; à inventer quelque moyen de rhabiller votre escapade; à trouver quelque belle ruse pour éluder ici les gens et paroître innocente; quelque prétexte spécieux de pèlerinage nocturne, ou d'amie en travail d'enfant que vous veniez de secourir.

ANGÉLIQUE.

Non; mon intention n'est pas de vous rien déguiser. Je ne prétends point me défendre, ni vous nier les choses, puisque vous les savez.

GEORGE DANDIN.

C'est que vous voyez bien que tous les moyens vous en sont fermés, et que dans cette affaire vous ne sauriez inventer d'excuse qu'il ne me soit facile de convaincre de fausseté.

ANGÉLIQUE.

Oui, je confesse que j'ai tort, et que vous avez sujet de vous plaindre; mais je vous demande, par grace, de ne m'exposer point maintenant à la mauvaise humeur de mes parents, et de me faire promptement ouvrir.

GEORGE DANDIN.

Je vous baise les mains.

ANGÉLIQUE.

Hé, mon pauvre petit mari, je vous en conjure !

GEORGE DANDIN.

Hé, mon pauvre petit mari ! Je suis votre petit mari maintenant, parce que vous vous sentez prise. Je suis bien aise de cela; et vous ne vous étiez jamais avisée de me dire de ces douceurs.

ANGÉLIQUE.

Tenez, je vous promets de ne vous plus donner aucun sujet de déplaisir, et de me...

GEORGE DANDIN.

Tout cela n'est rien. Je ne veux point perdre cette aventure, et il m'importe qu'on soit une fois éclairci à fond de vos déportements.

ANGÉLIQUE.

De grace, laissez-moi vous dire. Je vous demande un moment d'audience.

GEORGE DANDIN.

Hé bien, quoi ?

ANGÉLIQUE.

Il est vrai que j'ai failli, je vous l'avoue encore une fois, et que votre ressentiment est juste; que j'ai pris le temps de sortir pendant que vous dormiez, et que cette sortie est un rendez-vous que j'avois donné à la personne que vous dites. Mais enfin ce sont des actions que vous devez pardonner à mon âge, des emportements de jeune personne qui n'a encore rien vu, et ne fait que d'entrer au monde; des libertés où l'on s'abandonne sans y penser de mal, et qui, sans doute, dans le fond n'ont rien de...

GEORGE DANDIN.

Oui, vous le dites; et ce sont de ces choses qui ont besoin qu'on les croie pieusement.

ANGÉLIQUE.

Je ne veux point m'excuser par là d'être coupable envers vous; et je vous prie seulement d'oublier une offense dont je vous demande pardon de tout mon cœur, et de m'épargner, en cette rencontre, le déplaisir que me pourroient causer les reproches fâcheux de mon père et de ma mère. Si vous m'accordez généreusement la grace que je vous demande, ce procédé obligeant, cette bonté que vous me ferez voir me gagnera entièrement; elle touchera tout-à-fait mon cœur, et y fera naître pour vous ce que tout le pouvoir de mes parents et les liens du mariage n'avoient pu y jeter. En un mot, elle sera cause que je renoncerai à toutes les galanteries, et n'aurai de l'attachement que pour vous. Oui, je vous donne ma parole que vous m'allez voir désormais la meilleure femme du monde, et que je vous témoignerai tant d'amitié, tant d'amitié, que vous en serez satisfait.

GEORGE DANDIN.

Ah, crocodile, qui flatte les gens pour les étrangler !

ANGÉLIQUE.

Accordez-moi cette faveur.

GEORGE DANDIN.

Point d'affaire; je suis inexorable.

ANGÉLIQUE.

Montrez-vous généreux.

GEORGE DANDIN.

Non.

ANGÉLIQUE.

De grace!

GEORGE DANDIN.

Point.

ANGÉLIQUE.

Je vous en conjure de tout mon cœur.

GEORGE DANDIN.

Non, non, non. Je veux qu'on soit détrompé de vous, et que votre confusion éclate.

ANGÉLIQUE.

Hé bien, si vous me réduisez au désespoir, je vous avertis qu'une femme en cet état est capable de tout, et que je ferai quelque chose ici dont vous vous repentirez.

GEORGE DANDIN.

Et que ferez-vous, s'il vous plaît?

ANGÉLIQUE.

Mon cœur se portera jusqu'aux extrêmes résolutions, et, de ce couteau que voici, je me tuerai sur la place.

GEORGE DANDIN.

Ah, ah! A la bonne heure.

ANGÉLIQUE.

Pas tant à la bonne heure pour vous que vous

vous imaginez. On sait de tous côtés nos différents et les chagrins perpétuels que vous concevez contre moi. Lorsqu'on me trouvera morte, il n'y aura personne qui mette en doute que ce ne soit vous qui m'aurez tuée; et mes parents ne sont pas gens assurément à laisser cette mort impunie, et ils en feront sur votre personne toute la punition que leur pourront offrir et les poursuites de la justice et la chaleur de leur ressentiment. C'est par là que je trouverai moyen de me venger de vous; et je ne suis pas la première qui ait su recourir à de pareilles vengeances, qui n'ait pas fait difficulté de se donner la mort pour perdre ceux qui ont la cruauté de nous pousser à la dernière extrémité.

GEORGE DANDIN.

Je suis votre valet. On ne s'avise plus de se tuer soi-même; et la mode en est passée il y a long-temps.

ANGÉLIQUE.

C'est une chose dont vous pouvez vous tenir sûr; et si vous persistez dans votre refus, si vous ne me faites ouvrir, je vous jure que, tout-à-l'heure, je vais vous faire voir jusqu'où peut aller la résolution d'une personne qu'on met au désespoir.

GEORGE DANDIN.

Bagatelles, bagatelles! C'est pour me faire peur.

ANGÉLIQUE.

Hé bien, puisqu'il le faut, voici qui nous contentera tous deux, et montrera si je me moque! (*après avoir fait semblant de se tuer.*) Ah, c'en est fait! Fasse le ciel que ma mort soit vengée comme je le souhaite, et que celui qui en est cause reçoive un juste châtiment de la dureté qu'il a eue pour moi!

GEORGE DANDIN.

Ouais! seroit-elle bien si malicieuse que de s'être tuée pour me faire pendre? Prenons un bout de chandelle pour aller voir.

SCÈNE IX.

ANGÉLIQUE, CLAUDINE.

ANGÉLIQUE, *à Claudine.*

St! Paix! Rangeons-nous chacune immédiatement contre un des côtés de la porte.

SCÈNE X.

ANGÉLIQUE ET CLAUDINE, *entrant dans la maison au moment que George Dandin en sort, et fermant la porte en dedans;* GEORGE DANDIN, *une chandelle à la main.*

GEORGE DANDIN.

La méchanceté d'une femme iroit-elle bien jusque là? (*seul, après avoir regardé partout.*) Il n'y a personne. Hé! je m'en étois bien douté; et la pendarde s'est retirée, voyant qu'elle ne gagnoit rien après moi, ni par prières ni par menaces. Tant mieux, cela rendra ses affaires encore plus mauvaises; et le père et la mère, qui vont venir, en verront mieux son crime.

ACTE III, SCÈNE XI.

(après avoir été à la porte de sa maison pour rentrer.)
Ah, ah, la porte s'est fermée! Holà, oh! Quelqu'un!
Qu'on m'ouvre promptement.

SCÈNE XI.

ANGÉLIQUE et CLAUDINE, *à la fenêtre;* GEORGE DANDIN.

ANGÉLIQUE.

Comment, c'est toi! D'où viens-tu, bon pendard?
Est-il l'heure de revenir chez soi quand le jour est
près de paroître? et cette manière de vie est-elle
celle que doit suivre un honnête mari?

CLAUDINE.

Cela est-il beau d'aller ivrogner toute la nuit, et
de laisser ainsi toute seule une pauvre jeune femme
dans la maison?

GEORGE DANDIN.

Comment? vous avez...

ANGÉLIQUE.

Va, va, traître, je suis lasse de tes déportements,
et je m'en veux plaindre, sans plus tarder, à mon
père et à ma mère.

GEORGE DANDIN.

Quoi! c'est ainsi que vous osez...

SCÈNE XII.

M. DE SOTENVILLE, MADAME DE SOTENVILLE, *en déshabillé de nuit;* COLIN, *portant une lanterne;* ANGÉLIQUE ET CLAUDINE, *à la fenêtre;* GEORGE DANDIN.

ANGÉLIQUE, *à monsieur et à madame de Sotenville.*

Approchez, de grace, et venez me faire raison de l'insolence la plus grande du monde, d'un mari à qui le vin et la jalousie ont troublé de telle sorte la cervelle, qu'il ne sait plus ni ce qu'il dit ni ce qu'il fait, et vous a lui-même envoyé querir pour vous faire témoins de l'extravagance la plus étrange dont on ait jamais ouï parler. Le voilà qui revient, comme vous voyez, après s'être fait attendre toute la nuit; et, si vous voulez l'écouter, il vous dira qu'il a les plus grandes plaintes du monde à vous faire de moi; que, durant qu'il dormoit, je me suis dérobée d'auprès de lui pour m'en aller courir, et cent autres contes de même nature qu'il est allé rêver.

GEORGE DANDIN, *à part.*

Voilà une méchante carogne!

CLAUDINE.

Oui, il nous a voulu faire accroire qu'il étoit dans la maison, et que nous en étions dehors; et c'est une folie qu'il n'y a pas moyen de lui ôter de la tête.

M. DE SOTENVILLE.

Comment! Qu'est-ce à dire cela?

ACTE III, SCENE XII.

MADAME DE SOTENVILLE.

Voilà une furieuse impudence que de nous envoyer querir!

GEORGE DANDIN.

Jamais...

ANGÉLIQUE.

Non, mon père, je ne puis plus souffrir un mari de la sorte; ma patience est poussée à bout; et il vient de me dire cent paroles injurieuses.

M. DE SOTENVILLE, *à George Dandin*.

Corbleu, vous êtes un malhonnête homme!

CLAUDINE.

C'est une conscience de voir une pauvre jeune femme traitée de la façon, et cela crie vengeance au ciel.

GEORGE DANDIN.

Peut-on...

M. DE SOTENVILLE.

Allez, vous devriez mourir de honte.

GEORGE DANDIN.

Laissez-moi vous dire deux mots.

ANGÉLIQUE.

Vous n'avez qu'à l'écouter, il va vous en conter de belles.

GEORGE DANDIN, *à part*.

Je désespère.

CLAUDINE.

Il a tant bu, que je ne pense pas qu'on puisse durer contre lui; et l'odeur du vin qu'il souffle est montée jusqu'à nous.

GEORGE DANDIN.
Monsieur mon beau-père, je vous conjure...
M. DE SOTENVILLE.
Retirez-vous; vous puez le vin à pleine bouche.
GEORGE DANDIN.
Madame, je vous prie...
MADAME DE SOTENVILLE.
Fi, ne m'approchez pas, votre haleine est empestée.
GEORGE DANDIN, *à monsieur de Sotenville.*
Souffrez que je vous...
M. DE SOTENVILLE.
Retirez-vous, vous dis-je; on ne peut vous souffrir.
GEORGE DANDIN, *à madame de Sotenville.*
Permettez, de grace, que...
MADAME DE SOTENVILLE.
Pouah! vous m'engloutissez le cœur. Parlez de loin, si vous voulez.
GEORGE DANDIN.
Hé bien, oui, je parle de loin. Je vous jure que je n'ai bougé de chez moi, et que c'est elle qui est sortie.
ANGÉLIQUE.
Ne voilà pas ce que je vous ai dit?
CLAUDINE.
Vous voyez quelle apparence il y a.
M. DE SOTENVILLE, *à George Dandin.*
Allez, vous vous moquez des gens. Descendez, ma fille, et venez ici.

SCÈNE XIII.

M. DE SOTENVILLE, MADAME DE SOTENVILLE, GEORGE DANDIN, COLIN.

GEORGE DANDIN.

J'atteste le ciel que j'étois dans la maison, et que...

M. DE SOTENVILLE.

Taisez-vous : c'est une extravagance qui n'est pas supportable.

GEORGE DANDIN.

Que la foudre m'écrase tout-à-l'heure, si...

M. DE SOTENVILLE.

Ne nous rompez pas davantage la tête, et songez à demander pardon à votre femme.

GEORGE DANDIN.

Moi, demander pardon?

M. DE SOTENVILLE.

Oui, pardon, et sur-le-champ.

GEORGE DANDIN.

Quoi! je...

M. DE SOTENVILLE.

Corbleu! si vous me répliquez, je vous apprendrai ce que c'est que de vous jouer à nous.

GEORGE DANDIN.

Ah, George Dandin!

SCÈNE XIV.

M. DE SOTENVILLE, MADAME DE SOTENVILLE, ANGÉLIQUE, GEORGE DANDIN, CLAUDINE, COLIN.

M. DE SOTENVILLE.

Allons, venez ma fille, que votre mari vous demande pardon.

ANGÉLIQUE.

Moi, lui pardonner tout ce qu'il m'a dit? Non, non, mon père, il m'est impossible de m'y résoudre; et je vous prie de me séparer d'un mari avec lequel je ne saurois plus vivre.

CLAUDINE.

Le moyen d'y résister!

M. DE SOTENVILLE.

Ma fille, de semblables séparations ne se font point sans grand scandale; et vous devez vous montrer plus sage que lui, et patienter encore cette fois.

ANGÉLIQUE.

Comment! patienter, après de telles indignités? Non, mon père, c'est une chose où je ne puis consentir.

M. DE SOTENVILLE.

Il le faut, ma fille, et c'est moi qui vous le commande.

ACTE III, SCÈNE XIV.

ANGÉLIQUE.

Ce mot me ferme la bouche, et vous avez sur moi une puissance absolue.

CLAUDINE.

Quelle douceur!

ANGÉLIQUE.

Il est fâcheux d'être contrainte d'oublier de telles injures; mais, quelque violence que je me fasse, c'est à moi de vous obéir.

CLAUDINE.

Pauvre mouton!

M. DE SOTENVILLE, *à Angélique.*

Approchez.

ANGÉLIQUE.

Tout ce que vous me faites faire ne servira de rien; et vous verrez que ce sera dès demain à recommencer.

M. DE SOTENVILLE.

Nous y donnerons ordre. (*à George Dandin.*) Allons, mettez-vous à genoux.

GEORGE DANDIN.

A genoux?

M. DE SOTENVILLE.

Oui; à genoux, et sans tarder.

GEORGE DANDIN, *à genoux, une chandelle à la main.*

(*à part.*) (*à monsieur de Sotenville.*)

O ciel! Que faut-il dire?

M. DE SOTENVILLE.

Madame, je vous prie de me pardonner...

GEORGE DANDIN.

Madame, je vous prie de me pardonner.

M. DE SOTENVILLE.

L'extravagance que j'ai faite...

GEORGE DANDIN.

L'extravagance que j'ai faite... (*à part.*) de vous épouser.

M. DE SOTENVILLE.

Et je vous promets de mieux vivre à l'avenir.

GEORGE DANDIN.

Et je vous promets de mieux vivre à l'avenir.

M. DE SOTENVILLE, *à George Dandin.*

Prenez-y garde, et sachez que c'est ici la dernière de vos impertinences que nous souffrirons.

MADAME DE SOTENVILLE.

Jour de dieu! si vous y retournez, on vous apprendra le respect que vous devez à votre femme, et à ceux de qui elle sort.

M. DE SOTENVILLE.

Voilà le jour qui va paroître. Adieu.

(*à George Dandin.*)

Rentrez chez vous, et songez bien à être sage.

(*à madame de Sotenville.*)

Et nous, m'amour, allons nous mettre au lit.

SCÈNE XV.

GEORGE DANDIN.

Ah! je le quitte[1] maintenant, et je n'y vois plus de remède. Lorsqu'on a, comme moi, épousé une méchante femme, le meilleur parti qu'on puisse prendre, c'est de s'aller jeter dans l'eau la tête la première.

[1] *Je le quitte*, pour *j'y renonce*.

FIN DE GEORGE DANDIN.

RELATION

DE

LA FÊTE DE VERSAILLES

DU 18 JUILLET 1668.

RELATION

DE

LA FÊTE DE VERSAILLES

DU 18 JUILLET 1668 [1].

Le roi, ayant accordé la paix aux instances de ses alliés et aux vœux de toute l'Europe, et donné des marques de modération et d'une bonté sans exemple, même dans le plus fort de ses conquêtes, ne pensoit plus qu'à s'appliquer aux affaires de son royaume, lorsque, pour réparer, en quelque sorte, ce que la cour avoit perdu dans le carnaval, pendant son absence, il résolut de faire une fête dans les jardins de Versailles, où, parmi les plaisirs que l'on trouve dans un séjour si délicieux, l'esprit fût encore touché de ces beautés surprenantes et extraordinaires dont ce grand prince sait si bien assaisonner tous ses divertissements.

Pour cet effet, voulant donner la comédie en suite

---

[1] Cette Relation, écrite par Félibien, fut publiée en 1669. Nous avons suivi l'exemple des éditeurs modernes, qui ont jugé convenable de l'insérer à la suite de *George Dandin*. Tous les intermèdes sont de Molière.

d'une collation, et le souper après la comédie, qui fût suivi d'un bal et d'un feu d'artifice, il jeta les yeux sur les personnes qu'il jugea les plus capables pour disposer toutes les choses propres à cela. Il leur marqua lui-même les endroits où la disposition du lieu pouvoit, par sa beauté naturelle, contribuer davantage à leur décoration ; et, parce que l'un des plus beaux ornements de cette maison est la quantité des eaux que l'art y a conduites, malgré la nature, qui les lui avoit refusées, sa majesté leur ordonna de s'en servir le plus qu'ils pourroient à l'embellissement de ces lieux, et même leur ouvrit les moyens de les employer, et d'en tirer les effets qu'elles peuvent faire.

Pour l'exécution de cette fête, le duc de Créqui, comme premier gentilhomme de la chambre, fut chargé de ce qui regardoit la comédie ; le maréchal de Bellefonds, comme premier maître-d'hôtel du roi, prit soin de la collation, du souper, et de tout ce qui regardoit le service des tables ; et M. Colbert, comme surintendant des bâtiments, fit construire et embellir les divers lieux destinés à ce divertissement royal, et donna les ordres pour l'exécution des feux d'artifice.

Le sieur Vigarani eut ordre de dresser le théâtre pour la comédie ; le sieur Gissey, d'accommoder un endroit pour le souper ; et le sieur Le Vau, premier architecte du roi, un autre pour le bal.

Le mercredi dix-huitième jour de juillet, le roi, étant parti de Saint-Germain, vint dîner à Versailles avec la reine, monseigneur le dauphin, Monsieur et Madame. Le reste de la cour étant arrivé incontinent après midi, trouva des officiers du roi qui faisoient les honneurs, et recevoient tout le monde dans les salles du château, où il y avoit, en plusieurs endroits, des tables dressées, et de quoi se rafraîchir; les principales dames furent conduites dans des chambres particulières pour se reposer.

Sur les six heures du soir, le roi, ayant commandé au marquis de Gesvres, capitaine de ses gardes, de faire ouvrir toutes les portes, afin qu'il n'y eût personne qui ne prît part au divertissement, sortit du château avec la reine, et tout le reste de la cour, pour prendre le plaisir de la promenade.

Quand leurs majestés eurent fait le tour du grand parterre, elles descendirent dans celui de gazon qui est du côté de la grotte, où, après avoir considéré les fontaines qui les embellissent, elles s'arrêtèrent particulièrement à regarder celle qui est au bas du petit parc, du côté de la Pompe. Dans le milieu de son bassin, l'on voit un dragon de bronze, qui, percé d'une flèche, semble vomir le sang par la gueule, en poussant en l'air un bouillon d'eau qui retombe en pluie, et couvre tout le bassin.

Autour de ce dragon il y a quatre petits Amours sur des cygnes, qui font chacun un grand jet d'eau, et qui nagent vers le bord comme pour se sauver. Deux de ces Amours, qui sont en face du dragon, se cachent le visage avec la main pour ne le pas voir, et sur leur visage l'on aperçoit toutes les marques de la crainte, parfaitement exprimées; les deux autres, plus hardis, parce que le monstre n'est pas tourné de leur côté, l'attaquent de leurs armes. Entre ces amours, sont des dauphins de bronze, dont la gueule ouverte pousse en l'air de gros bouillons d'eau.

Leurs majestés allèrent ensuite chercher le frais dans ces bosquets si délicieux où l'épaisseur des arbres empêche que le soleil ne se fasse sentir. Lorsqu'elles furent dans celui dont un grand nombre d'agréables allées forme une espèce de labyrinthe, elles arrivèrent, après plusieurs détours, dans un cabinet de verdure pentagone, où aboutissent cinq allées. Au milieu de ce cabinet il y a une fontaine, dont le bassin est bordé de gazon. De ce bassin sortoient cinq tables en manière de buffets, chargées de toutes les choses qui peuvent composer une collation magnifique.

L'une de ces tables représentoit une montagne, où, dans plusieurs espèces de cavernes, on voyoit diverses sortes de viandes froides; l'autre étoit comme la face d'un palais bâti de massepains et pâtes sucrées. Il y en avoit une chargée de pyramides de confitures sèches; une autre d'une infinité de vases remplis de toutes sortes de liqueurs; et la dernière étoit composée de caramels. Toutes ces tables, dont les plans étoient ingénieusement formés en divers compartiments, étoient couvertes d'une infinité de choses délicates, et disposées d'une manière toute nouvelle; leurs pieds et leurs dossiers étoient environnés de feuillages mêlés de festons de fleurs, dont une partie étoit soutenue par des Bacchantes. Il y avoit, contre ces tables, une petite pelouse de mousse verte, qui s'avançoit dans le bassin, et sur laquelle on voyoit, dans un grand vase, un oranger dont les fruits étoient confits; chacun de ces orangers avoit à côté de lui deux autres arbres de différentes espèces, dont les fruits étoient pareillement confits.

Du milieu de ces tables s'élevoit un jet d'eau de plus de trente pieds de haut, dont la chute faisoit un bruit très agréable; de sorte qu'en voyant tous ces buffets d'une même hauteur, joints les uns aux autres par les branches d'arbres et les fleurs dont ils étoient revêtus, il sembloit que ce fût une petite montagne, du haut de laquelle il sortît une fontaine.

La palissade qui fait l'enceinte de ce cabinet étoit disposée d'une manière toute particulière; le jardinier ayant employé son industrie à bien ployer les branches des arbres, et à les lier ensemble en diverses façons, en avoit formé une espèce d'architecture. Dans le milieu du couronnement, on voyoit un socle de verdure, sur lequel il y avoit un dé qui portoit un vase rempli de fleurs. Au deux côtés du dé, et sur le même socle, étoient deux autres vases de fleurs; et, en cet endroit, le haut de la palissade, venant doucement à s'arrondir en forme de galbe, se terminoit, aux deux extrémités, par deux autres vases aussi remplis de fleurs.

Au lieu de siéges de gazon, il y avoit, tout autour du cabinet, des couches de melons, dont la quantité, la grosseur et la bonté étoient surprenantes pour la saison. Ces couches étoient faites d'une manière tout extraordinaire; et, à bien considérer la beauté de ce lieu, l'on auroit pu dire autrefois que les hommes n'auroient point eu de part à un si bel arrangement, mais que quelques divinités de ces bois auroient employé leurs soins pour l'embellir de la sorte.

Comme il y a cinq allées qui se terminent toutes dans ce cabinet, et qui forment une étoile, l'on trouvoit ces allées ornées, de chaque côté, de vingt-six arcades de cyprès. Sous chaque arcade, et sur des siéges de gazon, il y avoit de grands vases remplis de divers arbres chargés de leurs fruits. Dans la première de ces allées, il n'y avoit que des orangers de Portugal. La seconde étoit toute de bigarreautiers et de cerisiers mêlés ensemble. La troisième étoit bordée d'abricotiers et de pêchers; la quatrième, de groseillers de Hollande; et dans la cinquième, l'on ne voyoit que des poiriers de différentes espèces. Tous ces arbres faisoient un agréable objet à la vue, à cause de leurs fruits, qui paroissoient encore davantage contre l'épaisseur du bois.

Au bout de ces cinq allées, il y a cinq grandes niches de verdure, que l'on voit toutes en face du milieu du cabinet. Ces niches étoient cintrées; et, sur les pilastres des côtés, s'élevoient deux rouleaux qui s'alloient joindre à un carré qui étoit au milieu. Dans ce carré, l'on voyoit les chiffres du roi, composés de différentes fleurs; et des deux côtés pendoient des festons qui s'attachoient à l'extrémité des rouleaux. A côté de la niche, il y avoit deux arcades aussi de verdure, avec leurs pilastres, d'un côté et d'autre, et tous ces pilastres étoient terminés par des vases remplis de fleurs.

Dans l'une de ces niches étoit la figure du dieu Pan, qui, ayant sur le visage toutes les marques de la joie, sembloit prendre part à celle de toute l'assemblée. Le sculpteur l'avoit disposé dans une action qui faisoit connoître qu'il étoit mis là comme la divinité qui présidoit dans ce lieu.

Dans les quatre autres niches, il y avoit quatre satyres, deux hommes et deux femmes, qui tous sembloient danser, et témoigner le plaisir qu'ils ressentoient de se voir visités par un si grand monarque, suivi d'une si belle cour. Toutes ces figures étoient dorées, et faisoient un effet admirable contre le vert de ces palissades.

Après que leurs majestés eurent été quelque temps dans cet endroit si charmant, et que les dames eurent fait collation, le roi abandonna les tables au pillage des gens qui suivoient; et la destruction d'un arrangement si beau servit encore d'un divertissement agréable à toute la cour, par l'empressement et la confusion de ceux qui démolissoient ces châteaux de massepains et ces montagnes de confitures.

Au sortir de ce lieu, le roi rentrant dans une calèche, la reine dans sa chaise, et tout le reste de la cour dans leurs carrosses, poursuivirent leur promenade pour se rendre à la comédie; et, passant dans une grande allée de quatre rangs de tilleuls, firent le tour du bassin de la fontaine des Cygnes, qui termine l'allée Royale vis-à-vis du château. Ce bassin est un carré long finissant par deux demi-ronds. Sa longueur est de soixante toises, sur quarante de large. Dans son milieu, il y a une infinité de jets d'eau, qui, réunis ensemble, font une gerbe d'une hauteur et d'une grosseur extraordinaires.

A côté de la grande allée Royale, il y en a deux autres qui en sont éloignées d'environ deux cents pas; celle qui est à droite en montant vers le château s'appelle *l'allée du Roi,* et celle qui est à gauche, *l'allée des Prés.* Ces trois allées sont traversées par une autre qui se termine à deux grilles qui font la clôture du petit parc. Ces deux allées des côtés, et celle qui les traverse, ont cinq toises de large; mais, à l'endroit où elles se rencontrent, elles forment un grand espace qui a plus de treize toises en carré. C'est dans cet endroit de l'allée du Roi que le sieur Vigarani avoit disposé le lieu de la comédie. Le théâtre, qui avançoit un peu dans le carré de la place, s'enfonçoit de dix toises dans l'allée qui monte vers le château, et laissoit, pour la salle, un espace de treize toises de face sur neuf de large.

L'exhaussement de ce salon étoit de trente pieds jusques à la corniche, d'où les côtés du plafond s'élevoient encore de huit pieds jusques au dernier enfoncement. Il étoit couvert de feuillée par dehors; et, par dedans, paré de riches tapisseries que le sieur du Metz, intendant des meubles de la couronne, avoit pris soin de faire disposer de la manière la plus belle et la plus convenable pour la décoration de ce lieu. Du haut du plafond pendoient trente-deux chandeliers de cristal, portant chacun dix bougies de cire blanche. Autour de la salle étoient plusieurs siéges disposés en amphithéâtre, remplis de plus de douze cents personnes; et, dans le parterre, il y avoit encore sur des bancs une plus grande quantité de monde. Cette salle étoit percée par deux grandes arcades, dont l'une étoit vis-à-vis du théâtre, et l'autre du côté qui va vers la grande allée. L'ouverture du théâtre étoit de trente-six pieds, et de chaque côté, il y avoit deux grandes colonnes torses, de bronze et de lapis, environnées de branches et de feuilles de vignes d'or; elles étoient posées sur des piédestaux de marbre, et portoient une grande corniche aussi de marbre, dans le milieu de laquelle on voyoit les armes du roi sur un cartouche doré, accompagné de trophées; l'architecture étoit d'ordre ionique. Entre chaque colonne, il y avoit une figure : celle qui étoit à droite représentoit la Paix, et celle qui étoit à gauche figuroit la Victoire; pour montrer que sa majesté est toujours en état de faire que ses peuples jouissent d'une paix heureuse et pleine d'abondance, en établissant le repos dans l'Europe, ou d'une victoire glorieuse et remplie de joie, quand elle est obligée de prendre les armes pour soutenir ses droits.

Lorsque leurs majestés furent arrivées dans ce lieu, dont la grandeur et la magnificence surprit toute la cour, et quand elles eurent pris leurs places sur le haut dais qui étoit au milieu du parterre, on leva la toile qui cachoit la décoration du théâtre; et alors, les yeux se trouvant tout-à-fait trompés, l'on crut voir effectivement un jardin d'une beauté extraordinaire.

A l'entrée de ce jardin on découvroit deux palissades si ingénieusement moulées, qu'elles formoient un ordre d'architecture, dont la corniche étoit soutenue par quatre termes qui représentoient des Satyres. La partie d'en bas de ces termes, et ce qu'on appelle *gaîne*, étoient de jaspe, et le reste de bronze doré. Ces satyres portoient sur leurs têtes des corbeilles pleines de fleurs; et, sur les piédestaux de marbre qui soutenoient ces mêmes termes, il y avoit de grands vases dorés, aussi remplis de fleurs.

Un peu plus loin paroissoient deux terrasses revêtues de marbre blanc, qui environnoient un long canal. Au bord de ces terrasses, il y avoit des masques dorés qui vomissoient de l'eau dans le canal; et, au dessus de ces masques, on voyoit des vases de bronze doré, d'où sortoient aussi autant de véritables jets d'eau.

On montoit sur ces terrasses par trois degrés; et, sur la même ligne où étoient rangés les termes, il y avoit, d'un côté et d'autre, une longue allée de grands arbres, entre lesquels paroissoient des cabinets d'une architecture rustique. Chaque cabinet couvroit un grand bassin de marbre, soutenu sur un piédestal de même matière, et de ces bassins sortoient autant de jets d'eau.

Le bout du canal le plus proche étoit bordé de douze jets d'eau, qui formoient autant de chandeliers;

et, à l'autre extrémité, on voyoit un superbe édifice en forme de dôme. Il étoit percé de trois grands portiques, au travers desquels on découvroit une grande étendue de pays.

D'abord l'on vit sur le théâtre une collation magnifique d'oranges de Portugal, et de toutes sortes de fruits chargés à fond et en pyramides dans trente-six corbeilles, qui furent servies à toute la cour par le maréchal de Bellefonds, et par plusieurs seigneurs, pendant que le sieur de Launay, intendant des menus-plaisirs et affaires de la chambre, donnoit de tous côtés des imprimés qui contenoient le sujet de la comédie et du ballet.

Bien que la pièce qu'on représenta doive être considérée comme un impromptu, et un de ces ouvrages où la nécessité de satisfaire sur-le-champ aux volontés du roi ne donne pas toujours le loisir d'y apporter la dernière main, et d'en former les derniers traits, néanmoins il est certain qu'elle est composée de parties si diversifiées et si agréables, qu'on peut dire qu'il n'en a guère paru sur le théâtre de plus capable de satisfaire tout ensemble l'oreille et les yeux des spectateurs. La prose dont on s'est servi est un langage très propre pour l'action qu'on représente, et les vers qui se chantent entre les actes de la comédie conviennent si bien au sujet, et expriment si tendrement les passions dont ceux qui les récitent doivent être émus, qu'il n'y a jamais rien eu de plus touchant. Quoiqu'il semble que ce soit deux comédies que l'on joue en même temps, dont l'une soit en prose et l'autre en vers, elles sont pourtant si bien unies à un même sujet, qu'elles ne font qu'une même pièce, et ne représentent qu'une seule action.

L'ouverture du théâtre se fait par quatre bergers [1] déguisés en valets de fête, qui, accompagnés de quatre autres bergers [2] qui jouent de la flûte, font une danse, où ils obligent d'entrer avec eux un riche paysan qu'ils rencontrent, et qui, mal satisfait de son mariage, n'a l'esprit rempli que de fâcheuses pensées : aussi l'on voit qu'il se retire bientôt de leur compagnie, où il n'a demeuré que par contrainte.

Climène [3] et Chloris [4], qui sont deux bergères amies, entendant le son des flûtes, viennent joindre leurs voix à ces instruments, et chantent :

>   L'autre jour, d'Annette
>   J'entendis la voix,
>   Qui, sur sa musette,
>   Chantoit dans nos bois :
>   Amour, que sous ton empire
>   On souffre de maux cuisants!
>   Je le puis bien dire,
>   Puisque je le sens.
>
>   La jeune Lisette,
>   Au même moment,

---

[1] Beauchamp, Saint-André, La Pierre, Favier.
[2] Descouteaux, Philbert, Jean et Martin Hottère.
[3] Mademoiselle Hilaire. — [4] Mademoiselle des Fronteaux.

Sur le ton d'Annette
Reprit tendrement :
Amour, si sous ton empire
Je souffre des maux cuisants,
C'est de n'oser dire
Tout ce que je sens.

Tircis[1] et Philène[2], amants de ces deux bergères, les abordent pour les entretenir de leur passion, et font avec elles une scène en musique.

CHLORIS.

Laissez-nous en repos, Philène.

CLIMÈNE.

Tircis, ne viens point m'arrêter.

TIRCIS ET PHILÈNE.

Ah! belle inhumaine,
Daigne un moment m'écouter.

CLIMÈNE ET CHLORIS.

Mais que me veux-tu conter?

LES DEUX BERGERS.

Que d'une flamme immortelle
Mon cœur brûle sous tes lois.

LES DEUX BERGÈRES.

Ce n'est pas une nouvelle,
Tu me l'as dit mille fois.

PHILÈNE, *à Chloris.*

Quoi! veux-tu, toute ma vie,

---

[1] Blondel. — [2] Gaye.

Que j'aime, et n'obtienne rien?
####### CHLORIS.
Non, ce n'est pas mon envie;
N'aime plus, je le veux bien.
####### TIRCIS, *à Climène.*
Le ciel me force à l'hommage
Dont tous ces bois sont témoins.
####### CLIMÈNE.
C'est au ciel, puisqu'il t'engage,
A te payer de tes soins.
####### PHILÈNE, *à Chloris.*
C'est par ton mérite extrême
Que tu captives mes vœux.
####### CHLORIS.
Si je mérite qu'on m'aime,
Je ne dois rien à tes feux.
####### LES DEUX BERGERS.
L'éclat de tes yeux me tue.
####### LES DEUX BERGÈRES.
Détourne de moi tes pas.
####### LES DEUX BERGERS.
Je me plais dans cette vue.
####### LES DEUX BERGÈRES.
Berger, ne t'en plains donc pas.
####### PHILÈNE.
Ah, belle Climène!
####### TIRCIS.
Ah, belle Chloris!
####### PHILÈNE, *à Climène.*
Rends-la pour moi plus humaine.

TIRCIS, *à Chloris.*

Dompte pour moi ses mépris.

CLIMÈNE, *à Chloris.*

Sois sensible à l'amour que te porte Philène.

CHLORIS, *à Climène.*

Sois sensible à l'ardeur dont Tircis est épris.

CLIMÈNE, *à Chloris.*

Si tu veux me donner ton exemple, bergère,
Peut-être je le recevrai.

CHLORIS, *à Climène.*

Si tu veux te résoudre à marcher la première,
Possible que je te suivrai.

CLIMÈNE, *à Philène.*

Adieu, berger.

CHLORIS, *à Tircis.*

Adieu, berger.

CLIMÈNE, *à Philène.*

Attends un favorable sort.

CHLORIS, *à Tircis.*

Attends un doux succès du mal qui te possède.

TIRCIS.

Je n'attends aucun remède.

PHILÈNE.

Et je n'attends que la mort.

TIRCIS ET PHILÈNE.

Puisqu'il nous faut languir en de tels déplaisirs,
Mettons fin, en mourant, à nos tristes soupirs.

Ces deux bergers se retirent, l'ame pleine de douleur et de désespoir ; et, ensuite de cette musique, commence le premier acte de la comédie en prose.

Le sujet est qu'un riche paysan, s'étant marié à la fille d'un gentilhomme de campagne, ne reçoit que du mépris de sa femme aussi bien que de son beau-père et de sa belle-mère, qui ne l'avoient pris pour leur gendre qu'à cause de ses grands biens.

Toute cette pièce est traitée de la même sorte que le sieur de Molière a de coutume de faire ses autres pièces de théâtre; c'est-à-dire qu'il y représente avec des couleurs si naturelles le caractère des personnes qu'il introduit, qu'il ne se peut rien voir de plus ressemblant que ce qu'il a fait pour montrer la peine et les chagrins où se trouvent souvent ceux qui s'allient au dessus de leur condition; et, quand il dépeint l'humeur et la manière de faire de certains nobles campagnards, il ne forme point de traits qui n'expriment parfaitement leur véritable image. Sur la fin de l'acte, le paysan est interrompu par une bergère qui lui vient apprendre le désespoir des deux bergers: mais comme il est agité d'autres inquiétudes, il la quitte en colère; et Chloris entre, qui vient faire une plainte sur la mort de son amant:

> Ah, mortelles douleurs!
> Qu'ai-je plus à prétendre?
> Coulez, coulez, mes pleurs:
> Je n'en puis trop répandre.
>
> Pourquoi faut-il qu'un tyrannique honneur
> Tienne notre ame en esclave asservie?

Hélas! pour contenter sa barbare rigueur,
J'ai réduit mon amant à sortir de la vie.

> Ah, mortelles douleurs!
> Qu'ai-je plus à prétendre?
> Coulez, coulez, mes pleurs:
> Je n'en puis trop répandre.

Me puis-je pardonner dans ce funeste sort
Les sévères froideurs dont je m'étois armée?
Quoi donc, mon cher amant, je t'ai donné la mort!
Est-ce le prix, hélas! de m'avoir tant aimée?

> Ah, mortelles douleurs!
> Qu'ai-je plus à prétendre?
> Coulez, coulez, mes pleurs:
> Je n'en puis trop répandre.

Après cette plainte, commença le second acte de la comédie en prose. C'est une suite des déplaisirs du paysan marié, qui se trouve encore interrompu par la même bergère, qui vient lui dire que Tircis et Philène ne sont point morts, et lui montre six bateliers[1] qui les ont sauvés. Le paysan, importuné de tous ces avis, se retire, et quitte la place aux bateliers, qui, ravis de la récompense qu'ils ont reçue, dansent avec leurs crocs, et se jouent ensemble; après quoi se récite le troisième acte de la comédie en prose.

Dans ce dernier acte, l'on voit le paysan dans le

---

[1] Jonan, Beauchamp, Chicanneau, Favier, Noblet, Mayeu.

comble de la douleur, par les mauvais traitements de sa femme. Enfin un de ses amis lui conseille de noyer dans le vin toutes ses inquiétudes, et l'emmène pour joindre sa troupe, voyant venir toute la foule des bergers amoureux, qui commence à célébrer, par des chants et des danses, le pouvoir de l'Amour.

Ici la décoration du théâtre se trouve changée en un instant, et l'on ne peut comprendre comment tant de véritables jets d'eau ne paroissent plus, ni par quel artifice, au lieu de ces cabinets et de ces allées, on ne découvre sur le théâtre que de grandes roches entremêlées d'arbres, où l'on voit plusieurs bergers qui chantent et qui jouent de toutes sortes d'instruments. Chloris commence la première à joindre sa voix au son des flûtes et des musettes.

CHLORIS.

Ici l'ombre des ormeaux
Donne un teint frais aux herbettes;
Et les bords de ces ruisseaux
Brillent de mille fleurettes
Qui se mirent dans les eaux.

Prenez, bergers, vos musettes,
Ajustez vos chalumeaux,
Et mêlons nos chansonnettes
Au chant des petits oiseaux.

Le Zéphyr, entre ces eaux,
Fait mille courses secrètes;

Et les rossignols nouveaux
De leurs douces amourettes
Parlent aux tendres rameaux.

Prenez, bergers, vos musettes,
Ajustez vos chalumeaux,
Et mêlons nos chansonnettes
Au chant des petits oiseaux.

Pendant que la musique charme les oreilles, les yeux sont agréablement occupés à voir danser plusieurs bergers [1] et bergères [2], galamment vêtus. Et Climène chante :

Ah, qu'il est doux, belle Sylvie !
Ah, qu'il est doux de s'enflammer !
Il faut retrancher de la vie
Ce qu'on en passe sans aimer.

CHLORIS.

Ah, les beaux jours qu'Amour nous donne,
Lorsque sa flamme unit les cœurs !
Est-il ni gloire ni couronne
Qui vaille ses moindres douceurs ?

TIRCIS.

Qu'avec peu de raison on se plaint d'un martyre
Que suivent de si doux plaisirs !

PHILÈNE.

Un moment de bonheur, dans l'amoureux empire,
Répare dix ans de soupirs.

[1] Chicanneau, Saint-André, La Pierre, Favier.
[2] Bonard, Arnald, Noblet, Foignard.

TOUS ENSEMBLE.

Chantons tous de l'Amour le pouvoir adorable,
  Chantons tous dans ces lieux
  Ses attraits glorieux :
  Il est le plus aimable
  Et le plus grand des dieux.

A ces mots, l'on vit s'approcher, du fond du théâtre, un grand rocher couvert d'arbres, sur lequel étoit assise toute la troupe de Bacchus, composée de quarante satyres. L'un d'eux [1], s'avançant à la tête, chanta fièrement ces paroles :

 Arrêtez : c'est trop entreprendre.
Un autre dieu, dont nous suivons les lois,
S'oppose à cet honneur qu'à l'Amour osent rendre
  Vos musettes et vos voix :
A des titres si beaux Bacchus seul peut prétendre ;
Et nous sommes ici pour défendre ses droits.

CHOEUR DE SATYRES.

Nous suivons de Bacchus le pouvoir adorable ;
  Nous suivons en tous lieux
  Ses attraits glorieux.
  Il est le plus aimable
  Et le plus grand des dieux.

Plusieurs du parti de Bacchus mêloient aussi leurs pas à la musique, et l'on vit un combat des danseurs

---

[1] D'Estival.

et des chantres de Bacchus contre les danseurs et les chantres qui soutenoient le parti de l'Amour.

CHLORIS.
C'est le printemps qui rend l'ame
A nos champs semés de fleurs ;
Mais c'est l'amour et sa flamme
Qui font revivre nos cœurs.

UN SUIVANT DE BACCHUS[1].
Le soleil chasse les ombres
Dont le ciel est obscurci,
Et des ames les plus sombres
Bacchus chasse le souci.

CHŒUR DE BACCHUS.
Bacchus est révéré sur la terre et sur l'onde.

CHŒUR DE L'AMOUR.
Et l'Amour est un dieu qu'on adore en tous lieux.

CHŒUR DE BACCHUS.
Bacchus à son pouvoir a soumis tout le monde.

CHŒUR DE L'AMOUR.
Et l'Amour a dompté les hommes et les dieux.

CHŒUR DE BACCHUS.
Rien peut-il égaler sa douceur sans seconde?

CHŒUR DE L'AMOUR.
Rien peut-il égaler ses charmes précieux?

CHŒUR DE BACCHUS.
Fi de l'Amour et de ses feux !

LE PARTI DE L'AMOUR.
Ah, quel plaisir d'aimer!

[1] Gingan.

LE PARTI DE BACCHUS.
>   Ah, quel plaisir de boire!
LE PARTI DE L'AMOUR.
A qui vit sans amour la vie est sans appas.
LE PARTI DE BACCHUS.
C'est mourir que de vivre et de ne boire pas.
LE PARTI DE L'AMOUR.
> Aimables fers!
LE PARTI DE BACCHUS.
>   Douce victoire!
LE PARTI DE L'AMOUR.
Ah, quel plaisir d'aimer!
LE PARTI DE BACCHUS.
>   Ah, quel plaisir de boire!
LES DEUX PARTIS.
Non, non, c'est un abus.
Le plus grand dieu de tous...
LE PARTI DE L'AMOUR.
> C'est l'Amour.
LE PARTI DE BACCHUS.
>   C'est Bacchus.

Un berger[1] arrive, qui se jette au milieu des deux partis pour les séparer, et leur chante ces vers :

C'est trop, c'est trop, bergers. Hé! pourquoi ces débats?
Souffrons qu'en un parti la raison nous assemble.
L'amour a des douceurs, Bacchus a des appas :

---

[1] Le Gros.

Ce sont deux déités qui sont fort bien ensemble;
Ne les séparons pas.

LES DEUX CHŒURS.

Mêlons donc leurs douceurs aimables;
Mêlons nos voix dans ces lieux agréables,
Et faisons répéter aux échos d'alentour
Qu'il n'est rien de plus doux que Bacchus et l'Amour.

Tous les danseurs se mêlent ensemble, et l'on voit parmi les bergers et les bergères quatre des suivants de Bacchus[1] avec des thyrses, et quatre bacchantes[2] avec des espèces de tambours de basque, qui représentent ces cribles qu'elles portoient anciennement aux fêtes de Bacchus. De ces thyrses, les suivants frappent sur les cribles des bacchantes, et font différentes postures, pendant que les bergers et les bergères dansent plus sérieusement.

On peut dire que, dans cet ouvrage, le sieur de Lulli a trouvé le secret de satisfaire et de charmer tout le monde; car jamais il n'y a rien eu de si beau et de mieux inventé. Si l'on regarde les danses, il n'y a point de pas qui ne marque l'action que les danseurs doivent faire, et dont les gestes ne soient autant de paroles qui se fassent entendre. Si l'on regarde la musique, il n'y a rien qui n'exprime parfaitement toutes les passions, et qui ne ravisse l'esprit des auditeurs. Mais ce qui n'a jamais été vu est cette harmonie de voix si agréable, cette symphonie d'in-

---

[1] Beauchamp, Dolivet, Chicanneau, Mayeu.
[2] Paysan, Manceau, Le Roy, Pesan.

struments, cette belle union de différents chœurs, ces douces chansonnettes, ces dialogues si tendres et si amoureux, ces échos, et enfin cette conduite admirable dans toutes les parties, où, depuis les premiers récits, l'on a toujours vu que la musique s'est augmentée, et qu'enfin, après avoir commencé par une seule voix, elle a fini par un concert de plus de cent personnes qu'on a vues, toutes à la fois sur un même théâtre, joindre ensemble leurs instruments, leurs voix et leurs pas dans un accord et une cadence qui finit la pièce, en laissant tout le monde dans une admiration qu'on ne peut assez exprimer.

Cet agréable spectacle étant fini de la sorte, le roi et toute la cour sortirent par le portique du côté gauche du salon, et qui rend dans l'allée de traverse, au bout de laquelle, à l'endroit où elle coupe l'allée des Prés, l'on aperçut de loin un édifice élevé de cinquante pieds de haut. Sa figure étoit octogone, et sur le haut de la couverture s'élevoit une espèce de dôme d'une grandeur et d'une hauteur si belle et si proportionnée, que le tout ensemble ressembloit beaucoup à ces beaux temples antiques dont l'on voit encore quelques restes; il étoit tout couvert de feuillages et rempli d'une infinité de lumières. A mesure qu'on s'en approchoit, on y découvroit mille différentes beautés. Il étoit isolé, et l'on voyoit dans les huit angles autant de pilastres qui servoient comme de pieds forts ou d'arcs-boutants élevés de quinze pieds de haut. Au dessus de ces pilastres, il y avoit de grands vases ornés de différentes façons, et remplis de lumières. Du haut de ces vases sortoit une fontaine, qui, retombant alentour, les environnoit comme d'une cloche de cristal; ce qui faisoit un effet d'autant plus admirable qu'on voyoit un feu éclairer agréablement au milieu de l'eau.

Cet édifice étoit percé de huit portes. Au devant de celle par où l'on entroit, et sur deux piédestaux de verdure, étoient deux grandes figures dorées qui représentoient deux faunes jouant chacun d'un instrument. Au dessus de ces portes, on voyoit comme une espèce de frise ornée de huit grands bas-reliefs, représentant, par des figures assises, les quatre saisons de l'année et les quatre parties du jour. A côté des premières, il y avoit des doubles L, et, à côté des autres, des fleurs de lis. Elles étoient toutes enchâssées parmi le feuillage, et faites avec un artifice de lumière si beau et si surprenant, qu'il sembloit que toutes ces figures, ces L et ces fleurs de lis, fussent d'un métal lumineux et transparent.

Le tour du dôme étoit aussi orné de huit bas-reliefs éclairés de la même sorte; mais, au lieu de figures, c'étoient des trophées disposés en différentes manières. Sur les angles du principal édifice et du dôme, il y avoit de grosses boules de verdure qui en terminoient les extrémités.

Si l'on fut surpris en voyant par dehors la beauté de ce lieu, on le fut encore davantage en voyant le dedans. Il étoit presque impossible de ne se pas persuader que ce ne fût un enchantement, tant il y paroissoit des choses qu'on croiroit ne se pouvoir faire que par magie. Sa grandeur étoit de huit toises de diamètre. Au milieu, il y avoit un grand rocher, et autour du rocher une table de figure octogone, chargée de soixante-quatre couverts. Ce rocher étoit percé en quatre endroits. Il sembloit que la nature eût fait choix de tout ce qu'elle a de plus beau et de plus riche pour la composition de cet ouvrage, et qu'elle eût elle-même pris plaisir d'en faire son chef-d'œuvre, tant les ouvriers avoient bien su cacher l'artifice dont ils s'étoient servis pour l'imiter!

Sur la cime du rocher étoit le cheval Pégase; il sembloit, en se cabrant, faire sortir de l'eau qu'on voyoit couler doucement de dessous ses pieds, mais qui aussitôt tomboit avec abondance, et formoit comme quatre fleuves. Cette eau, qui se précipitoit avec violence et par gros bouillons parmi les pointes du rocher, le rendoit tout blanc d'écume, et ne s'y perdoit que pour paroître encore plus belle et plus brillante; car, ressortant avec impétuosité par des endroits cachés, elle faisoit des chutes d'autant plus agréables qu'elles se séparoient en plusieurs petits ruisseaux parmi les cailloux et les coquilles. Il sortoit de tous les endroits les plus creux du rocher mille gouttes d'eau qui, avec celle des cascades, venoient inonder une pelouse couverte de mousse et de divers coquillages, qui en faisoit l'entrée. C'étoit sur ce beau vert, et alentour de ces coquilles, que ces eaux venant à se répandre et à couler agréablement, faisoient une infinité de retours qui paroissoient autant de petites ondes d'argent, et, avec un murmure doux et agréable qui s'accordoit au bruit des cascades, tomboient, en cent différentes manières, dans huit canaux qui séparoient la table d'avec le rocher, et en recevoient toutes les eaux. Ces canaux étoient revêtus de carreaux de porcelaine et de mousse, au bord desquels il y avoit de grands vases à l'antique, émaillés d'or et d'azur, qui, jetant l'eau par trois différents endroits, remplissoient trois grandes coupes de cristal qui se dégorgeoient encore dans ces mêmes canaux.

Au dessous du cheval Pégase, et vis-à-vis la porte par où l'on entroit, on voyoit la figure d'Apollon, assise, tenant dans sa main une lyre; les neuf Muses étoient au dessous de lui, qui tenoient aussi divers instruments. Dans les quatre coins du rocher, et au dessous de la chute de ces fleuves, il y avoit quatre figures couchées, qui en représentoient les divinités.

De quelque côté qu'on regardât ce rocher, l'on y voyoit toujours différents effets d'eau; et les lumières dont il étoit éclairé étoient si bien disposées, qu'il n'y en avoit point qui ne contribuassent à faire paroître toutes les figures, qui étoient d'argent, et à faire briller davantage les divers éclats de l'eau et les différentes couleurs des pierres et des cristaux dont il étoit composé. Il y avoit même des lumières si industrieusement cachées dans les cavités de ce rocher, qu'elles n'étoient point aperçues, mais qui cependant le faisoient voir partout, et donnoient un lustre et un éclat merveilleux à toutes les gouttes d'eau qui tomboient.

Des huit portes dont ce salon étoit percé, il y en

avoit quatre au droit des quatre grandes allées, et quatre autres qui étoient vis-à-vis des petites allées qui sont dans les angles de cette place. A côté de chaque porte, il y avoit quatre grandes niches percées à jour, et remplies d'un grand pied d'argent; au dessus étoit un grand vase de même matière, qui portoit une girandole de cristal, allumée de dix bougies de cire blanche. Dans les huit angles qui forment la figure de ce lieu, il y avoit un corps solide taillé rustiquement, et dont le fond verdâtre brilloit en façon de cristal ou d'eau congelée. Contre ce corps étoient quatre coquilles de marbre les unes au dessous des autres, et dans des distances fort proportionnées; la plus haute étoit la moins grande, et celles de dessous augmentoient toujours en grandeur, pour mieux recevoir l'eau qui tomboit des unes dans les autres. On avoit mis sur la coquille la plus élevée une girandole de cristal, allumée de dix bougies, et de cette coquille sortoit de l'eau en forme de nappe, qui, tombant dans la seconde coquille, se répandoit dans une troisième, où l'eau d'un masque posé au dessus venant à se rendre la remplissoit encore davantage. Cette troisième coquille étoit portée par deux dauphins, dont les écailles étoient de couleur de nacre; ces deux dauphins jetoient de l'eau dans la quatrième coquille, où tomboit aussi en nappe l'eau de la coquille qui étoit au dessus; et toutes ces eaux venoient enfin à se rendre dans un bassin de marbre, aux deux extrémités duquel étoient deux grands vases remplis d'orangers.

Le plafond de ce lieu n'étoit pas cintré en forme de voûte; il s'élevoit jusques à l'ouverture du dôme, par huit pans qui représentoient un compartiment de menuiserie, artistement taillé de feuillages dorés. Dans ces compartiments, qui paroissoient percés, l'on avoit peint des branches d'arbres au naturel, pour avoir plus d'union avec la feuillée dont le corps de cet édifice étoit composé. Le haut du dôme étoit aussi un compartiment d'une riche broderie d'or et d'argent sur un fond vert.

Outre vingt-cinq lustres de cristal, chacun de dix bougies, qui éclairoient ce lieu, et qui tomboient du haut de la voûte, il y en avoit encore d'autres au milieu des huit portes, qui étoient attachés avec de grandes écharpes de gaze d'argent entre des festons de fleurs, noués avec de pareilles écharpes, enrichies d'une frange de même.

Sur la grande corniche qui régnoit tout autour de ce salon, étoient rangés soixante-quatre vases de porcelaine remplis de diverses fleurs; et, entre ces vases, on avoit mis soixante-quatre boules de cristal de diverses couleurs, et d'un pied de diamètre, soutenues sur des pieds d'argent ; elles paroissoient comme autant de pierres précieuses, et étoient éclairées d'une manière si ingénieuse, que la lumière passant au travers, et se trouvant chargée des différentes couleurs de ces cristaux, se répandoit par tout le haut du plafond, où elle faisoit des effets si admirables, qu'il sembloit que ce fussent les couleurs mêmes d'un véritable arc-en-ciel. De cette corniche et du tour que formoit l'ouverture du dôme, pendoient plusieurs festons de toutes sortes de fleurs, attachés avec de grandes écharpes de gaze d'argent, dont les bouts, tombant entre chaque feston, paroissoient avec beaucoup d'éclat et de grace sur tout le corps de cette architecture, qui étoit de feuillage, et dont l'on avoit si bien su former différentes sortes de verdure, que la diversité des arbres qu'on y avoit employés, et que l'on avoit su accommoder les uns auprès des autres, ne faisoit pas une des moindres beautés de la composition de cet agréable édifice.

Au delà du portique, qui étoit vis-à-vis de celui par où l'on entroit, on avoit dressé un buffet d'une beauté et d'une richesse tout extraordinaire. Il étoit enfoncé de dix-huit pieds dans l'allée, et l'on y montoit par trois grands degrés en forme d'estrade. Il y avoit, des deux côtés de ce buffet, deux manières d'ailes élevées d'environ dix pieds de haut, dont le dessous servoit pour passer ceux qui portoient les viandes. Sur le milieu de chacune de ces ailes étoit un socle de verdure, qui portoit un grand guéridon d'argent, chargé d'une girandole aussi d'argent, allumée de bougies de cire blanche, et, à côté de ces guéridons, plusieurs grands vases d'argent; contre ce socle étoit attachée une grande plaque d'argent à trois branches, portant chacune un flambeau de cire blanche.

Sur la table du buffet, il y avoit quatre degrés de deux pieds de large et de trois à quatre pieds de haut, qui s'élevoient jusques à un plafond de feuillée de vingt-cinq pieds d'exhaussement. Sur ce buffet et sur ces degrés, l'on voyoit, dans une disposition agréable, vingt-quatre bassins d'argent d'une grandeur extrême et d'un ouvrage merveilleux : ils étoient séparés les uns des autres par autant de grands vases, de cassolettes et de girandoles d'argent d'une pareille beauté. Il y avoit sur la table vingt-quatre grands pots d'argent remplis de toutes sortes de fleurs, avec la nef du roi, la vaisselle et les verres destinés pour son service. Au devant de la table, on voyoit une grande cuvette d'argent en forme de coquille, et, aux deux bouts du buffet, quatre guéridons d'argent, de six pieds de haut, sur lesquels étoient des girandoles d'argent, allumées de dix bougies de cire blanche.

Dans les deux autres arcades, qui étoient à côté de celle-ci, étoient deux autres buffets moins hauts et moins larges que celui du milieu; chaque table avoit deux degrés, sur lesquels étoient dressés quatre grands bassins d'argent, qui accompagnoient un grand vase chargé d'une girandole allumée de dix bougies; et, entre ces bassins et ce vase, il y avoit plusieurs figures d'argent. Aux deux bouts du buffet, l'on voyoit deux grandes plaques portant chacune trois flambeaux de cire blanche; au dessus du dossier, un guéridon d'argent, chargé de plusieurs bougies, et, à côté, plusieurs grands vases d'un prix et d'une pesanteur extraordinaires, outre six grands bassins qui servoient de fond. Devant chaque table, il y avoit une grande cuvette d'argent, pesant mille marcs; et ces tables, qui étoient comme deux crédences pour accompagner le grand buffet du roi, étoient destinées pour le service des dames.

Au delà de l'arcade qui servoit d'entrée du côté de l'allée qui descend vers les grilles du grand parc, étoit un enfoncement de dix-huit toises de long, qui formoit comme un avant-salon.

Ce lieu étoit terminé d'un grand portique de verdure, au delà duquel il y avoit une grande salle bornée par les deux côtés des palissades de l'allée, et, par l'autre bout, d'un autre portique de feuillage. Dans cette salle l'on avoit dressé quatre grandes tentes très magnifiques, sous lesquelles étoient huit tables accompagnées de leurs buffets chargés de bassins, de verres et de lumières, disposés dans un ordre tout-à-fait singulier.

Lorsque le roi fut entré dans le salon octogone, et que toute la cour, surprise de la beauté et de la disposition si extraordinaire de ce lieu, en eut bien considéré toutes les parties, sa majesté se mit à table, le dos tourné du côté par où elle étoit entrée; et, lorsque Monsieur eut pris aussi sa place, les dames qui étoient nommées par sa majesté pour y souper prirent les leurs, selon qu'elles se rencontrèrent, sans garder aucun rang. Celles qui eurent cet honneur furent :

Mesdemoiselles d'Angoulême,
Madame Aubry de Courcy,
Madame de Saint-Arbre,
Madame de Broglio,
Madame de Bailleul,

Madame de Bonnelle,
Madame Bignon,
Madame de Bordeaux,
Mademoiselle Borelle,
Madame de Brissac,
Madame de Coulange,
Madame la maréchale de Clérambaut,
Madame la maréchale de Castelnau,
Madame de Comminge,
Madame la marquise de Castelnau,
Mademoiselle d'Elbeuf,
Madame la maréchale d'Albret, et mademoiselle sa fille,
Madame la maréchale d'Estrées,
Madame la maréchale de La Ferté,
Madame de La Fayette,
Madame la comtesse de Fiesque,
Madame de Fontenay-Hotman,
Madame de Fieubet,
Madame la maréchale de Grancey, et mesdemoiselles ses deux filles,
Madame des Hameaux,
Madame la maréchale de L'Hôpital,
Madame la lieutenante civile,
Madame la comtesse de Louvigny,
Mademoiselle de Manicham,
Madame de Meckelbourg,
Madame la grande-maréchale,
Madame de Marré,
Madame de Nemours,

Madame de Richelieu,
Madame la duchesse de Richemont,
Mademoiselle de Tresmes,
Madame Tambonneau,
Madame de La Trousse,
Madame la présidente Tubeuf,
Madame la duchesse de La Vallière,
Madame la marquise de La Vallière,
Madame de Vilacerf,
Madame la duchesse de Wirtemberg, et madame sa fille,
Madame de Valavoire.

Comme la somptuosité de ce festin passe tout ce qu'on en pourroit dire, tant par l'abondance et la délicatesse des viandes qui y furent servies que par le bel ordre que le maréchal de Bellefonds et le sieur de Valentiné, contrôleur-général de la maison du roi, y apportèrent, je n'entreprendrai pas d'en faire le détail; je dirai seulement que le pied du rocher étoit revêtu, parmi les coquilles et la mousse, de quantité de pâtes, de confitures, de conserves, d'herbages, et de fruits sucrés, qui sembloient être crus parmi les pierres, et en faire partie. Il y avoit sur les huit angles qui marquent la figure du rocher et de la table huit pyramides de fleurs, dont chacune étoit composée de treize porcelaines remplies de différents mets. Il y eut cinq services, chacun de cinquante-six plats; les plats du dessert étoient chargés de seize porcelaines en pyramides, où tout ce qu'il y a de plus exquis et de plus rare dans la saison y paroissoit, à l'œil et au goût, d'une manière qui secondoit bien ce que l'on avoit fait dans cet agréable lieu pour charmer la vue.

Dans une allée assez proche de là, et sous une tente, étoit la table de la reine, où mangeoient Madame, Mademoiselle, madame la princesse, madame la princesse de Carignan. Monseigneur le dauphin soupa au château dans son appartement.

Le roi étoit servi par monsieur le Duc; et Monsieur, par le sieur de Valentiné. Les sieurs Grotteau, contrôleur de la bouche, Gaut et Chamois, contrôleurs d'office, mettoient les viandes sur la table.

Le maréchal de Bellefonds servoit la reine; et le sieur Courtet, contrôleur d'office, servoit Madame; le sieur de La Grange, aussi contrôleur d'office, mettoit sur table; les cent-suisses de la garde portoient les viandes, et les pages et valets de pied du roi, de la reine, de Monsieur et de Madame, servoient les tables de leurs majestés.

Dans le même temps que l'on portoit sur ces deux tables, il y en avoit huit autres que l'on servoit de la même manière, qui étoient dressées sous les quatre tentes dont j'ai parlé; et ces tables avoient leurs maîtres d'hôtel, qui faisoient porter les viandes par les gardes-suisses.

La première étoit celle

de madame la comtesse de Soissons, de.	20 couverts.
de madame la princesse de Bade, de.	20
de madame la duchesse de Créqui, de.	20

de madame la maréchale de La Mothe, de . . . 20 couverts.
de madame de Montausier, de 40
de madame la maréchale de Bellefonds, de . . . 65
de madame la maréchale d'Humières, de 20
de madame de Béthune, de 20

Il y en avoit encore trois autres dans une petite allée à côté de celle que tenoit madame la maréchale de Bellefonds, de quinze à seize couverts chacune, dont les maîtres d'hôtel du roi avoient le soin.

Quantité d'autres tables se servoient de la desserte de la reine, et des autres, pour les femmes de la reine, et pour d'autres personnes.

Dans la grotte, proche du château, il y eut trois tables pour les ambassadeurs, qui furent servies en même temps, de vingt-deux couverts chacune.

Il y avoit encore, en plusieurs endroits, des tables dressées, où l'on donnoit à manger à tout le monde; et l'on peut dire que l'abondance des viandes, des vins et des liqueurs, la beauté et l'excellence des fruits et des confitures, et une infinité d'autres choses délicatement apprêtées, faisoient bien voir que la magnificence du roi se répandoit de tous côtés.

Le roi s'étant levé de table pour donner un nouveau divertissement aux dames, et passant par le portique où l'allée monte vers le château, les conduisit dans la salle du bal.

A deux cents pas de l'endroit où l'on avoit soupé, et dans une traverse d'allées qui forme un espace d'une vaste grandeur, l'on avoit dressé un édifice d'une figure octogone, haut de plus de neuf toises et large de dix. Toute la cour marcha le long de l'allée, sans s'apercevoir du lieu où elle étoit ; mais, comme elle eut fait plus de la moitié du chemin, il y eut une palissade de verdure, qui, s'ouvrant tout d'un coup de part et d'autre, laissa voir, au travers d'un grand portique, un salon rempli d'une infinité de lumières, et une longue allée au delà, dont l'extraordinaire beauté surprit tout le monde.

Ce bâtiment n'étoit pas tout de feuillages, comme celui où l'on avoit soupé ; il représentoit une superbe salle, revêtue de marbre et de porphyre, et ornée seulement, en quelques endroits, de verdure et de festons. Un grand portique de seize pieds de large, et de trente-deux de haut, servoit d'entrée à ce riche salon ; il avançoit environ trois toises dans l'allée, et cette avance servoit encore de vestibule, et faisoit symétrie aux autres enfoncements qui se rencontroient dans les huit côtés. Du milieu du portique pendoient de grands festons de fleurs, attachés de part et d'autre. Aux deux côtés de l'entrée, et sur deux piédestaux, on voyoit des termes représentant des satyres qui étoient là comme les gardes de ce beau lieu. A la hauteur de huit pieds, ce salon étoit ouvert par les six côtés, entre la porte par où l'on entroit, et l'allée du milieu ; ces ouvertures formoient six grandes arcades, qui servoient de tribunes, où l'on avoit dressé plusieurs siéges en forme d'amphithéâtres pour asseoir plus de six-vingts personnes dans chacune. Ces enfoncements étoient ornés de feuillages, qui, venant se terminer contre les pilastres et le haut des arcades, y montroient assez que ce bel endroit étoit paré comme à un jour de fête, puisque l'on y mêloit des feuilles et des fleurs pour l'orner; car les impostes et les clefs des arcades étoient marquées par des festons et des ceintures de fleurs.

Du côté droit, dans l'arcade du milieu, et au haut de l'enfoncement, étoit une grotte de rocaille, où, dans un large bassin travaillé rustiquement, l'on voyoit Arion porté sur un dauphin, et tenant une lyre; il y avoit à côté de lui deux tritons : c'étoit dans ce lieu que les musiciens étoient placés. A l'opposite, l'on avoit mis tous les joueurs d'instruments; l'enfoncement de l'arcade où ils étoient formoit aussi une grotte où l'on voyoit Orphée sur un rocher, qui sembloit joindre sa voix à celle de deux nymphes assises auprès de lui. Dans le fond des quatre autres arcades, il y avoit d'autres grottes, où, par la gueule de certains monstres, sortoit de l'eau qui tomboit dans des bassins rustiques, d'où elle s'échappoit entre des pierres, et dégouttoit lentement parmi la mousse et les rocailles.

Contre les huit pilastres qui formoient ces arcades, et sur des piédestaux de marbre, l'on avoit posé huit grandes figures de femmes, qui tenoient dans leurs mains divers instruments, dont elles sembloient se servir pour contribuer au divertissement du bal.

Dans le milieu des piédestaux, il y avoit des masques de bronze doré, qui jetoient de l'eau dans un bassin. Au bas de chaque piédestal, et des deux côtés du même bassin, s'élevoient deux jets d'eau, qui for-

moient deux chandeliers. Tout autour de ce salon
régnoit un siége de marbre, sur lequel d'espace en
espace étoient plusieurs vases remplis d'orangers.

Dans l'arcade qui étoit vis-à-vis de l'entrée, et
qui servoit d'ouverture à une grande allée de verdure, l'on voyoit encore, sur deux piédestaux, deux
figures qui représentoient Flore et Pomone. De ces
piédestaux, il en sortoit de l'eau comme de ceux du
salon.

Le haut du salon s'élevoit au dessus de la corniche,
par huit pans, jusqu'à la hauteur de douze pieds;
puis, formant un plafond de figure octogone, laissoit
dans le milieu une ouverture de pareille forme,
dont l'enfoncement étoit de cinq à six pieds. Dans
ces huit pans, étoient huit grands soleils d'or, sou-
tenus de huit figures qui représentoient les douze
mois de l'année, avec les signes du zodiaque : le fond
étoit d'azur, semé de fleurs de lis d'or; et le reste en-
richi de roses et d'autres ornements d'or, d'où pendoient trente-deux lustres, portant chacun douze
bougies.

Outre toutes ces lumières, qui faisoient le plus
beau jour du monde, il y avoit dans les six tribunes
vingt-quatre plaques, dont chacune portoit neuf bougies; et aux deux côtés des huit pilastres, au dessus
des figures, sortoient de la feuillée de grands fleurons
d'argent, en forme de branches d'arbres, qui soutenoient treize chandeliers disposés en pyramides.
Aux deux côtés de la porte, et dans l'endroit qui servoit comme de vestibule, il y avoit six grandes plaques

en ovale, enrichies des chiffres du roi ; chacune de ces plaques portoit seize chandeliers allumés de seize bougies.

L'allée qui aboutit au milieu de ce salon avoit plus de vingt pieds de large ; elle étoit toute de feuillée de part et d'autre, et paroissoit découverte par le haut ; par les côtés, elle sembloit accompagnée de huit cabinets, où, à chaque encoignure, l'on voyoit sur des piédestaux de marbre des termes qui représentoient des satyres : à l'endroit où étoient ces termes les cabinets se fermoient en berceau.

Au bout de l'allée, il y avoit une grotte de rocaille, où l'art étoit si heureusement joint à la nature, que, parmi les figures qui l'ornoient, on y voyoit cette belle négligence et cet arrangement rustique qui donne un si grand plaisir à la vue.

Au haut, et dans le lieu le plus enfoncé de la grotte, on découvroit une espèce de masque de bronze doré, représentant la tête d'un monstre marin. Deux tritons argentés ouvroient les deux côtés de la gueule de ce masque, duquel s'élevoit, en forme d'aigrette, un gros bouillon d'eau, dont la chute augmentant celle qui tomboit de sa gueule, extraordinairement grande, faisoit une nappe qui se répandoit dans un grand bassin, d'où ces deux tritons sembloient sortir.

De ce bassin se formoit une autre grande nappe, accompagnée de deux gros jets d'eau, que deux animaux, d'une figure monstrueuse, vomissoient en se regardant l'un l'autre. Ces deux animaux, qui ne paroissoient qu'à demi hors de la roche, étoient aussi de bronze doré. De cette quantité d'eau qu'ils jetoient, et de celle de ce bassin qui tomboit dans un autre beaucoup plus grand, il se formoit une troisième nappe, qui, couvrant tout le bas du rocher, et se déchirant inégalement contre les pierres d'en bas, faisoit paroître des éclats si beaux et si extraordinaires, qu'on ne les peut bien exprimer.

Cette abondance d'eau, qui, comme un agréable torrent, se précipitoit de la sorte par différentes chutes, sembloit couvrir le rocher de plusieurs voiles d'argent, qui n'empêchoient pas qu'on ne vît la disposition des pierres et des coquillages, dont les couleurs paroissoient encore avec plus de beauté parmi la mousse mouillée, et au travers de l'eau qui tomboit en bas, où elle formoit de gros bouillons d'écume.

De ce dernier endroit, où toute cette eau finissoit sa chute dans un carré qui étoit au pied de la grotte, elle se divisoit en deux canaux, qui, bordant les deux côtés de l'allée, venoient se terminer dans un grand bassin, dont la figure étoit d'un carré long, augmenté, par les quatre côtés, de quatre demironds, lequel séparoit l'allée d'avec le salon : mais cette eau ne couloit pas sans faire paroître mille beaux effets, car, vis-à-vis des huit cabinets, il y avoit, dans chaque canal, deux jets d'eau qui formoient de chaque côté seize lances de douze à quinze pieds de haut; et, d'espace en espace, l'eau de ces canaux, venant à tomber, faisoit des cascades qui composoient autant de petites nappes argentées, dont la longueur de chaque canal étoit agréablement interrompue.

Ces canaux étoient bordés de gazon de part et d'autre. Du côté des cabinets, et entre les termes qui en marquoient les encoignures, il y avoit, dans de grands vases, des orangers chargés de fleurs et de fruits; et le milieu de l'allée étoit d'un sable jaune qui partageoit les deux lisières du gazon.

Dans le bassin qui séparoit l'allée d'avec le salon, il y avoit un groupe de quatre dauphins dans des coquilles de bronze doré, posées sur un petit rocher: ces quatre dauphins ne formoient qu'une seule tête, qui étoit renversée, et qui, ouvrant la gueule en haut, poussoit un jet d'eau d'une grosseur extraordinaire. Après que cette eau, qui s'élevoit de plus de trente pieds de haut, avoit frappé la feuillée avec violence, elle retomboit dans le bassin en mille petites boules de cristal.

Aux deux côtés de ce bassin, il y avoit quatre grandes plaques en ovale, chargées chacune de quinze bougies; mais, comme toutes les autres lumières qui éclairoient cette allée étoient cachées derrière les pilastres et les termes qui marquoient les cabinets, l'on ne voyoit qu'un jour universel qui se répandoit si agréablement dans tout ce lieu, et en découvroit les parties avec tant de beauté, que tout le monde préféroit cette clarté à la lumière des plus beaux jours. Il n'y avoit point de jet d'eau qui ne fît paroître mille brillants; et l'on reconnoissoit principalement dans ce lieu et dans la grotte où le roi avoit soupé, une distribution d'eau si belle et si extraordinaire, que jamais il ne s'est rien vu de pareil. Le sieur Joly, qui en avoit eu la conduite, les avoit si bien ménagées, que, produisant toutes des effets différents, il y avoit encore une union et un certain accord qui faisoit paroître partout une agréable beauté, la chute des unes servant, en plusieurs endroits, à donner plus d'éclat à la chute des autres. Les jets d'eau qui s'élevoient de quinze pieds sur le devant des deux canaux venoient peu à peu à diminuer de hauteur et de force, à mesure qu'ils s'éloignoient de la vue; de sorte que s'accordant avec la belle manière dont on avoit disposé l'allée, il sembloit que cette allée, qui n'avoit guère plus de quinze toises de long, en eût quatre fois davantage, tant toutes choses y étoient bien conduites !

Pendant que, dans un séjour si charmant, leurs majestés et toute la cour prenoient le divertissement du bal, à la vue de ces beaux objets et au bruit de ces eaux qui n'interrompoient qu'agréablement le son des instruments, l'on préparoit ailleurs d'autres spectacles dont personne ne s'étoit aperçu, et qui devoient surprendre tout le monde. Le sieur Gissey, outre le soin qu'il avoit pris du lieu où le roi avoit soupé, et des dessins de tous les habits de la comédie, se trouvant encore chargé des illuminations qu'on devoit mettre au château, et en plusieurs endroits du parc, travailloit à mettre toutes ces choses en ordre, pour faire que ce beau divertissement eût une fin aussi heureuse et aussi agréable que le succès

en avoit été favorable jusques alors; ce qui arriva
en effet par les soins qu'il y prit; car, en un moment, toutes les choses furent si bien ordonnées, que,
quand leurs majestés sortirent du bal, elles aper-
çurent le tour du fer à cheval et le château tout en
feu, mais d'un feu si beau et si agréable, que cet
élément, qui ne paroît guère dans l'obscurité de la
nuit sans donner de la crainte et de la frayeur, ne
causoit que du plaisir et de l'admiration. Deux cents
vases de quatre pieds de haut, de plusieurs façons,
et ornés de différentes manières, entouroient ce grand
espace qui enferme les parterres de gazon, et qui
forme le fer à cheval. Au bas des degrés qui sont au
milieu, on voyoit quatre figures représentant quatre
fleuves; et au dessus, sur quatre piédestaux qui sont
aux extrémités des rampes, quatre autres figures qui
représentoient les quatre parties du monde. Sur les
angles du fer à cheval, et entre les vases, il y avoit
trente-huit candélabres ou chandeliers antiques, de
six pieds de haut; et ces vases, ces candélabres et ces
figures, étant éclairés de la même sorte que celles
qui avoient paru dans la frise du salon où l'on avoit
soupé, faisoient un spectacle merveilleux. Mais la
cour étant arrivée au haut du fer à cheval, et décou-
vrant encore mieux tout le château, ce fut alors que
tout le monde demeura dans une surprise qui ne se
peut connoître qu'en la ressentant.

Il étoit orné de quarante-cinq figures. Dans le milieu de la porte du château, il y en avoit une qui représentoit Janus; et, des deux côtés, dans les qua-

torze fenêtres d'en bas, l'on voyoit différents trophées de guerre. A l'étage d'en haut, il y avoit quinze figures qui représentoient diverses vertus, et au dessus, un soleil avec des lyres et d'autres instruments ayant rapport à Apollon, qui paroissoient en quinze différents endroits. Toutes ces figures étoient de diverses couleurs, mais si brillantes et si belles, que l'on ne pouvoit dire si c'étoit différents métaux allumés, ou des pierres de plusieurs couleurs qui fussent éclairées par un artifice inconnu. Les balustrades qui environnent le fossé du château étoient illuminées de la même sorte; et dans les endroits où durant le jour on avoit vu des vases remplis d'orangers et de fleurs, l'on y voyoit cent vases de diverses formes, allumés de différentes couleurs.

De si merveilleux objets arrêtoient la vue de tout le monde, lorsqu'un bruit qui s'éleva vers la grande allée fit qu'on se retourna de ce côté-là. Aussitôt on la vit éclairée, d'un bout à l'autre, de soixante-douze termes, faits de la même manière que les figures qui étoient au château, et qui la bordoient des deux côtés. De ces termes il partit, en un moment, un si grand nombre de fusées, que les unes se croisant sur l'allée, faisoient une espèce de berceau, et les autres s'élevant tout droit, et laissant jusques en terre une grosse trace de lumière, formoient comme une haute palissade de feu. Dans le temps que ces fusées montoient jusques au ciel, et qu'elles remplissoient l'air de mille clartés plus brillantes que les étoiles, l'on voyoit, tout au bas de l'allée, le grand bassin d'eau, qui paroissoit une mer de flamme et de lumière, dans laquelle une infinité de feux plus rouges et plus vifs sembloient se jouer au milieu d'une clarté plus blanche et plus claire.

A de si beaux effets se joignit le bruit de plus de cinq cents boîtes, qui, étant dans le grand parc, et fort éloignées, sembloient être l'écho de ces grands éclats dont les grosses fusées faisoient retentir l'air, lorsqu'elles étoient en haut.

Cette grande allée ne fut guère en cet état, que les trois bassins des fontaines qui sont dans le parterre de gazon, au bas du fer à cheval, parurent trois sources de lumières. Mille feux sortoient du milieu de l'eau, qui, comme furieux et s'échappant d'un lieu où ils auroient été retenus par force, se répandoient de tous côtés sur les bords du parterre. Une infinité d'autres feux sortant de la gueule des lézards, des crocodiles, des grenouilles et des autres animaux de bronze qui sont sur les bords des fontaines, sembloient aller secourir les premiers, et, se jetant dans l'eau, sous la figure de plusieurs serpents, tantôt séparément, tantôt joints ensemble par gros pelotons, lui faisoient une rude guerre. Dans ces combats, accompagnés de bruits épouvantables et d'un embrasement qu'on ne peut représenter, ces deux éléments étoient si étroitement mêlés ensemble, qu'il étoit impossible de les distinguer. Mille fusées qui s'élevoient en l'air paroissoient comme des jets d'eau enflammés ; et l'eau qui bouillonnoit de toutes parts ressembloit à des flots de feu et à des flammes agitées.

Bien que tout le monde sût que l'on préparoit des feux d'artifice, néanmoins, en quelque lieu qu'on allât durant le jour, l'on n'y voyoit nulle disposition; de sorte que, dans le temps que chacun étoit en peine du lieu où ils devoient paroître, l'on s'en trouva tout à coup environné; car non seulement ils partoient de ces bassins de fontaines, mais encore des grandes allées qui environnent le parterre; et, en voyant sortir de terre mille flammes qui s'élevoient de tous côtés, l'on ne savoit s'il y avoit des canaux qui fournissaient, cette nuit-là, autant de feux, comme, pendant le jour, on avoit vu des jets d'eau qui rafraîchissoient ce beau parterre. Cette surprise causa un agréable désordre parmi tout le monde, qui, ne sachant où se retirer, se cachoit dans l'épaisseur des bocages et se jetoit contre terre.

Ce spectacle ne dura qu'autant de temps qu'il en faut pour imprimer dans l'esprit une belle image de ce que l'eau et le feu peuvent faire quand ils se rencontrent ensemble et qu'ils se font la guerre; et chacun, croyant que la fête se termineroit par un artifice si merveilleux, retournoit vers le château, quand, du côté du grand étang, l'on vit tout d'un coup le ciel rempli d'éclairs, et l'air d'un bruit qui sembloit faire trembler la terre. Chacun se rangea vers la grotte pour voir cette nouveauté, et aussitôt il sortit de la tour de la pompe qui élève toutes les eaux, une infinité de grosses fusées qui remplirent tous les environs de feu et de lumières. A quelque hauteur qu'elles montassent, elles laissoient attachée à la tour une grosse queue, qui ne s'en séparoit point, que la fusée n'eût rempli l'air d'une infinité d'étoiles qu'elle y alloit répandre. Tout le haut de cette tour sembloit être embrasé, et, de moment en moment, elle vomissoit une infinité de feux, dont les uns s'élevoient jusques au ciel, et les autres, ne montant pas si haut, sembloient se jouer par mille mouvements agréables qu'ils faisoient. Il y en avoit même qui, marquant les chiffres du roi par leurs tours et retours, traçoient dans l'air de doubles L toutes brillantes d'une lumière très vive et très pure. Enfin, après que de cette tour il fut sorti à plusieurs fois une si grande quantité de fusées, que jamais on n'a rien vu de semblable, toutes ces lumières s'éteignirent; et, comme si elles eussent obligé les étoiles du ciel à se retirer, l'on s'aperçut que, de ce côté-là, la plus grande partie ne se voyoit plus, mais que le jour, jaloux des avantages d'une si belle nuit, commençoit à paroître.

Leurs majestés prirent aussitôt le chemin de Saint-Germain avec toute la cour, et il n'y eut que monseigneur le dauphin qui demeura dans le château.

Ainsi finit cette grande fête, de laquelle si l'on remarque bien toutes les circonstances, on verra qu'elle a surpassé, en quelque façon, ce qui a jamais été fait de plus mémorable. Car, soit que l'on regarde comme en si peu de temps l'on a dressé des lieux d'une grandeur extraordinaire pour la comédie, pour le souper et pour le bal, soit que l'on considère les divers ornements dont on les a embellis, le nombre des lumières dont on les a éclairés, la quantité d'eau qu'il a fallu conduire, et la distribution qui en a été faite, la somptuosité des repas où l'on a vu une quantité de toutes sortes de viandes qui n'est pas concevable; et, enfin, toutes les choses nécessaires à la magnificence de ces spectacles, et à la conduite de tant de différents ouvriers, on avouera qu'il ne s'est jamais rien fait de plus surprenant, et qui ait causé plus d'admiration.

Mais comme il n'y a que le roi qui puisse, en si peu de temps, mettre de grandes armées sur pied, et faire des conquêtes avec cette rapidité que l'on a vue, et dont toute la terre a été épouvantée, lorsque dans le milieu de l'hiver il triomphoit de ses ennemis, et faisoit ouvrir les portes de toutes les villes par où il passoit : aussi n'appartient-il qu'à ce grand prince de mettre ensemble, avec la même promptitude, autant de musiciens, de danseurs et de joueurs d'instruments, et tant de différentes beautés. Un capitaine romain disoit autrefois qu'il n'étoit pas moins d'un grand homme de savoir bien disposer un festin agréable à ses amis, que de ranger une armée redoutable à ses ennemis : ainsi l'on voit que sa majesté fait toutes ses actions avec une grandeur égale, et que, soit dans la paix, soit dans la guerre, elle est partout inimitable.

Quelque image que j'aie tâché de faire de cette belle fête, j'avoue qu'elle n'est que très imparfaite, et l'on ne doit pas croire que l'idée qu'on s'en formera sur ce que j'en ai écrit, approche en aucune façon, de la vérité. On peut voir ici les figures des principales décorations; mais ni les paroles, ni les figures ne sauroient bien représenter tout ce qui servit de divertissement dans ce grand jour de réjouissance.

FÉLIBIEN.

MONSIEUR DE POURCEAUGNAC,

COMÉDIE-BALLET

EN TROIS ACTES ET EN PROSE,

Représentée à Chambord, le 6 octobre 1669, et à Paris, sur le théâtre du Palais-Royal, le 15 novembre de la même année.

PERSONNAGES DE LA COMÉDIE.

M. DE POURCEAUGNAC [1].
ORONTE, père de Julie [2].
JULIE, fille d'Oronte [3].
ÉRASTE, amant de Julie [4].
NÉRINE, femme d'intrigue, feinte Picarde [5].
LUCETTE, feinte Languedocienne [6].
SBRIGANI, Napolitain, homme d'intrigue [7].
PREMIER MÉDECIN.
SECOND MÉDECIN.
UN APOTHICAIRE.
UN PAYSAN.
UNE PAYSANNE.
PREMIER SUISSE.
SECOND SUISSE.
UN EXEMPT.
DEUX ARCHERS.

ACTEURS.

[1] MOLIÈRE. — [2] BÉJART. — [3] Mademoiselle MOLIÈRE (Armande Béjart). — [4] LA GRANGE. — [5] Madeleine BÉJART. — [6] HUBERT. — [7] DU CROISY.

PERSONNAGES DU BALLET.

UNE MUSICIENNE [1].
DEUX MUSICIENS [2].
TROUPE DE DANSEURS.
DEUX MAITRES A DANSER [3].
DEUX PAGES dansants [4].
QUATRE CURIEUX DE SPECTACLES dansants [5].
DEUX SUISSES dansants.
DEUX MÉDECINS GROTESQUES [6].
MATASSINS dansants [7].
DEUX AVOCATS chantants [8].
DEUX PROCUREURS dansants [9].
DEUX SERGENS dansants [10].
TROUPE DE MASQUES.
UNE ÉGYPTIENNE chantante [11].
UN ÉGYPTIEN chantant [12].
UN PANTALON chantant [13].
CHOEUR DE MASQUES chantants [14].
SAUVAGES dansants [15].
BISCAYENS dansants [16].

ACTEURS et DANSEURS.

[1] Mademoiselle Hilaire. — [2] Les sieurs Estival et Langeais. — [3] Les sieurs La Pierre et Favier. — [4] Les sieurs Beauchamps et Chicanneau. — [5] Les sieurs Noblet, Joubert, Lestang et Mayeu. — [6] Il signor Chiacchiarone, et le sieur Gaye. — [7] Les sieurs Beauchamps, La Pierre, Favier, Noblet, Chicanneau et Lestang. — [8] Les sieurs Estival et Gaye. — [9] Les sieurs Beauchamps et Chicanneau. — [10] Les sieurs La Pierre et Favier. — [11] Mademoiselle Hilaire. — [12] Le sieur Gaye. — [13] Le sieur Blondel. — [14] Les sieurs Fernon, Estival, Le Gros, Gingan, Blondel, Rebel, Hédouin, Langeais, Deschamps. — [15] Les sieurs Paysan, Noblet, Joubert et Lestang. — [16] Les sieurs Beauchamp, Favier, Mayeu et Chicanneau.

La scène est à Paris.

MONSIEUR DE POURCEAUGNAC[1].

ACTE PREMIER.

SCÈNE I[2].

ÉRASTE; UNE MUSICIENNE, DEUX MUSICIENS *chantants; plusieurs autres jouant des instruments;* TROUPE DE DANSEURS.

ÉRASTE, *aux musiciens et aux danseurs.*
Suivez les ordres que je vous ai donnés pour la sérénade. Pour moi, je me retire, et ne veux point paroître ici.

---

[1] Molière fit cette pièce pour se venger, en la mettant sur la scène avec tous ses ridicules, d'un gentilhomme Limosin qui, un jour de spectacle, eut une querelle sur le théâtre avec les comédiens.

[2] Ce fut à cette représentation (à Paris) que la troupe de Molière prit, pour la première fois, le titre de troupe du roi.

SCÈNE II.

UNE MUSICIENNE; DEUX MUSICIENS *chantants; plusieurs autres, jouant des instruments;* TROUPE DE DANSEURS.

(Cette sérénade est composée de chants, d'instruments et de danses. Les paroles qui s'y chantent ont rapport à la situation où Éraste se trouve avec Julie, et expriment les sentiments de deux amants qui sont traversés dans leur amour par le caprice de leurs parents.)

UNE MUSICIENNE.

Répands, charmante nuit, répands sur tous les yeux
    De tes pavots la douce violence,
Et ne laisse veiller en ces aimables lieux
Que les cœurs que l'Amour soumet à sa puissance.
      Tes ombres et ton silence,
    Plus beaux que le plus beau jour,
Offrent de doux moments à soupirer d'amour.

PREMIER MUSICIEN.

    Que soupirer d'amour
    Est une douce chose,
  Quand rien à nos vœux ne s'oppose!
A d'aimables penchants notre cœur nous dispose;
Mais on a des tyrans à qui l'on doit le jour.
    Que soupirer d'amour
    Est une douce chose,
  Quand rien à nos vœux ne s'oppose!

SECOND MUSICIEN.

Tout ce qu'à nos vœux on oppose

Contre un parfait amour ne gagne jamais rien ;
Et pour vaincre toute chose
Il ne faut que s'aimer bien.

TOUS TROIS ENSEMBLE.

Aimons-nous donc d'une ardeur éternelle ;
Les rigueurs des parents, la contrainte cruelle,
L'absence, les travaux, la fortune rebelle,
Ne font que redoubler une amitié fidèle.
Aimons-nous donc d'une ardeur éternelle ;
Quand deux cœurs s'aiment bien,
Tout le reste n'est rien.

PREMIÈRE ENTRÉE DE BALLET.

Danse de deux maîtres à danser.

DEUXIÈME ENTRÉE DE BALLET.

Danse de deux pages.

TROISIÈME ENTRÉE DE BALLET.

Quatre curieux de spectacles, qui ont pris querelle pendant la danse des deux pages, dansent en se battant l'épée à la main.

QUATRIÈME ENTRÉE DE BALLET.

Deux suisses séparent les quatre combattants, et, après les avoir mis d'accord, dansent avec eux.

SCÈNE III.

JULIE, ÉRASTE, NÉRINE.

JULIE.

Mon dieu, Éraste! gardons d'être surpris. Je tremble qu'on ne nous voie ensemble; et tout seroit perdu, après la défense que l'on m'a faite.

ÉRASTE.

Je regarde de tous côtés, et je n'aperçois rien.

JULIE, *à Nérine*.

Aie aussi l'œil au guet, Nérine, et prends bien garde qu'il ne vienne personne.

NÉRINE, *se retirant dans le fond du théâtre*.

Reposez-vous sur moi, et dites hardiment ce que vous avez à vous dire.

JULIE.

Avez-vous imaginé pour notre affaire quelque chose de favorable? et croyez-vous, Éraste, pouvoir venir à bout de détourner ce fâcheux mariage que mon père s'est mis en tête?

ÉRASTE.

Au moins y travaillons-nous fortement; et déja nous avons préparé un bon nombre de batteries pour renverser ce dessein ridicule.

NÉRINE, *accourant à Julie*.

Par ma foi, voilà votre père!

JULIE.

Ah! séparons-nous vite.

NÉRINE.

Non, non, non, ne bougez; je m'étois trompée.

JULIE.

Mon dieu, Nérine! que tu es sotte de nous donner de ces frayeurs!

ÉRASTE.

Oui, belle Julie, nous avons dressé pour cela quantité de machines; et nous ne feignons point de mettre tout en usage, sur la permission que vous m'avez donnée. Ne nous demandez point tous les ressorts que nous ferons jouer, vous en aurez le divertissement; et, comme aux comédies, il est bon de vous laisser le plaisir de la surprise, et de ne vous avertir point de tout ce qu'on vous fera voir : c'est assez de vous dire que nous avons en main divers stratagèmes tout prêts à produire dans l'occasion, et que l'ingénieuse Nérine et l'adroit Sbrigani entreprennent l'affaire.

NÉRINE.

Assurément. Votre père se moque-t-il de vouloir vous anger[1] de son avocat de Limoges, M. de Pourceaugnac, qu'il n'a vu de sa vie, et qui vient par le coche vous enlever à notre barbe? Faut-il que trois ou quatre mille écus de plus, sur la parole de votre oncle, lui fassent rejeter un amant qui vous agrée? et une personne comme vous est-elle faite pour un Limosin? S'il a envie de se marier, que ne prend-il une Limosine, et ne laisse-t-il en repos les chrétiens?

Anger, du latin *angere*, embarrasser, incommoder.

Le seul nom de M. de Pourceaugnac m'a mise dans une colère effroyable. J'enrage de M. de Pourceaugnac. Quand il n'y auroit que ce nom-là, M. de Pourceaugnac, j'y brûlerai mes livres, où je romprai ce mariage, et vous ne serez point madame de Pourceaugnac. Pourceaugnac! cela se peut-il souffrir? Non, Pourceaugnac est une chose que je ne saurois supporter; et nous lui jouerons tant de pièces, nous lui ferons tant de niches sur niches, que nous renvoierons à Limoges M. de Pourceaugnac.

ÉRASTE.

Voici notre subtil Napolitain, qui nous dira des nouvelles.

SCÈNE IV.

JULIE, ÉRASTE, SBRIGANI, NÉRINE.

SBRIGANI.

Monsieur, votre homme arrive. Je l'ai vu à trois lieues d'ici, où a couché le coche; et, dans la cuisine où il est descendu pour déjeuner, je l'ai étudié une bonne grosse demi-heure, et je le sais déja par cœur. Pour sa figure, je ne veux point vous en parler; vous verrez de quel air la nature l'a dessiné, et si l'ajustement qui l'accompagne y répond comme il faut: mais, pour son esprit, je vous avertis par avance qu'il est des plus épais qui se fassent; que nous trouvons en lui une matière tout-à-fait disposée pour ce que nous voulons, et qu'il est homme enfin à donner dans tous les panneaux qu'on lui présentera.

ÉRASTE.

Nous dis-tu vrai?

SBRIGANI.

Oui, si je me connois en gens.

NÉRINE.

Madame, voilà un illustre. Votre affaire ne pouvoit être mise en de meilleures mains, et c'est le héros de notre siècle pour les exploits dont il s'agit ; un homme qui, vingt fois en sa vie, pour servir ses amis, a généreusement affronté les galères; qui, au péril de ses bras et de ses épaules, sait mettre noblement à fin les aventures les plus difficiles; et qui, tel que vous le voyez, est exilé de son pays pour je ne sais combien d'actions honorables qu'il a généreusement entreprises.

SBRIGANI.

Je suis confus des louanges dont vous m'honorez; et je pourrois vous en donner, avec plus de justice, sur les merveilles de votre vie, et principalement sur la gloire que vous acquîtes, lorsqu'avec tant d'honnêteté vous pipâtes au jeu, pour douze mille écus, ce jeune seigneur étranger que l'on mena chez vous; lorsque vous fîtes galamment ce faux contrat qui ruina toute une famille; lorsqu'avec tant de grandeur d'ame vous sûtes nier le dépôt qu'on vous avoit confié, et que si généreusement on vous vit prêter votre témoignage à faire pendre ces deux personnes qui ne l'avoient pas mérité.

NÉRINE.

Ce sont petites bagatelles qui ne valent pas qu'on en parle ; et vos éloges me font rougir.

SBRIGANI.

Je veux bien épargner votre modestie : laissons cela; et, pour commencer notre affaire, allons vite joindre notre provincial, tandis que, de votre côté, vous nous tiendrez prêts, au besoin, les autres acteurs de la comédie.

ÉRASTE.

Au moins, madame, souvenez-vous de votre rôle; et, pour mieux couvrir notre jeu, feignez, comme on vous a dit, d'être la plus contente du monde des résolutions de votre père.

JULIE.

S'il ne tient qu'à cela, les choses iront à merveille.

ÉRASTE.

Mais, belle Julie, si toutes nos machines venoient à ne pas réussir?

JULIE.

Je déclarerai à mon père mes véritables sentiments.

ÉRASTE.

Et si, contre vos sentiments, il s'obstinoit à son dessein?

JULIE.

Je le menacerois de me jeter dans un couvent.

ÉRASTE.

Mais si, malgré tout cela, il vouloit vous forcer à ce mariage?

JULIE.

Que voulez-vous que je vous dise?

ÉRASTE.

Ce que je veux que vous me disiez!

JULIE.
Oui.
ÉRASTE.
Ce qu'on dit quand on aime bien.
JULIE.
Mais quoi?
ÉRASTE.
Que rien ne pourra vous contraindre, et que, malgré tous les efforts d'un père, vous me promettez d'être à moi.
JULIE.
Mon dieu, Éraste! contentez-vous de ce que je fais maintenant, et n'allez point tenter sur l'avenir les résolutions de mon cœur; ne fatiguez point mon devoir par les propositions d'une fâcheuse extrémité, dont peut-être n'aurons-nous pas besoin; et, s'il y faut venir, souffrez au moins que j'y sois entraînée par la suite des choses.
ÉRASTE.
Hé bien...
SBRIGANI.
Ma foi, voici notre homme; songeons à nous.
NÉRINE.
Ah, comme il est bâti!

SCÈNE V.

M. DE POURCEAUGNAC, SBRIGANI.

M. DE POURCEAUGNAC, *se retournant du côté où il est venu, et parlant à des gens qui le suivent.*
Hé bien! quoi? qu'est-ce? qu'y a-t-il? Au diantre soit la sotte ville, et les sottes gens qui y sont! Ne pouvoir faire un pas sans trouver des nigauds qui vous regardent et se mettent à rire! Hé, messieurs les badauds, faites vos affaires, et laissez passer les personnes sans leur rire au nez. Je me donne au diable si je ne baille un coup de poing au premier que je verrai rire.

SBRIGANI, *parlant aux mêmes personnes.*
Qu'est-ce que c'est, messieurs? que veut dire cela? A qui en avez-vous? Faut-il se moquer ainsi des honnêtes étrangers qui arrivent ici?

M. DE POURCEAUGNAC.
Voilà un homme raisonnable, celui-là.

SBRIGANI.
Quel procédé est le vôtre! Et qu'avez-vous à rire?

M. DE POURCEAUGNAC.
Fort bien.

SBRIGANI.
Monsieur a-t-il quelque chose de ridicule en soi?

M. DE POURCEAUGNAC.
Oui.

SBRIGANI.
Est-il autrement que les autres?

ACTE I, SCENE V.

M. DE POURCEAUGNAC.
Suis-je tortu ou bossu?

SBRIGANI.
Apprenez à connoître les gens.

M. DE POURCEAUGNAC.
C'est bien dit.

SBRIGANI.
Monsieur est d'une mine à respecter.

M. DE POURCEAUGNAC.
Cela est vrai.

SBRIGANI.
Personne de condition.

M. DE POURCEAUGNAC.
Oui, gentilhomme limosin.

SBRIGANI.
Homme d'esprit.

M. DE POURCEAUGNAC.
Qui a étudié en droit.

SBRIGANI.
Il vous fait trop d'honneur de venir dans votre ville.

M. DE POURCEAUGNAC.
Sans doute.

SBRIGANI.
Monsieur n'est point une personne à faire rire.

M. DE POURCEAUGNAC.
Assurément.

SBRIGANI.
Et quiconque rira de lui aura affaire à moi.

M. DE POURCEAUGNAC, *à Sbrigani.*
Monsieur, je vous suis infiniment obligé.

SBRIGANI.

Je suis fâché, monsieur, de voir recevoir de la sorte une personne comme vous, et je vous demande pardon pour la ville.

M. DE POURCEAUGNAC.

Je suis votre serviteur.

SBRIGANI.

Je vous ai vu ce matin, monsieur, avec le coche, lorsque vous avez déjeuné; et la grace avec laquelle vous mangiez votre pain m'a fait naître d'abord de l'amitié pour vous; et comme je sais que vous n'êtes jamais venu en ce pays, et que vous y êtes tout neuf, je suis bien aise de vous avoir trouvé pour vous offrir mon service à cette arrivée, et vous aider à vous conduire parmi ce peuple, qui n'a pas, parfois, pour les honnêtes gens toute la considération qu'il faudroit.

M. DE POURCEAUGNAC.

C'est trop de grace que vous me faites.

SBRIGANI.

Je vous l'ai déja dit; du moment que je vous ai vu, je me suis senti pour vous de l'inclination.

M. DE POURCEAUGNAC.

Je vous suis obligé.

SBRIGANI.

Votre physionomie m'a plu.

M. DE POURCEAUGNAC.

Ce m'est beaucoup d'honneur.

SBRIGANI.

J'y ai vu quelque chose d'honnête...

ACTE I, SCÈNE V.

M. DE POURCEAUGNAC.

Je suis votre serviteur.

SBRIGANI.

Quelque chose d'aimable...

M. DE POURCEAUGNAC.

Ah, ah!

SBRIGANI.

De gracieux...

M. DE POURCEAUGNAC.

Ah, ah!

SBRIGANI.

De doux...

M. DE POURCEAUGNAC.

Ah, ah!

SBRIGANI.

De majestueux...

M. DE POURCEAUGNAC.

Ah, ah!

SBRIGANI.

De franc...

M. DE POURCEAUGNAC.

Ah, ah!

SBRIGANI.

Et de cordial.

M DE POURCEAUGNAC.

Ah, ah!

SBRIGANI.

Je vous assure que je suis tout à vous.

M. DE POURCEAUGNAC.

Je vous ai beaucoup d'obligation.

SBRIGANI.

C'est du fond du cœur que je parle.

M. DE POURCEAUGNAC.

Je le crois.

SBRIGANI.

Si j'avois l'honneur d'être connu de vous, vous sauriez que je suis un homme tout-à-fait sincère...

M. DE POURCEAUGNAC.

Je n'en doute point.

SBRIGANI.

Ennemi de la fourberie...

M. DE POURCEAUGNAC.

J'en suis persuadé.

SBRIGANI.

Et qui n'est pas capable de déguiser ses sentiments. Vous regardez mon habit, qui n'est pas fait comme les autres; mais je suis originaire de Naples, à votre service, et j'ai voulu conserver un peu la manière de s'habiller et la sincérité de mon pays.

M. DE POURCEAUGNAC.

C'est fort bien fait. Pour moi, j'ai voulu me mettre à la mode de la cour pour la campagne.

SBRIGANI.

Ma foi, cela vous va mieux qu'à tous nos courtisans.

M. DE POURCEAUGNAC.

C'est ce que m'a dit mon tailleur. L'habit est propre et riche, et il fera du bruit ici.

SBRIGANI.

Sans doute. N'irez-vous pas au Louvre?

M. DE POURCEAUGNAC.
Il faudra bien aller faire ma cour.

SBRIGANI.
Le roi sera ravi de vous voir.

M. DE POURCEAUGNAC.
Je le crois.

SBRIGANI.
Avez-vous arrêté un logis ?

M. DE POURCEAUGNAC.
Non, j'allois en chercher un.

SBRIGANI.
Je serai bien aise d'être avec vous pour cela, et je connois tout ce pays-ci.

SCÈNE VI.

ÉRASTE, M. DE POURCEAUGNAC, SBRIGANI.

ÉRASTE.
Ah, qu'est-ce ceci ? que vois-je ? Quelle heureuse rencontre ! Monsieur de Pourceaugnac ! Que je suis ravi de vous voir ! Comment, il semble que vous ayez peine à me reconnoître !

M. DE POURCEAUGNAC.
Monsieur, je suis votre serviteur.

ÉRASTE.
Est-il possible que cinq ou six années m'aient ôté de votre mémoire, et que vous ne reconnoissiez pas le meilleur ami de toute la famille des Pourceaugnacs ?

M. DE POURCEAUGNAC.

Pardonnez-moi. (*bas, à Sbrigani.*) Ma foi, je ne sais qui il est.

ÉRASTE.

Il n'y a pas un Pourceaugnac à Limoges que je ne connoisse, depuis le plus grand jusqu'au plus petit; je ne fréquentois qu'eux dans le temps que j'y étois, et j'avois l'honneur de vous voir presque tous les jours.

M. DE POURCEAUGNAC.

C'est moi qui l'ai reçu, monsieur.

ÉRASTE.

Vous ne vous remettez point mon visage?

M. DE POURCEAUGNAC.

Si fait. (*à Sbrigani.*) Je ne le connois point.

ÉRASTE.

Vous ne vous ressouvenez pas que j'ai eu le bonheur de boire avec vous je ne sais combien de fois?

M. DE POURCEAUGNAC.

Excusez-moi. (*à Sbrigani.*) Je ne sais ce que c'est.

ÉRASTE.

Comment appelez-vous ce traiteur de Limoges qui fait si bonne chère?

M. DE POURCEAUGNAC.

Petit-Jean.

ÉRASTE.

Le voilà. Nous allions le plus souvent ensemble chez lui nous réjouir. Comment est-ce que vous nommez à Limoges ce lieu où l'on se promène?

M. DE POURCEAUGNAC.

Le cimetière des Arènes?

ÉRASTE.

Justement. C'est où je passois de si douces heures à jouir de votre agréable conversation. Vous ne vous remettez pas tout cela?

M. DE POURCEAUGNAC.

Excusez-moi, je me le remets. (*à Sbrigani.*) Diable emporte, si je m'en souviens!

SBRIGANI, *bas, à monsieur de Pourceaugnac.*

Il y a cent choses comme cela qui passent de la tête.

ÉRASTE.

Embrassez-moi donc, je vous prie, et resserrons les nœuds de notre ancienne amitié.

SBRIGANI, *à monsieur de Pourceaugnac.*

Voilà un homme qui vous aime fort.

ÉRASTE.

Dites-moi un peu des nouvelles de toute la parenté. Comment se porte monsieur votre... la... qui est si honnête homme?

M. DE POURCEAUGNAC.

Mon frère le consul?

ÉRASTE.

Oui.

M. DE POURCEAUGNAC.

Il se porte le mieux du monde.

ÉRASTE.

Certes, j'en suis ravi. Et celui qui est de si bonne humeur? la... monsieur votre...

M. DE POURCEAUGNAC.

Mon cousin l'assesseur?

ÉRASTE.

Justement.

M. DE POURCEAUGNAC.

Toujours gai est gaillard.

ÉRASTE.

Ma foi, j'en ai beaucoup de joie. Et monsieur votre oncle, le...

M. DE POURCEAUGNAC.

Je n'ai point d'oncle.

ÉRASTE.

Vous aviez pourtant en ce temps-là...

M. DE POURCEAUGNAC

Non, rien qu'une tante.

ÉRASTE.

C'est ce que je voulois dire; madame votre tante, comment se porte-t-elle?

M. DE POURCEAUGNAC.

Elle est morte depuis six mois.

ÉRASTE.

Hélas, la pauvre femme! Elle étoit si bonne personne!

M. DE POURCEAUGNAC.

Nous avons aussi mon neveu le chanoine, qui a pensé mourir de la petite vérole.

ÉRASTE.

Quel dommage ç'auroit été!

M. DE POURCEAUGNAC.

Le connoissez-vous aussi?

ÉRASTE.

Vraiment si je le connois! Un grand garçon bien fait.

M. DE POURCEAUGNAC.
Pas des plus grands.
ÉRASTE.
Non, mais de taille bien prise.
M. DE POURCEAUGNAC.
Hé, oui!
ÉRASTE.
Qui est votre neveu...
M. DE POURCEAUGNAC.
Oui.
ÉRASTE.
Fils de votre frère ou de votre sœur...
M. DE POURCEAUGNAC.
Justement.
ÉRASTE.
Chanoine de l'église de... Comment l'appelez-vous?
M. DE POURCEAUGNAC.
De Saint-Étienne.
ÉRASTE.
Le voilà; je ne connois autre.
M. DE POURCEAUGNAC, *à Sbrigani.*
Il dit toute la parenté.
SBRIGANI.
Il vous connoît plus que vous ne croyez.
M. DE POURCEAUGNAC.
A ce que je vois, vous avez demeuré long-temps dans notre ville?
ÉRASTE.
Deux ans entiers.

M. DE POURCEAUGNAC.

Vous étiez donc là quand mon cousin l'élu fit tenir son enfant à monsieur notre gouverneur?

ÉRASTE.

Vraiment oui, j'y fus convié des premiers.

M. DE POURCEAUGNAC.

Cela fut galant.

ÉRASTE.

Très galant.

M. DE POURCEAUGNAC.

C'étoit un repas bién troussé.

ÉRASTE.

Sans doute.

M. DE POURCEAUGNAC.

Vous vîtes donc aussi la querelle que j'eus avec ce gentilhomme périgordin?

ÉRASTE.

Oui.

M. DE POURCEAUGNAC.

Parbleu, il trouva à qui parler!

ÉRASTE.

Ah, ah!

M. DE POURCEAUGNAC.

Il me donna un soufflet; mais je lui dis bien son fait.

ÉRASTE.

Assurément. Au reste, je ne prétends pas que vous preniez d'autre logis que le mien.

M. DE POURCEAUGNAC.

Je n'ai garde de...

ÉRASTE.

Vous moquez-vous? Je ne souffrirai point du tout que mon meilleur ami soit autre part que dans ma maison.

M. DE POURCEAUGNAC.

Ce seroit vous...

ÉRASTE.

Non : le diable m'emporte, vous logerez chez moi !

SBRIGANI, *à M. de Pourceaugnac.*

Puisqu'il le veut obstinément, je vous conseille d'accepter l'offre.

ÉRASTE.

Où sont vos hardes?

M. DE POURCEAUGNAC.

Je les ai laissées, avec mon valet, où je suis descendu.

ÉRASTE.

Envoyons-les querir par quelqu'un.

M. DE POURCEAUGNAC.

Non; je lui ai défendu de bouger, à moins que j'y fusse moi-même, de peur de quelque fourberie.

SBRIGANI.

C'est prudemment avisé.

M. DE POURCEAUGNAC.

Ce pays-ci est un peu sujet à caution.

ÉRASTE.

On voit les gens d'esprit en tout.

SBRIGANI.

Je vais accompagner monsieur, et le ramènerai où vous voudrez.

ÉRASTE.

Oui. Je serai bien aise de donner quelques ordres, et vous n'avez qu'à revenir à cette maison-là.

SBRIGANI.

Nous sommes à vous tout-à-l'heure.

ÉRASTE, *à monsieur de Pourceaugnac.*

Je vous attends avec impatience.

M. DE POURCEAUGNAC, *à Sbrigani.*

Voilà une connoissance où je ne m'attendois point.

SBRIGANI.

Il a la mine d'être honnête homme.

ÉRASTE, *seul.*

Ma foi, monsieur de Pourceaugnac, nous vous en donnerons de toutes les façons : les choses sont préparées, et je n'ai qu'à frapper. Holà!

SCÈNE VII.

UN APOTHICAIRE, ÉRASTE.

ÉRASTE.

Je crois, monsieur, que vous êtes le médecin à qui l'on est venu parler de ma part?

L'APOTHICAIRE.

Non, monsieur, ce n'est pas moi qui suis le médecin : à moi n'appartient pas cet honneur; et je ne suis qu'apothicaire, apothicaire indigne, pour vous servir.

ÉRASTE.

Et monsieur le médecin est-il à la maison?

L'APOTHICAIRE.

Oui. Il est là, embarrassé à expédier quelques malades, et je vais lui dire que vous êtes ici.

ÉRASTE.

Non, ne bougez; j'attendrai qu'il ait fait. C'est pour lui mettre entre les mains certain parent que nous avons, dont on lui a parlé, et qui se trouve attaqué de quelque folie que nous serions bien aise qu'il pût guérir, avant que de le marier.

L'APOTHICAIRE.

Je sais ce que c'est, je sais ce que c'est, et j'étois avec lui quand on lui a parlé de cette affaire. Ma foi, ma foi, vous ne pouviez pas vous adresser à un médecin plus habile : c'est un homme qui sait la médecine à fond, comme je sais ma croix de par Dieu, et qui, quand on devroit crever, de démordroit pas d'un *iota* des règles des anciens. Oui, il suit toujours le grand chemin, le grand chemin, et ne va pas chercher midi à quatorze heures; et, pour tout l'or du monde, il ne voudroit pas avoir guéri une personne avec d'autres remèdes que ceux que la Faculté permet.

ÉRASTE.

Il fait fort bien. Un malade ne doit point vouloir guérir que la Faculté n'y consente.

L'APOTHICAIRE.

Ce n'est pas parce que nous sommes grands amis que j'en parle; mais il y a plaisir d'être son malade : et j'aimerois mieux mourir de ses remèdes que de guérir de ceux d'un autre; car, quoi qu'il puisse arriver, on est assuré que les choses sont toujours dans l'ordre; et, quand ou meurt sous sa conduite, vos héritiers n'ont rien à vous reprocher.

ÉRASTE.

C'est une grande consolation pour un défunt.

L'APOTHICAIRE.

Assurément. On est bien aise, au moins, d'être mort méthodiquement. Au reste il n'est pas de ces médecins qui marchandent les maladies ; c'est un homme expéditif, expéditif, qui aime à dépêcher ses malades; et, quand on a à mourir, cela se fait avec lui le plus vite du monde.

ÉRASTE.

En effet, il n'est rien tel que de sortir promptement d'affaire.

L'APOTHICAIRE.

Cela est vrai. A quoi bon tant barguigner[1], et tant tourner autour du pot? il faut savoir vitement le court ou le long d'une maladie.

ÉRASTE.

Vous avez raison.

L'APOTHICAIRE.

Voilà déja trois de mes enfants dont il m'a fait l'honneur de conduire la maladie, qui sont morts en moins de quatre jours, et qui, entre les mains d'un autre, auroient langui plus de trois mois.

ÉRASTE.

Il est bon d'avoir des amis comme cela.

L'APOTHICAIRE.

Sans doute. Il ne me reste plus que deux enfants,

---

[1] *Barguigner*, pour *hésiter*.

dont il prend soin comme des siens : il les traite et gouverne à sa fantaisie, sans que je me mêle de rien ; et, le plus souvent, quand je reviens de la ville, je suis tout étonné que je les trouve saignés ou purgés par son ordre.

ÉRASTE.

Voilà des soins fort obligeants.

L'APOTHICAIRE.

Le voici, le voici, le voici qui vient.

SCÈNE VIII.

ÉRASTE, PREMIER MÉDECIN, L'APOTHICAIRE, UN PAYSAN, UNE PAYSANNE.

LE PAYSAN, *au médecin*.

Monsieur, il n'en peut plus ; et il dit qu'il sent dans la tête les plus grandes douleurs du monde.

PREMIER MÉDECIN.

Le malade est un sot, d'autant plus que, dans la maladie dont il est attaqué, ce n'est pas la tête, selon Galien, mais la rate, qui lui doit faire mal.

LE PAYSAN.

Quoi que c'en soit, monsieur, il a toujours, avec cela, son cours de ventre depuis six mois.

PREMIER MÉDECIN.

Bon : c'est signe que le dedans se dégage. Je l'irai visiter dans deux ou trois jours ; mais, s'il mouroit avant ce temps-là, ne manquez pas de m'en donner avis, car il n'est pas de la civilité qu'un médecin visite un mort.

LA PAYSANNE, *au médecin.*

Mon père, monsieur, est toujours malade de plus en plus.

PREMIER MÉDECIN.

Ce n'est pas ma faute. Je lui donne des remèdes, que ne guérit-il? Combien a-t-il été saigné de fois?

LA PAYSANNE.

Quinze, monsieur, depuis vingt jours.

PREMIER MÉDECIN.

Quinze fois saigné?

LA PAYSANNE.

Oui.

PREMIER MÉDECIN.

Et il ne guérit point?

LA PAYSANNE.

Non, monsieur.

PREMIER MÉDECIN.

C'est signe que la maladie n'est pas dans le sang. Nous le ferons purger autant de fois, pour voir si elle n'est pas dans les humeurs; et, si rien ne nous réussit, nous l'envoierons aux bains.

L'APOTHICAIRE.

Voilà le fin, cela, voilà le fin de la médecine.

SCÈNE IX.

ÉRASTE, PREMIER MÉDECIN, L'APOTHICAIRE.

ÉRASTE, *au médecin.*

C'est moi, monsieur, qui vous ai envoyé parler ces

jours passés pour un parent un peu troublé d'esprit, que je veux vous donner chez vous, afin de le guérir avec plus de commodité, et qu'il soit vu de moins de monde.

PREMIER MÉDECIN.

Oui, monsieur; j'ai déja disposé tout, et promets d'en avoir tous les soins imaginables.

ÉRASTE.

Le voici.

PREMIER MÉDECIN.

La conjoncture est tout-à-fait heureuse; et j'ai ici un ancien de mes amis avec lequel je serai bien aise de consulter sa maladie.

SCÈNE X.

M. DE POURCEAUGNAC, ÉRASTE, PREMIER MÉDECIN, L'APOTHICAIRE.

ÉRASTE, *à M. de Pourceaugnac.*

Une petite affaire m'est survenue, qui m'oblige à vous quitter; (*montrant le médecin.*) mais voilà une personne entre les mains de qui je vous laisse, qui aura soin pour moi de vous traiter le mieux qu'il lui sera possible.

PREMIER MÉDECIN.

Le devoir de ma profession m'y oblige, et c'est assez que vous me chargiez de ce soin.

M. DE POURCEAUGNAC, *à part.*

C'est son maître-d'hôtel, sans doute; et il faut que ce soit un homme de qualité.

PREMIER MÉDECIN, *à Éraste.*

Oui, je vous assure que je traiterai monsieur méthodiquement, et dans toutes les régularités de notre art.

M. DE POURCEAUGNAC.

Mon dieu! il ne faut pas tant de cérémonies; et je ne viens pas ici pour incommoder.

PREMIER MÉDECIN.

Un tel emploi ne me donne que de la joie.

ÉRASTE, *au médecin.*

Voilà toujours dix pistoles d'avance, en attendant ce que j'ai promis.

M. DE POURCEAUGNAC.

Non, s'il vous plaît, je n'entends pas que vous fassiez de dépense, et que vous envoyiez rien acheter pour moi.

ÉRASTE.

Mon dieu! laissez faire; ce n'est pas pour ce que vous pensez.

M. DE POURCEAUGNAC.

Je vous demande de ne me traiter qu'en ami.

ÉRASTE.

C'est ce que je veux faire. (*bas au médecin.*) Je vous recommande surtout de ne le point laisser sortir de vos mains; car parfois il veut s'échapper.

PREMIER MÉDECIN.

Ne vous mettez pas en peine.

ÉRASTE, *à M. de Pourceaugnac.*

Je vous prie de m'excuser de l'incivilité que je commets.

M. DE POURCEAUGNAC.

Vous vous moquez, et c'est trop de grace que vous me faites.

SCÈNE XI.

M. DE POURCEAUGNAC, PREMIER MÉDECIN, SECOND MÉDECIN, L'APOTHICAIRE.

PREMIER MÉDECIN.

Ce m'est beaucoup d'honneur, monsieur, d'être choisi pour vous rendre service.

M. DE POURCEAUGNAC.

Je suis votre serviteur.

PREMIER MÉDECIN.

Voici un habile homme, mon confrère, avec lequel je vais consulter la manière dont nous vous traiterons.

M. DE POURCEAUGNAC.

Il ne faut point tant de façons, vous dis-je; je suis homme à me contenter de l'ordinaire.

PREMIER MÉDECIN.

Allons, des siéges.

(*Des laquais entrent et donnent des siéges.*)

M. DE POURCEAUGNAC, *à part*.

Voilà, pour un jeune homme, des domestiques bien lugubres.

PREMIER MÉDECIN.

Allons, monsieur; prenez votre place, monsieur.

(*Les deux médecins font asseoir M. de Pourceaugnac entre eux deux.*)

M. DE POURCEAUGNAC, *s'asseyant.*

Votre très humble valet.

(*Les deux médecins lui prenant chacun une main pour lui tâter le pouls.*)

Que veut dire cela?

PREMIER MÉDECIN.

Mangez-vous bien, monsieur?

M. DE POURCEAUGNAC.

Oui, et bois encore mieux.

PREMIER MÉDECIN.

Tant pis. Cette grande appétition du froid et de l'humide est une indication de la chaleur et sécheresse qui est au dedans. Dormez-vous fort?

M. DE POURCEAUGNAC.

Oui, quand j'ai bien soupé.

PREMIER MÉDECIN.

Faites-vous des songes?

M. DE POURCEAUGNAC.

Quelquefois.

PREMIER MÉDECIN.

De quelle nature sont-ils?

M. DE POURCEAUGNAC.

De la nature des songes. Quelle diable de conversation est-ce là?

PREMIER MÉDECIN.

Vos déjections, comment sont-elles?

M. DE POURCEAUGNAC.

Ma foi, je ne comprends rien à toutes ces questions; et je veux plutôt boire un coup.

ACTE I, SCÈNE XI.

PREMIER MÉDECIN.

Un peu de patience. Nous allons raisonner sur votre affaire devant vous; et nous le ferons en françois, pour être plus intelligibles.

M. DE POURCEAUGNAC.

Quel grand raisonnement faut-il pour manger un morceau?

PREMIER MÉDECIN.

Comme ainsi soit qu'on ne puisse guérir une maladie qu'on ne la connoisse parfaitement, et qu'on ne la puisse parfaitement connoître sans en bien établir l'idée particulière et la véritable espèce par ses signes diagnostiques et prognostiques, vous me permettrez, monsieur notre ancien, d'entrer en considération de la maladie dont il s'agit, avant que de toucher à la thérapeutique, et aux remèdes qu'il nous conviendra faire pour la parfaite curation d'icelle. Je dis donc, monsieur, avec votre permission, que notre malade ici présent, est malheureusement attaqué, affecté, possédé, travaillé de cette sorte de folie que nous nommons fort bien *mélancolie hypocondriaque;* espèce de folie très fâcheuse, et qui ne demande pas moins qu'un Esculape comme vous, consommé dans notre art; vous, dis-je, qui avez blanchi, comme on dit, sous le harnois, et auquel il en a tant passé par les mains de toutes les façons. Je l'appelle *mélancolie hypocondriaque,* pour la distinguer des deux autres; car le célèbre Galien établit doctement, à son ordinaire, trois espèces de cette maladie que nous nommons *mélancolie,* ainsi appelée non seulement par les Latins, mais encore par les Grecs; ce qui est bien à remarquer pour notre affaire : la première, qui vient du propre vice du cerveau; la seconde, qui vient de tout le sang fait et rendu atrabilaire; la troisième, appelée *hypocondriaque*, qui est la nôtre, laquelle procède du vice de quelque partie du bas-ventre et de la région inférieure, mais particulièrement de la rate, dont la chaleur et l'inflammation porte au cerveau de notre malade beaucoup de fuligines épaisses et crasses, dont la vapeur noire et maligne cause dépravation aux fonctions de la faculté princesse, et fait la maladie dont, par notre raisonnement, il est manifestement atteint et convaincu. Qu'ainsi ne soit. Pour diagnostique incontestable de ce que je dis, vous n'avez qu'à considérer ce grand sérieux que vous voyez, cette tristesse accompagnée de crainte et de défiance, signes pathognomoniques et individuels de cette maladie, si bien marquée chez le divin vieillard Hippocrate; cette physionomie, ces yeux rouges et hagards, cette grande barbe, cette habitude du corps menue, grêle, noire et velue; lesquels signes le dénotent très affecté de cette maladie, procédante du vice des hypocondres; laquelle maladie, par laps de temps naturalisée, envieillie, habituée, et ayant pris droit de bourgeoisie chez lui, pourroit bien dégénérer ou en manie, ou en phthisie, ou en apoplexie, ou même en fine frénésie et fureur. Tout ceci supposé, puisqu'une maladie bien connue est à demi guérie, car *ignoti nulla est curatio morbi*, il ne vous sera pas difficile de convenir des remèdes que nous devons faire à monsieur. Premièrement, pour remédier à cette pléthore obturante et à cette cacochymie luxuriante par tout le corps, je suis d'avis qu'il soit phlébotomisé libéralement, c'est-à-dire que les saignées soient fréquentes et plantureuses; en premier lieu de la basilique, puis de la céphalique, et même, si le mal est opiniâtre, de lui ouvrir la veine du front, et que l'ouverture soit large, afin que le gros sang puisse sortir, et en même temps de le purger, désopiler, et évacuer par purgatifs propres et convenables, c'est-à-dire par cholagogues, mélanagogues, *et cœtera* : et, comme la véritable source de tout le mal est ou une humeur crasse et féculente, ou une vapeur noire et grossière, qui obscurcit, infecte et salit les esprits animaux, il est à propos ensuite qu'il prenne un bain d'eau pure et nette, avec force petit-lait clair, pour purifier par l'eau la féculence de l'humeur crasse, et éclaircir par le lait clair la noirceur de cette vapeur : mais, avant toute chose, je trouve qu'il est bon de le réjouir par agréables conversations, chants et instruments de musique; à quoi il n'y a pas d'inconvénient de joindre des danseurs, afin que leurs mouvements, disposition et agilité puissent exciter et réveiller la paresse de ses esprits engourdis, qui occasionne l'épaisseur de son sang, d'où procède la maladie. Voilà les remèdes que j'imagine, auxquels pourront être ajoutés beaucoup d'autres meilleurs par monsieur notre maître et ancien, suivant l'expérience, jugement, lumière et suffisance qu'il s'est acquis dans notre art. *Dixi.*

SECOND MÉDECIN.

A Dieu ne plaise, monsieur, qu'il me tombe en pensée d'ajouter rien à ce que vous venez de dire! Vous avez si bien discouru sur tous les signes, les symptômes et les causes de la maladie de monsieur; le raisonnement que vous en avez fait est si docte et si beau, qu'il est impossible qu'il ne soit pas fou et mélancolique hypocondriaque; et, quand il ne le seroit pas, il faudroit qu'il le devînt pour la beauté des choses que vous avez dites, et la justesse du raisonnement que vous avez fait. Oui, monsieur, vous avez dépeint fort graphiquement, *graphice depinxisti*, tout ce qui appartient à cette maladie : il ne se peut rien de plus doctement, sagement, ingénieusement conçu, pensé, imaginé, que ce que vous avez prononcé au sujet de ce mal, soit pour la diagnose, ou la prognose, ou la thérapie; et il ne me reste rien ici que de féliciter monsieur d'être tombé entre vos mains, et de lui dire qu'il est trop heureux d'être fou, pour éprouver l'efficace et la douceur des remèdes que vous avez si judicieusement proposés. Je les approuve tous; *manibus et pedibus descendo in tuam sententiam*. Tout ce que je voudrois, c'est de faire les saignées et les purgations en nombre impair, *numero deus impare gaudet*; de prendre le lait clair avant le bain; de lui composer un fronteau où il entre du sel, le sel est symbole de la sagesse; de faire blanchir les murailles de sa chambre, pour dissiper les ténèbres de ses esprits, *album est disgregativum visus*; et de lui donner tout-à-l'heure un petit lavement, pour servir de pré-

ACTE I, SCÈNE XI.

lude et d'introduction à ces judicieux remèdes, dont, s'il a à guérir, il doit recevoir du soulagement. Fasse le ciel que ces remèdes, monsieur, qui sont les vôtres, réussissent au malade selon notre intention!

M. DE POURCEAUGNAC.

Messieurs, il y a une heure que je vous écoute. Est-ce que nous jouons ici une comédie?

PREMIER MÉDECIN.

Non, monsieur, nous ne jouons point.

M. DE POURCEAUGNAC.

Qu'est-ce que tout ceci? et que voulez-vous dire avec votre galimatias et vos sottises?

PREMIER MÉDECIN.

Bon! Dire des injures, voilà un diagnostique qui nous manquoit pour la confirmation de son mal; et ceci pourroit bien tourner en manie.

M. DE POURCEAUGNAC, *à part.*

Avec qui m'a-t-on mis ici? (*Il crache deux ou trois fois.*)

PREMIER MÉDECIN.

Autre diagnostique, la sputation fréquente.

M. DE POURCEAUGNAC.

Laissons cela, et sortons d'ici.

PREMIER MÉDECIN.

Autre encore, l'inquiétude de changer de place.

M. DE POURCEAUGNAC.

Qu'est-ce donc que toute cette affaire? et que me voulez-vous?

PREMIER MÉDECIN.

Vous guérir, selon l'ordre qui nous a été donné.

M. DE POURCEAUGNAC.

Me guérir?

PREMIER MÉDECIN.

Oui.

M. DE POURCEAUGNAC.

Parbleu, je ne suis pas malade!

PREMIER MÉDECIN.

Mauvais signe, lorsqu'un malade ne sent pas son mal.

M. DE POURCEAUGNAC.

Je vous dis que je me porte bien.

PREMIER MÉDECIN.

Nous savons mieux que vous comment vous vous portez, et nous sommes médecins qui voyons clair dans votre constitution.

M. DE POURCEAUGNAC.

Si vous êtes médecins, je n'ai que faire de vous, je me moque de la médecine.

PREMIER MÉDECIN.

Hon, hon! voici un homme plus fou que nous ne pensons.

M. DE POURCEAUGNAC.

Mon père et ma mère n'ont jamais voulu de remèdes; et ils sont morts tous deux sans l'assistance des médecins.

PREMIER MÉDECIN.

Je ne m'étonne pas s'ils ont engendré un fils qui est insensé. (*au second médecin.*) Allons, procédons à la curation; et, par la douceur exhilarante de l'har-

monie, adoucissons, lénifions, et accoisons l'aigreur
de ses esprits que je vois prêts à s'enflammer.

SCÈNE XII.

M. de POURCEAUGNAC.

Que diable est-ce là? Les gens de ce pays-ci sont-
ils insensés? Je n'ai jamais rien vu de tel, et je n'y
comprends rien du tout.

SCÈNE XIII.

M. de POURCEAUGNAC, DEUX MÉDECINS GROTESQUES.

(*Ils s'asseyent d'abord tous trois; les médecins se
lèvent à différentes reprises pour saluer M. de Pourceaugnac, qui se lève autant de fois pour les saluer.*)

LES DEUX MÉDECINS.
Buon dì, buon dì, buon dì.
Non vi lasciate uccidere
Dal dolor melinconico :
Noi vi faremo ridere
Col nostro canto armonico ;
   Sol per guarirvi
   Siamo venuti qui.
Buon dì, buon dì, buon dì [1].

---

[1] « Bonjour, bonjour, bonjour; ne vous laissez pas tuer par la
« mélancolie. Nous vous ferons rire avec notre chant harmonieux :

PREMIER MÉDECIN.

Altro non è la pazzia
Che malinconia.
Il malato
Non è disperato,
Se vol pigliar un poco d'allegria.
Altro non è la pazzia
Che malinconia ¹.

SECOND MÉDECIN.

Sù, cantate, ballate, ridete;
E, se far meglio volete,
Quando sentite il delirio vicino,
Pligliate del vino,
E qualche volta un poco di tabac.
Allegramente, monsu Pourceauguac ².

SCÈNE XIV.

M. DE POURCEAUGNAC, DEUX MÉDECINS GROTESQUES; MATASSINS.

ENTRÉE DE BALLET.

Danse des matassins autour de M. de Pourceaugnac.

« ce n'est que pour vous guérir que nous sommes venus ici. Bon-
« jour, bonjour, bonjour. »

¹ « Votre folie n'est pas autre chose que de la mélancolie. Le ma-
« lade n'est pas désespéré, s'il veut prendre un peu de divertissement.
« La folie n'est autre chose que de la mélancolie. »

² « Allons, chantez, dansez, riez ; et, si vous voulez faire mieux,
« quand vous sentirez l'approche du délire, prenez du vin, et quel-
« quefois un peu de tabac. Gai, M. de Pourceaugnac. »

SCÈNE XV.

M. DE POURCEAUGNAC; UN APOTHICAIRE,
tenant une seringue.

L'APOTHICAIRE.

Monsieur, voici un petit remède, un petit remède, qu'il vous faut prendre, s'il vous plaît, s'il vous plaît.

M. DE POURCEAUGNAC.

Comment! je n'ai que faire de cela.

L'APOTHICAIRE.

Il a été ordonné, monsieur, il a été ordonné.

M. DE POURCEAUGNAC.

Ah, que de bruit!

L'APOTHICAIRE.

Prenez-le, monsieur, prenez-le; il ne vous fera point de mal, il ne vous fera point de mal.

M. DE POURCEAUGNAC.

Ah!

L'APOTHICAIRE.

C'est un petit clystère, un petit clystère, bénin, bénin; il est bénin, bénin; la, prenez, prenez, monsieur; c'est pour déterger, pour déterger, pour déterger.

SCÈNE XVI.

M. DE POURCEAUGNAC, L'APOTHICAIRE, LES DEUX MÉDECINS GROTESQUES, ET LES MATASSINS *avec des seringues.*

LES DEUX MÉDECINS.

Piglialo sù,
Signor monsu;
Piglialo, piglialo, piglialo sù,
Che non ti farà male.
Piglialo sù questo serviziale;
Piglialo sù,
Signor monsu,
Piglialo, piglialo, piglialo sù [1].

M. DE POURCEAUGNAC.

Allez-vous-en au diable!

(*M. de Pourceaugnac, mettant son chapeau pour se garantir des seringues, est suivi par les deux médecins et par les matassins; il passe par derrière le théâtre, et revient se mettre sur sa chaise, auprès de laquelle il trouve l'apothicaire qui l'attendoit; les deux médecins et les matassins rentrent aussi.*)

LES DEUX MÉDECINS.

Piglialo sù,
Signor monsu ;

---

[1] « Prenez-le, monsieur, (le clystère) prenez-le, prenez-le, il ne « vous fera pas de mal. »

Piglialo, piglialo, piglialo sù,
 Che non ti farà male,
Piglialo sù questo serviziale;
 Piglialo sù,
 Signor Monsu;
Piglialo, piglialo, piglialo sù.

(*M. de Pourceaugnac s'enfuit avec la chaise, l'apothicaire appuie sa seringue contre, et les médecins et les matassins le suivent.*)

FIN DU PREMIER ACTE.

ACTE SECOND.

SCÈNE I.

PREMIER MÉDECIN, SBRIGANI.

PREMIER MÉDECIN.

Il a forcé tous les obstacles que j'avois mis, et s'est dérobé aux remèdes que je commençois de lui faire.

SBRIGANI.

C'est être bien ennemi de soi-même que de fuir des remèdes aussi salutaires que les vôtres.

PREMIER MÉDECIN.

Marque d'un cerveau démonté et d'une raison dépravée, que de ne vouloir pas guérir.

SBRIGANI.

Vous l'auriez guéri haut la main.

PREMIER MÉDECIN.

Sans doute, quand il y auroit eu complication de douze maladies.

SBRIGANI.

Cependant voilà cinquante pistoles bien acquises qu'il vous fait perdre.

PREMIER MÉDECIN.

Moi, je n'entends point les perdre, et prétends le guérir en dépit qu'il en ait. Il est lié et engagé à mes remèdes, et je veux le faire saisir où je le trouverai, comme déserteur de la médecine et infracteur de mes ordonnances.

SBRIGANI.

Vous avez raison. Vos remèdes étoient un coup sûr, et c'est de l'argent qu'il vous vole.

PREMIER MÉDECIN.

Où puis-je en avoir des nouvelles?

SBRIGANI.

Chez le bon homme Oronte, assurément, dont il vient épouser la fille, et qui, ne sachant rien de l'infirmité de son gendre futur, voudra peut-être se hâter de conclure le mariage.

PREMIER MÉDECIN.

Je vais lui parler tout-à-l'heure.

SBRIGANI.

Vous ne ferez point mal.

PREMIER MÉDECIN.

Il est hypothéqué à mes consultations; et un malade ne se moquera pas d'un médecin.

SBRIGANI.

C'est fort bien dit à vous; et, si vous m'en croyez, vous ne souffrirez point qu'il se marie que vous ne l'ayez pansé tout votre saoul.

PREMIER MÉDECIN.

Laissez-moi faire.

SBRIGANI, *à part, en s'en allant.*

Je vais, de mon côté, dresser une autre batterie; et le beau-père est aussi dupe que le gendre.

SCÈNE II.

ORONTE, PREMIER MÉDECIN.

PREMIER MÉDECIN.

Vous avez, monsieur, un certain M. de Pourceaugnac qui doit épouser votre fille?

ORONTE.

Oui; je l'attends de Limoges, et il devroit être arrivé.

PREMIER MÉDECIN.

Aussi l'est-il; et il s'est enfui de chez moi, après y avoir été mis : mais je vous défends, de la part de la médecine, de procéder au mariage que vous avez conclu, que je ne l'aie dûment préparé pour cela, et mis en état de procréer des enfants bien conditionnés et de corps et d'esprit.

ORONTE.

Comment donc?

PREMIER MÉDECIN.

Votre prétendu gendre a été constitué mon malade: sa maladie, qu'on m'a donnée à guérir, est un meuble qui m'appartient, et que je compte entre mes effets; et je vous déclare que je ne prétends point qu'il se marie qu'au préalable il n'ait satisfait à la médecine, et subi les remèdes que je lui ai ordonnés.

ORONTE.

Il a quelque mal?

PREMIER MÉDECIN.

Oui.

ORONTE.
Et quel mal, s'il vous plaît ?
PREMIER MÉDECIN.
Ne vous en mettez pas en peine.
ORONTE.
Est-ce quelque mal...
PREMIER MÉDECIN.
Les médecins sont obligés au secret. Il suffit que je vous ordonne, à vous et à votre fille, de ne point célébrer sans mon consentement vos noces avec lui, sur peine d'encourir la disgrace de la Faculté, et d'être accablés de toutes les maladies qu'il nous plaira.
ORONTE.
Je n'ai garde, si cela est, de faire le mariage.
PREMIER MÉDECIN.
On me l'a mis entre les mains, et il est obligé d'être mon malade.
ORONTE.
A la bonne heure.
PREMIER MÉDECIN.
Il a beau fuir, je le ferai condamner par arrêt à se faire guérir par moi.
ORONTE.
J'y consens.
PREMIER MÉDECIN.
Oui, il faut qu'il crève, ou que je le guérisse.
ORONTE.
Je le veux bien.

PREMIER MÉDECIN.

Et si je ne le trouve, je m'en prendrai à vous; et je vous guérirai au lieu de lui.

ORONTE.

Je me porte bien.

PREMIER MÉDECIN.

Il n'importe. Il me faut un malade; et je prendrai qui je pourrai.

ORONTE.

Prenez qui vous voudrez; mais ce ne sera pas moi. (*seul.*) Voyez un peu la belle raison!

SCÈNE III.

ORONTE, SBRIGANI, *en marchand flamand.*

SBRIGANI.

Montsir, avec le fostre permission, je suis un trancher marchend flamane, qui foudroit bienne fous temandair un petit nouvel.

ORONTE.

Quoi, monsieur?

SBRIGANI.

Mettez le fostre chapeau sur le tête, montsir, si ve plaît.

ORONTE.

Dites-moi, monsieur, ce que vous voulez.

SBRIGANI.

Moi le dire rien, montsir, si fous le mettre pas le chapeau sur le tête.

ORONTE.

Soit. Qu'y a-t-il, monsieur?

SBRIGANI.

Fous connoître point en sti file un certe montsir Oronte?

ORONTE.

Oui, je le connois.

SBRIGANI.

Et quel homme est-il, montsir, si ve plaît?

ORONTE.

C'est un homme comme les autres.

SBRIGANI.

Je fous temande, montsir, s'il est un homme riche, qui a du bienne.

ORONTE.

Oui.

SBRIGANI.

Mais riche beaucoup grandement, montsir?

ORONTE.

Oui.

SBRIGANI.

J'en suis aise beaucoup, montsir.

ORONTE.

Mais pourquoi cela?

SBRIGANI.

L'est, montsir, pour un petit raisonne de conséquence pour nous.

ORONTE.

Mais encore, pourquoi?

SBRIGANI.

L'est, montsir, que sti montsir Oronte donne son fille en mariage à un certe montsir de Pourcegnac.

ORONTE.

Hé bien?

SBRIGANI.

Et sti montsir de Pourcegnac, montsir, l'est un homme que doive beaucoup grandement à dix ou douze marchanes flamanes qui être venus ici.

ORONTE.

Ce monsieur de Pourceaugnac doit beaucoup à dix ou douze marchands?

SBRIGANI.

Oui, montsir; et depuis huite mois nous afoir obtenir un petit sentence contre lui; et lui a remettre à payer tou ce créancier de sti mariage que sti montsir Oronte donne pour son fille.

ORONTE.

Hon, hon! il a remis là à payer ses créanciers?

SBRIGANI.

Oui, montsir; et avec un grant défotion nous tous attendre sti mariage.

ORONTE, *à part.*

L'avis n'est pas mauvais. (*haut.*) Je vous donne le bonjour.

SBRIGANI.

Je remercie montsir de la faveur grande.

ORONTE.

Votre très humble valet.

ACTE II, SCÈNE IV.

SBRIGANI.

Je le suis, montsir, obliger plus que beaucoup du bon nouvel que montsir m'avoir donné.

(*seul, après avoir ôté sa barbe, et dépouillé l'habit de Flamand qu'il a par dessus le sien.*)

Cela ne va pas mal. Quittons notre ajustement de Flamand, pour songer à d'autres machines; et tâchons de semer tant de soupçons et de division entre le beau-père et le gendre, que cela rompe le mariage prétendu. Tous deux également sont propres à gober les hameçons qu'on leur veut tendre; et, entre nous autres fourbes de la première classe, nous ne faisons que nous jouer lorsque nous trouvons un gibier aussi facile que celui-là.

SCÈNE IV.

M. DE POURCEAUGNAC, SBRIGANI.

M. DE POURCEAUGNAC, *se croyant seul.*

Piglialo sù, piglialo sù,
Signor monsu...

Que diable est-ce là? (*apercevant Sbrigani.*) Ah!

SBRIGANI.

Qu'est-ce, monsieur, qu'avez-vous?

M. DE POURCEAUGNAC.

Tout ce que je vois me semble lavement.

SBRIGANI.

Comment?

M. DE POURCEAUGNAC.

Vous ne savez pas ce qui m'est arrivé dans ce logis à la porte duquel vous m'avez conduit?

SBRIGANI.

Non, vraiment. Qu'est-ce que c'est?

M. DE POURCEAUGNAC.

Je pensois y être régalé comme il faut.

SBRIGANI.

Hé bien?

M. DE POURCEAUGNAC.

Je vous laisse entre les mains de monsieur. Des médecins habillés de noir. Dans une chaise. Tâter le pouls. Comme ainsi soit. Il est fou. Deux gros joufflus. Grands chapeaux. *Buon dì, buon dì.* Six pantalons. Ta, ra, ta, ta, ta, ra, ta, ta. *Allegramente, monsu Pourceaugnac.* Apothicaire. Lavement. Prenez, monsieur, prenez, prenez. Il est bénin, bénin. C'est pour déterger, pour déterger, déterger. *Piglialo sù, signor monsu; piglialo, piglialo, piglialo sù.* Jamais je n'ai été si saoul de sottises.

SBRIGANI.

Qu'est-ce que tout cela veut dire?

M. DE POURCEAUGNAC.

Cela veut dire que cet homme-là, avec ses grandes embrassades, est un fourbe qui m'a mis dans une maison pour se moquer de moi et me faire une pièce.

SBRIGANI.

Cela est-il possible?

M. DE POURCEAUGNAC.

Sans doute. Ils étoient une douzaine de possédés

après mes chausses; et j'ai eu toutes les peines du monde à m'échapper de leurs pates.

SBRIGANI.

Voyez un peu; les mines sont bien trompeuses! Je l'aurois cru le plus affectionné de vos amis. Voilà un de mes étonnements, comme il est possible qu'il y ait des fourbes comme cela dans le monde!

M. DE POURCEAUGNAC.

Ne sens-je point le lavement? Voyez, je vous prie.

SBRIGANI.

Hé! il y a quelque petite chose qui approche de cela.

M. DE POURCEAUGNAC.

J'ai l'odorat et l'imagination tout remplis de cela; et il me semble toujours que je vois une douzaine de lavements qui me couchent en joue.

SBRIGANI.

Voilà une méchanceté bien grande! et les hommes sont bien traîtres et scélérats!

M. DE POURCEAUGNAC.

Enseignez-moi, de grace, le logis de monsieur Oronte; je suis bien aise d'y aller tout-à-l'heure.

SBRIGANI.

Ah, ah! vous êtes donc de complexion amoureuse; et vous avez ouï parler que ce monsieur Oronte a une fille...

M. DE POURCEAUGNAC.

Oui, je viens l'épouser.

SBRIGANI.

L'é... l'épouser?

M. DE POURCEAUGNAC.

Oui.

SBRIGANI.

En mariage?

M. DE POURCEAUGNAC.

De quelle façon donc?

SBRIGANI.

Ah, c'est une autre chose! je vous demande pardon.

M. DE POURCEAUGNAC.

Qu'est-ce que cela veut dire?

SBRIGANI.

Rien.

M. DE POURCEAUGNAC.

Mais encore?

SBRIGANI.

Rien, vous dis-je. J'ai un peu parlé trop vite.

M. DE POURCEAUGNAC.

Je vous prie de me dire ce qu'il y a là dessous.

SBRIGANI.

Non, cela n'est pas nécessaire.

M. DE POURCEAUGNAC.

De grace!

SBRIGANI.

Point; je vous prie de m'en dispenser.

M. DE POURCEAUGNAC.

Est-ce que vous n'êtes point de mes amis?

SBRIGANI.

Si fait; on ne peut pas l'être davantage.

ACTE II, SCÈNE IV.

M. DE POURCEAUGNAC.

Vous devez donc ne me rien cacher.

SBRIGANI.

C'est une chose où il y va de l'intérêt du prochain.

M. DE POURCEAUGNAC.

Afin de vous obliger à m'ouvrir votre cœur, voilà une petite bague que je vous prie de garder pour l'amour de moi.

SBRIGANI.

Laissez-moi consulter un peu si je le puis faire en conscience. (*après s'être un peu éloigné de M. de Pourceaugnac.*) C'est un homme qui cherche son bien, qui tâche de pourvoir sa fille le plus avantageusement qu'il est possible; et il ne faut nuire à personne. Ce sont des choses qui sont connues, à la vérité; mais j'irai les découvrir à un homme qui les ignore, et il est défendu de scandaliser son prochain. Cela est vrai : mais, d'autre part, voilà un étranger qu'on veut surprendre, et qui, de bonne foi, vient se marier avec une fille qu'il ne connoît pas, et qu'il n'a jamais vue; un gentilhomme plein de franchise, pour qui je me sens de l'inclination, qui me fait l'honneur de me tenir pour son ami, prend confiance en moi, et me donne une bague à garder pour l'amour de lui. (*à M. de Pourceaugnac.*) Oui, je trouve que je puis vous dire les choses sans blesser ma conscience; mais tâchons de vous les dire le plus doucement qu'il nous sera possible, et d'épargner les gens le plus que nous pourrons. De vous dire que cette fille-là mène une vie déshonnête, cela seroit un peu trop fort; cherchons, pour nous expliquer, quelques termes plus doux. Le mot de galante aussi n'est pas assez; celui de coquette achevée me semble propre à ce que nous voulons, et je m'en puis servir pour vous dire honnêtement ce qu'elle est.

M. DE POURCEAUGNAC.

L'on me veut donc prendre pour dupe?

SBRIGANI.

Peut-être, dans le fond, n'y a-t-il pas tant de mal que tout le monde croit; et puis il y a des gens, après tout, qui se mettent au dessus de ces sortes de choses, et qui ne croient pas que leur honneur dépende...

M. DE POURCEAUGNAC.

Je suis votre serviteur, je ne me veux point mettre sur la tête un chapeau comme celui-là; et l'on aime à aller le front levé dans la famille des Pourceaugnacs.

SBRIGANI.

Voilà le père.

M. DE POURCEAUGNAC.

Ce vieillard-là?

SBRIGANI.

Oui. Je me retire.

SCÈNE V.

ORONTE, M. DE POURCEAUGNAC.

M. DE POURCEAUGNAC.

Bonjour, monsieur, bonjour.

ACTE II, SCÈNE VI.

ORONTE.

Serviteur, monsieur, serviteur.

M. DE POURCEAUGNAC.

Vous êtes monsieur Oronte, n'est-ce pas?

ORONTE.

Oui.

M. DE POURCEAUGNAC.

Et moi, monsieur de Pourceaugnac.

ORONTE.

A la bonne heure.

M. DE POURCEAUGNAC.

Croyez-vous, monsieur Oronte, que les Limosins soient des sots?

ORONTE.

Croyez-vous, monsieur de Pourceaugnac, que les Parisiens soient des bêtes?

M. DE POURCEAUGNAC.

Vous imaginez-vous, monsieur Oronte, qu'un homme comme moi soit si affamé de femme?

ORONTE.

Vous imaginez-vous, monsieur de Pourceaugnac, qu'une fille comme la mienne soit si affamée de mari?

SCÈNE VI.

JULIE, ORONTE, M. DE POURCEAUGNAC.

JULIE.

On vient de me dire, mon père, que monsieur de Pourceaugnac est arrivé. Ah, le voilà sans doute! et mon cœur me le dit. Qu'il est bien fait! Qu'il a bon air! et que je suis contente d'avoir un tel époux! Souffrez que je l'embrasse, et que je lui témoigne...

ORONTE.

Doucement, ma fille, doucement.

M. DE POURCEAUGNAC.

Tudieu, quelle galante! Comme elle prend feu d'abord!

ORONTE.

Je voudrois bien savoir, monsieur de Pourceaugnac, par quelle raison vous venez...

JULIE *s'approche de M. de Pourceaugnac, le regarde d'un air languissant, et lui veut prendre la main.*

Que je suis aise de vous voir! et que je brûle d'impatience...

ORONTE.

Ah, ma fille! ôtez-vous de là, vous dis-je.

M. DE POURCEAUGNAC, *à part.*

Oh, oh! quelle égrillarde!

ORONTE.

Je voudrois bien, dis-je, savoir par quelle raison, s'il vous plaît, vous avez la hardiesse de...

(*Julie continue le même jeu.*)

M. DE POURCEAUGNAC, *à part.*

Vertu de ma vie!

ORONTE, *à Julie.*

Encore! qu'est-ce à dire, cela?

JULIE.

Ne voulez-vous pas que je caresse l'époux que vous m'avez choisi?

ORONTE.
Non. Rentrez là dedans.

JULIE.
Laissez-moi le regarder.

ORONTE.
Rentrez, vous dis-je.

JULIE.
Je veux demeurer là, s'il vous plaît.

ORONTE.
Je ne veux pas, moi; et, si tu ne rentres tout-à-l'heure, je...

JULIE.
Hé bien! je rentre.

ORONTE.
Ma fille est une sotte, qui ne sait pas les choses.

M. DE POURCEAUGNAC.
Comme nous lui plaisons!

ORONTE, *à Julie qui est restée après avoir fait quelques pas pour s'en aller.*
Tu ne veux pas te retirer?

JULIE.
Quand est-ce donc que vous me marierez avec monsieur?

ORONTE.
Jamais: et tu n'es pas pour lui.

JULIE.
Je le veux avoir, moi, puisque vous me l'avez promis.

ORONTE.
Si je te l'ai promis, je te le dépromets.

M. DE POURCEAUGNAC, *à part.*

Elle voudroit bien me tenir.

JULIE.

Vous avez beau faire, nous serons mariés ensemble, en dépit de tout le monde.

ORONTE.

Je vous en empêcherai bien tous deux, je vous assure. Voyez un peu quel vertigo lui prend !

SCÈNE VII.

ORONTE, M. DE POURCEAUGNAC.

M. DE POURCEAUGNAC.

Mon dieu ! notre beau-père prétendu, ne vous fatiguez point tant ; on n'a pas envie de vous enlever votre fille, et vos grimaces n'attraperont rien.

ORONTE.

Toutes les vôtres n'auront pas grand effet.

M. DE POURCEAUGNAC.

Vous êtes-vous mis dans la tête que Léonard de Pourceaugnac soit un homme à acheter chat en poche, et qu'il n'ait pas là dedans quelque morceau de judiciaire pour se conduire, pour se faire informer de l'histoire du monde, et voir, en se mariant, si son honneur a bien toutes ses sûretés ?

ORONTE.

Je ne sais pas ce que cela veut dire ; mais vous êtes-vous mis dans la tête qu'un homme de soixante et trois ans ait si peu de cervelle, et considère si peu

ACTE II, SCENE VII.

sa fille, que de la marièr avec un homme qui a ce que vous savez, et qui a été mis chez un médecin pour être pansé?

M. DE POURCEAUGNAC.

C'est une pièce que l'on m'a faite, et je n'ai aucun mal.

ORONTE.

Le médecin me l'a dit lui-même.

M. DE POURCEAUGNAC.

Le médecin en a menti. Je suis gentilhomme, et je le veux voir l'épée à la main.

ORONTE.

Je sais ce que j'en dois croire, et vous ne m'abuserez pas là dessus, non plus que sur les dettes que vous avez assignées sur le mariage de ma fille.

M. DE POURCEAUGNAC.

Quelles dettes?

ORONTE.

La feinte ici est inutile; et j'ai vu le marchand flamand qui, avec les autres créanciers, a obtenu depuis huit mois sentence contre vous.

M. DE POURCEAUGNAC.

Quel marchand flamand? Quels créanciers? Quelle sentence obtenue contre moi?

ORONTE.

Vous savez bien ce que je veux dire.

SCÈNE VIII.

LUCETTE, ORONTE, M. DE POURCEAUGNAC.

LUCETTE, *contrefaisant une Languedocienne.*

Ah! tu es assi, et à la fi yeu te trobi après abé fait tant de passés! Podes-tu, scélérat, podes-tu sousteni ma bisto?

M. DE POURCEAUGNAC.
Qu'est-ce que veut cette femme-là?

LUCETTE.

Que te boli, infame? Tu fas semblan de nou me pas connouisse, et nou rougisses pas, impudint que tu sios, tu ne rougisses pas de me beyre? (*à Oronte.*) Nou sabi pas, moussur, saquos bous dont m'an dit que bouillo espousa la fillo; may yeu bous déclari que yeu soun sa fenno; et que y a set ans, moussur, qu'en passant à Pézénas, el auguet l'adresse, dambé sas mignardisos, commo saptabla fayre, de me gagna lou cor, et m'oubligel pra quel moueyen à ly douna la man per l'espousa.

ORONTE.
Oh, oh!

M. DE POURCEAUGNAC.
Que diable est-ce ci?

LUCETTE.

Lou trayté me quitel très ans après, sul préteste de qualques affayres que l'apelabon dins soun pays, et despey noun l'y resçau put quaso de noubelo; may

ACTE II, SCÈNE VIII.

dins lou tens qu'y soungeabi lous mens, m'an dounat abist que begnio dins aquesto billo per se remarida dambé un autro jouena fillo, que sous parents ly an procurado, sensse saupré res de soun premié mariatge. Yeu ai tout quittat en diligensso, et me souy rendudo dins aqueste loc, lou pu leau qu'ay pouscut, per m'oupousa en aquel criminel mariatge, et confondre as elys de tout le mounde lou plus méchant day hommes.

M. DE POURCEAUGNAC.

Voilà une étrange effrontée !

LUCETTE.

Impudint, n'as pas honte de m'injuria, alloc d'être confus day reproches secrets que ta consciensso te deu fayre ?

M. DE POURCEAUGNAC.

Moi, je suis votre mari ?

LUCETTE.

Infame, gausos-tu dire lou contrari ? Hé ! tu sabes bé, per ma penno, que n'es que trop bertat ; et plaguesso al cel qu'aco nou fouguesso pas, et que m'auquesso layssado dins l'état d'innouessenço et dins la tranquillitat oun moun amo bibio daban que tous charmes et tas tromparies oun m'en benguesson malheurousomen fayre sourti ! yeu nou serio pas réduito à fayré lou tristé persounatge que yeu fave présentemen ; à beyre un marit cruel mespresa touto l'ardou que yeu ay per el, et me laissa sensse cap de piétat abandounado à las mourtéles doulous que yeu ressenti de sas perfidos accius.

ORONTE.

Je ne saurois m'empêcher de pleurer. (*à monsieur de Pourceaugnac.*) Allez, vous êtes un méchant homme.

M. DE POURCEAUGNAC.

Je ne connois rien à tout ceci.

SCÈNE IX.

NÉRINE, LUCETTE, ORONTE, M. DE POURCEAUGNAC.

NÉRINE, *contrefaisant une Picarde.*

Ah! je n'en pis plus, je sis tout essoflée. Ah, finfaron! tu m'as bien fait courir, tu ne m'écaperas mie. Justiche, justiche! je boute empêchement au mariage. (*à Oronte.*) Chés mon méri, monsieu; et je veux faire peindre ché bon pendard-là.

M. DE POURCEAUGNAC.

Encore!

ORONTE, *à part.*

Quel diable d'homme est-ce ci?

LUCETTE.

Et que boulez-bous dire ambé bostre empachomen et bostro pendarie? Qu'aquel homo est bostre marit?

NÉRINE.

Oui, medéme, et je sis sa femme.

LUCETTE.

Aquo es faus, aquos yeu que soun sa fenno; et se

ACTE II, SCÈNE IX.

deustre pendut, aquo sera yeu que lou ferai penjat.

NÉRINE.
Je n'entains mie che baragoin-là.

LUCETTE.
Yeu bous disi que yeu soun sa fenno.

NÉRINE.
Sa femme?

LUCETTE.
Oy.

NÉRINE.
Je vous di que chest mi, encore un coup, qui le sis.

LUCETTE.
Et yeu bous sousteni, yeu, qu'aquos yeu.

NÉRINE.
Il y a quetre ans qu'il m'a éposée.

LUCETTE.
Et yeu set ans y a que m'a preso per fenno.

NÉRINE.
J'ai des gairants de tout ce que je di.

LUCETTE.
Tout mon pay lo sap.

NÉRINE.
No ville en est témoin.

LUCETTE.
Tout Pézénas a bist nostre mariatge.

NÉRINE.
Tout Chin-Quentin a assisté à nos noches.

LUCETTE.
Nou y a res de tant béritable.

NÉRINE.

Il gn'y a rien de plus chertain.

LUCETTE, *à monsieur de Pourceaugnac.*

Gausos-tu dire lou contrari, valiquos?

NÉRINE, *à monsieur de Pourceaugnac.*

Est-che que tu me démentiras, méchaint homme?

M. DE POURCEAUGNAC.

Il est aussi vrai l'un que l'autre.

LUCETTE.

Quaingn impudensso! Et coussy, misérable, nou te soubennes plus de la pavro Françon et del pavré Jeannet, que soun lous fruits de notre mariatge?

NÉRINE.

Bayez un peu l'insolence! Quoi, tu ne te souviens mie de chette pauvre ainfain, no petite Madelaine, que tu m'as laichée pour gaige de ta foi?

M. DE POURCEAUGNAC.

Voilà deux impudentes carognes!

LUCETTE.

Beni, Françon; beni, Jeannet; beni touston, beni toustaine, beni fayre beyre à un payre dénaturat la duretat qu'el a per nostres.

NÉRINE.

Venez, Madelaine, men ainfain, venez-ves-en ichi faire honte à vo père de l'impudainche qu'il a.

SCÈNE X.

ORONTE, M. DE POURCEAUGNAC, LUCETTE, NÉRINE, PLUSIEURS ENFANTS.

LES ENFANTS.

Ah, mon papa, mon papa, mon papa!

M. DE POURCEAUGNAC.

Diantre soit des petits fils de putains!

LUCETTE.

Coussy, trayte, tu nou sios pas dins la derniare confusiu de ressaupre à tal tous enfants, et de ferma l'oreillo à la tendresso paternello? Tu nou m'escaperas pas, infame : yeu te boly seguy pertout, et te reproucha ton crime, jusquos à tant que me sio beniado, et que t'ayo fayt penjat : conquy, te boly fayre penjat.

NÉRINE.

Ne rougis-tu mie de dire ches mots-là, et d'être insainsible aux cairesses de chette pauvre ainfain? Tu ne te sauveras mie de mes pates; et, en dépit de tes dains, je ferai bien voir que je sis ta femme, et je te ferai peindre.

LES ENFANTS.

Mon papa, mon papa, mon papa!

M. DE POURCEAUGNAC.

Au secours, au secours! Où fuirai-je? je n'en puis plus!

ORONTE, *à Lucette et à Nérine.*

Allez, vous ferez bien de le faire punir; et il mérite d'être pendu.

SCÈNE XI.

SBRIGANI.

Je conduis de l'œil toutes choses, et tout cela ne va pas mal. Nous fatiguerons tant notre provincial qu'il faudra, ma foi, qu'il déguerpisse.

SCÈNE XII.

M. DE POURCEAUGNAC, SBRIGANI.

M. DE POURCEAUGNAC.

Ah, je suis assommé! Quelle peine! Quelle maudite ville! Assassiné de tous côtés!

SBRIGANI.

Qu'est-ce, monsieur? Est-il encore arrivé quelque chose?

M. DE POURCEAUGNAC.

Oui; il pleut en ce pays des femmes et des lavements.

SBRIGANI.

Comment donc?

M. DE POURCEAUGNAC.

Deux carognes de baragouineuses me sont venues

ACTE II, SCENE XII.

accuser de les avoir épousées toutes deux, et me menacent de la justice.

SBRIGANI.

Voilà une méchante affaire ; et la justice, en ce pays-ci, est rigoureuse en diable contre cette sorte de crime.

M. DE POURCEAUGNAC.

Oui ; mais quand il y auroit information, ajournement, décret et jugement obtenu par surprise, défaut et contumace, j'ai la voie du conflit de juridiction pour temporiser et venir aux moyens de nullité qui seront dans les procédures.

SBRIGANI.

Voilà en parler dans tous les termes ; et l'on voit bien, monsieur, que vous êtes du métier.

M. DE POURCEAUGNAC.

Moi ! point du tout ; je suis gentilhomme.

SBRIGANI.

Il faut bien, pour parler ainsi, que vous ayez étudié la pratique.

M. DE POURCEAUGNAC.

Point ; ce n'est que le sens commun qui me fait juger que je serai toujours reçu à mes faits justificatifs ; et qu'on ne me sauroit condamner sur une simple accusation, sans un récolement et confrontation avec mes parties.

SBRIGANI.

En voilà du plus fin encore.

M. DE POURCEAUGNAC.

Ces mots-là me viennent sans que je les sache.

SBRIGANI.

Il me semble que le sens commun d'un gentilhomme peut bien aller à concevoir ce qui est du droit et de l'ordre de la justice, mais non pas à savoir les vrais termes de la chicane.

M. DE POURCEAUGNAC.

Ce sont quelques mots que j'ai retenus en lisant les romans.

SBRIGANI.

Ah, fort bien!

M. DE POURCEAUGNAC.

Pour vous montrer que je n'entends rien du tout à la chicane, je vous prie de me mener chez quelque avocat pour consulter mon affaire.

SBRIGANI.

Je le veux, et vais vous conduire chez deux hommes fort habiles; mais j'ai auparavant à vous avertir de n'être point surpris de leur manière de parler : ils ont contracté du barreau certaine habitude de déclamation, qui fait que l'on diroit qu'ils chantent, et vous prendrez pour musique tout ce qu'ils vous diront.

M. DE POURCEAUGNAC.

Qu'importe comme ils parlent, pourvu qu'ils me disent ce que je veux savoir.

SCÈNE XIII.

M. DE POURCEAUGNAC, SBRIGANI, DEUX AVOCATS, DEUX PROCUREURS, DEUX SERGENTS.

PREMIR AVOCAT, *traînant ses paroles en chantant.*
La polygamie est un cas,
   Est un cas pendable.
SECOND AVOCAT, *chantant fort vite en bredouillant.*
    Votre fait
     Est clair et net;
     Et tout le droit,
     Sur cet endroit,
     Conclut tout droit.
Si vous consultez nos auteurs,
Législateurs et glossateurs,
Justinian, Papinian,
Ulpian et Tribonian,
Fernand, Rebuffe, Jean Imole,
Paul Castre, Julian, Barthole,
Jason, Alciat et Cujas,
  Ce grand homme si capable,
La polygamie est un cas,
   Est un cas pendable.

ENTRÉE DE BALLET.

Danse de deux procureurs et de deux sergents pendant que le second avocat chante les paroles qui suivent :

Tous les peuples policés
Et bien sensés,
Les François, Anglois, Hollandois,
Danois, Suédois, Polonois,
Portugais, Espagnols, Flamands,
Italiens, Allemands,
Sur ce fait tiennent loi semblable,
Et l'affaire est sans embarras,
La polygamie est un cas,
Est un cas pendable.
LE PREMIER AVOCAT *chante celles-ci :*
La polygamie est un cas,
Est un cas pendable.

(*M. de Pourceaugnac, impatienté, les chasse.*)

FIN DU SECOND ACTE.

ACTE TROISIÈME.

SCÈNE I.
ÉRASTE, SBRIGANI.

SBRIGANI.

Oui, les choses s'acheminent où nous voulons, et comme ses lumières sont fort petites, et son sens le plus borné du monde, je lui ai fait prendre une frayeur si grande de la sévérité de la justice de ce pays, et des apprêts qu'on faisoit déja pour sa mort, qu'il veut prendre la fuite; et, pour se dérober avec plus de facilité aux gens que je lui ai dit qu'on avoit mis pour l'arrêter aux portes de la ville, il s'est résolu à se déguiser, et le déguisement qu'il a pris est l'habit d'une femme.

ÉRASTE.

Je voudrois bien le voir en cet équipage.

SBRIGANI.

Songez, de votre part, à achever la comédie; et tandis que je jouerai mes scènes avec lui, allez-vous-en. (*Il lui parle à l'oreille.*) Vous entendez bien?

ÉRASTE.

Oui.

SBRIGANI.

Et lorsque je l'aurai mis où je veux... (*Il lui parle à l'oreille.*)

ÉRASTE.

Fort bien.

SBRIGANI.

Et quand le père aura été averti par moi... (*Il lui parle encore à l'oreille.*)

ÉRASTE.

Cela va le mieux du monde.

SBRIGANI.

Voici notre demoiselle. Allez vite, qu'il ne nous voie ensemble.

SCÈNE II.

M. DE POURCEAUGNAC, *en femme*; SBRIGANI.

SBRIGANI.

Pour moi, je ne crois pas qu'en cet état on puisse jamais vous connoître ; et vous avez la mine, comme cela, d'une femme de condition.

M. DE POURCEAUGNAC.

Voilà qui m'étonne, qu'en ce pays-ci les formes de la justice ne soient point observées.

SBRIGANI.

Oui, je vous l'ai déjà dit, ils commencent ici par faire pendre un homme, et puis ils lui font son procès.

M. DE POURCEAUGNAC.

Voilà une justice bien injuste.

SBRIGANI.

Elle est sévère comme tous les diables, particulièrement sur ces sortes de crimes.

M. DE POURCEAUGNAC.

Mais quand on est innocent?

ACTE III, SCÈNE II.

SBRIGANI.

N'importe, ils ne s'enquêtent point de cela; et puis ils ont en cette ville une haine effroyable pour les gens de votre pays : ils ne sont pas plus ravis que de voir pendre un Limosin.

M. DE POURCEAUGNAC.

Qu'est-ce que les Limosins leur ont donc fait?

SBRIGANI.

Ce sont des brutaux, ennemis de la gentillesse et du mérite des autres villes. Pour moi, je vous avoue que je suis pour vous dans une peur épouvantable; et je ne me consolerois de ma vie si vous veniez à être pendu.

M. DE POURCEAUGNAC.

Ce n'est pas tant la peur de la mort qui me fait fuir, que de ce qu'il est fâcheux à un gentilhomme d'être pendu, et qu'une preuve comme celle-là feroit tort à nos titres de noblesse.

SBRIGANI.

Vous avez raison; on vous contesteroit après cela le titre d'écuyer. Au reste, étudiez-vous, quand je vous mènerai par la main, à bien marcher comme une femme, et à prendre le langage et toutes les manières d'une personne de qualité.

M. DE POURCEAUGNAC.

Laissez-moi faire; j'ai vu les personnes du bel air. Tout ce qu'il y a, c'est que j'ai un peu de barbe.

SBRIGANI.

Votre barbe n'est rien; il y a des femmes qui en ont autant que vous. Çà, voyons un peu comme vous ferez. (*après que M. de Pourceaugnac a contrefait la femme de condition.*) Bon.

M. DE POURCEAUGNAC.

Allons donc, mon carrosse; où est-ce qu'est mon carrosse? Mon dieu! Qu'on est misérable d'avoir des gens comme cela! Est-ce qu'on me fera attendre toute la journée sur le pavé, et qu'on ne me fera point venir mon carrosse?

SBRIGANI.

Fort bien.

M. DE POURCEAUGNAC.

Holà, ho! cocher, petit laquais! Ah, petit fripon! que de coups de fouet je vous ferai donner tantôt! Petit laquais, petit laquais! Où est-ce donc qu'est ce petit laquais? Ce petit laquais ne se trouvera-t-il point? Ne me fera-t-on point venir ce petit laquais? Est-ce que je n'ai point un petit laquais dans le monde?

SBRIGANI.

Voilà qui va à merveille. Mais je remarque une chose : cette coiffe est un peu trop déliée; j'en vais querir une un peu plus épaisse, pour vous mieux cacher le visage en cas de quelque rencontre.

M. DE POURCEAUGNAC.

Que deviendrai-je cependant?

SBRIGANI.

Attendez-moi là, je suis à vous dans un moment; vous n'avez qu'à vous promener.

(*M. de Pourceaugnac fait plusieurs tours sur le théâtre, en continuant à contrefaire la femme de qualité.*)

SCÈNE III.

M. de POURCEAUGNAC, DEUX SUISSES.

PREMIER SUISSE, *sans voir M. de Pourceaugnac.*

Allons, dépêchons, camerade, ly faut allair tous deux nous à la Crève pour regarter un peu choustcier sti montsir de Porcegnac, qui l'a été contané par ortonnance à l'être pendu par son cou.

SECOND SUISSE, *sans voir M. de Pourceaugnac.*

Ly faut nous loër un fenestre pour foir sti choustice.

PREMIER SUISSE.

Ly disent que l'on fait téja planter un grand potence toute neuve, pour ly accrocher sti Porcegnac.

SECOND SUISSE.

Ly sira, ma foi, un grant plaisir d'y regarter pendre sti Limossin.

PREMIER SUISSE.

Oui, te ly foir gambiller les pieds en haut tefant tout le monde.

SECOND SUISSE.

Ly est un plaiçant trôle, oui : ly disent que s'être marié troy foie.

PREMIER SUISSE.

Sti diable, ly fouloir troy femmes à ly tout seul ; ly être bien assez t'une.

SECOND SUISSE, *en apercevant M. de Pourceaugnac.*

Ah, pon chour, mameselle !

PREMIER SUISSE.

Que faire fous là tout seul?

M. DE POURCEAUGNAC.

J'attends mes gens, messieurs.

SECOND SUISSE.

Ly être belle, par mon foi.

M. DE POURCEAUGNAC.

Doucement, messieurs.

PREMIER SUISSE.

Fous, mameselle, fouloir finir rechouir fous à la Crève? Nous faire foir à fous un petit pendement pien choli.

M. DE POURCEAUGNAC.

Je vous rends grace.

SECOND SUISSE.

L'être un gentilhomme limossin, qui sera pendu chantiment à un grand potence.

M. DE POURCEAUGNAC.

Je n'ai pas de curiosité.

PREMIER SUISSE.

Ly être là un petit téton qui l'est trôle.

M. DE POURCEAUGNAC.

Tout beau!

PREMIER SUISSE.

Mon foi, moi couchair pien afec fous.

M. DE POURCEAUGNAC.

Ah, c'en est trop! et ces sortes d'ordures-là ne se disent point à une femme de ma condition.

SECOND SUISSE.

Laisse, toi; l'être moi qu'il veut couchair afec elle.

ACTE III, SCÈNE IV.

PREMIER SUISSE.

Moi, ne fouloir pas laisser.

SECOND SUISSE.

Moi, l'y fouloir, moi.

(*Les deux Suisses tirent M. de Pourceaugnac avec violence.*)

PREMIER SUISSE.

Moi, ne faire rien.

SECOND SUISSE.

Toi, l'afoir pien menti.

PREMIER SUISSE.

Parti, toi, l'afoir menti toi-même.

M. DE POURCEAUGNAC.

Au secours! à la force!

SCÈNE IV.

M. DE POURCEAUGNAC, UN EXEMPT, DEUX ARCHERS, DEUX SUISSES.

L'EXEMPT.

Qu'est-ce? Quelle violence est-ce là? Et que voulez-vous faire à madame? Allons, que l'on sorte de là, si vous ne voulez que je vous mette en prison.

PREMIER SUISSE.

Parti, pon; toi l'avoir point.

SECOND SUISSE.

Parti, pon aussi; toi ne l'afoir point encore.

SCÈNE V.

M. de POURCEAUGNAC, UN EXEMPT.

M. DE POURCEAUGNAC.

Je vous suis obligée, monsieur, de m'avoir délivrée de ces insolents.

L'EXEMPT.

Ouais! voilà un visage qui ressemble bien à celui que l'on m'a dépeint.

M. DE POURCEAUGNAC.

Ce n'est pas moi, je vous assure.

L'EXEMPT.

Ah, ah! Qu'est-ce que veut dire...

M DE POURCEAUGNAC.

Je ne sais pas.

L'EXEMPT.

Pourquoi donc dites-vous cela?

M. DE POURCEAUGNAC.

Pour rien.

L'EXEMPT.

Voilà un discours qui marque quelque chose, et je vous arrête prisonnier.

M. DE POURCEAUGNAC.

Hé, monsieur, de grace!

L'EXEMPT.

Non, non; à votre mine et à vos discours, il faut que vous soyez ce M. de Pourceaugnac que nous cherchons, qui se soit déguisé de la sorte; et vous viendrez en prison tout-à-l'heure.

M. DE POURCEAUGNAC.

Hélas!

SCÈNE VI.

M. DE POURCEAUGNAC, SBRIGANI, UN EXEMPT, DEUX ARCHERS.

SBRIGANI, *à M. de Pourceaugnac.*

Ah, ciel! que veut dire cela?

M. DE POURCEAUGNAC.

Ils m'ont reconnu.

L'EXEMPT.

Oui, oui; c'est de quoi je suis ravi.

SBRIGANI, *à l'exempt.*

Hé, monsieur! pour l'amour de moi, vous savez que nous sommes amis depuis long-temps; je vous conjure de ne le point mener en prison.

L'EXEMPT.

Non, il m'est impossible.

SBRIGANI.

Vous êtes homme d'accommodement. N'y a-t-il pas moyen d'ajuster cela avec quelques pistoles?

L'EXEMPT, *à ses archers.*

Retirez-vous un peu.

SCÈNE VII.

M. DE POURCEAUGNAC, SBRIGANI, UN EXEMPT.

SBRIGANI, *à M. de Pourceaugnac.*

Il faut lui donner de l'argent pour vous laisser aller. Faites vite.

M. DE POURCEAUGNAC, *donnant de l'argent à Sbrigani.*

Ah, maudite ville!

SBRIGANI.

Tenez, monsieur.

L'EXEMPT.

Combien y a-t-il?

SBRIGANI.

Un, deux, trois, quatre, cinq, six, sept, huit, neuf, dix.

L'EXEMPT.

Non; mon ordre est trop exprès.

SBRIGANI, *à l'exempt qui veut s'en aller.*

Mon dieu! attendez. (*à M. de Pourceaugnac.*) Dépêchez, donnez-lui-en encore autant.

M. DE POURCEAUGNAC.

Mais...

SBRIGANI.

Dépêchez-vous, vous dis-je, ne perdez point de temps. Vous auriez un grand plaisir quand vous seriez pendu!

M. DE POURCEAUGNAC.

Ah! (*Il donne encore de l'argent à Sbrigani.*)

SBRIGANI, *à l'exempt.*

Tenez, monsieur.

L'EXEMPT, *à Sbrigani.*

Il faut donc que je m'enfuie avec lui; car il n'y auroit pas ici de sûreté pour moi. Laissez-le-moi conduire, et ne bougez d'ici.

SBRIGANI.

Je vous prie donc d'en avoir un grand soin.

L'EXEMPT.

Je vous promets de ne le point quitter que je ne l'aie mis en lieu de sûreté.

M. DE POURCEAUGNAC, *à Sbrigani.*

Adieu. Voilà le seul honnête homme que j'aie trouvé en cette ville!

SBRIGANI.

Ne perdez point de temps. Je vous aime tant, que je voudrois que vous fussiez déja bien loin. (*seul.*) Que le ciel te conduise! Par ma foi, voilà une grande dupe. Mais voici...

SCÈNE VIII.

ORONTE, SBRIGANI.

SBRIGANI, *feignant de ne point voir Oronte.*

Ah, quelle étrange aventure! quelle fâcheuse nouvelle pour un père! Pauvre Oronte, que je te plains!

ORONTE.

Qu'est-ce? quel malheur me présages-tu?

SBRIGANI.

Ah, monsieur! ce perfide Limosin, ce traître de M. de Pourceaugnac vous enlève votre fille!

ORONTE.

Il m'enlève ma fille?

SBRIGANI.

Oui. Elle en est devenue si folle, qu'elle vous quitte pour le suivre; et l'on dit qu'il a un caractère pour se faire aimer de toutes les femmes.

ORONTE.

Allons vite à la justice. Des archers après eux.

SCÈNE IX.

ORONTE, ÉRASTE, JULIE, SBRIGANI.

ÉRASTE, *à Julie.*

Allons, vous viendrez malgré vous, et je veux vous remettre entre les mains de votre père. Tenez, monsieur, voilà votre fille que j'ai tirée de force d'entre les mains de l'homme avec qui elle s'enfuyoit, non pas pour l'amour d'elle, mais pour votre seule considération, car, après l'action qu'elle a faite, je dois la mépriser, et me guérir absolument de l'amour que j'avois pour elle.

ORONTE.

Ah, infame que tu es!

ÉRASTE, *à Julie.*

Comment! me traiter de la sorte après toutes les marques d'amitié que je vous ai données! Je ne vous blâme point de vous être soumise aux volontés de monsieur votre père : il est sage et judicieux dans les choses qu'il fait; et je ne me plains point de lui de m'avoir rejeté pour un autre. S'il a manqué à la parole qu'il m'avoit donnée, il a ses raisons pour cela. On lui a fait croire que cet autre est plus riche que moi de quatre ou cinq mille écus; et quatre ou cinq mille écus est un denier considérable, et qui vaut bien la peine qu'un homme manque à sa parole. Mais oublier en un moment toute l'ardeur que je vous ai montrée, vous laisser d'abord enflammer d'amour pour un nouveau venu, et le suivre honteusement, sans le consentement de monsieur votre père, après les crimes qu'on lui impute, c'est une chose condamnée de tout le monde, et dont mon cœur ne peut vous faire d'assez sanglants reproches.

JULIE.

Hé bien, oui! j'ai conçu de l'amour pour lui, et je l'ai voulu suivre puisque mon père me l'avoit choisi pour époux. Quoi que vous me disiez, c'est un fort honnête homme; et tous les crimes dont on l'accuse sont faussetés épouvantables.

ORONTE.

Taisez-vous; vous êtes une impertinente, et je sais mieux que vous ce qui en est.

JULIE.

Ce sont sans doute des pièces que l'on fait; et c'est peut-être lui (*montrant Éraste.*) qui a trouvé cet artifice pour vous en dégoûter.

ÉRASTE.

Moi! je serois capable de cela?

JULIE.

Oui, vous.

ORONTE.

Taisez-vous, vous dis-je; vous êtes une sotte.

ÉRASTE.

Non, non, ne vous imaginez pas que j'aie aucune envie de détourner ce mariage, et que ce soit ma passion qui m'ait forcé à courir après vous. Je vous l'ai déja dit, ce n'est que la seule considération que j'ai pour monsieur votre père; et je n'ai pu souffrir qu'un honnête homme comme lui fût exposé à la honte de tous les bruits qui pourroient suivre une action comme la vôtre.

ORONTE.

Je vous suis, seigneur Éraste, infiniment obligé.

ÉRASTE.

Adieu, monsieur. J'avois toutes les ardeurs du monde d'entrer dans votre alliance : j'ai fait tout ce que j'ai pu pour obtenir un tel honneur; mais j'ai été malheureux, et vous ne m'avez pas jugé digne de cette grace. Cela n'empêchera pas que je ne conserve pour vous les sentiments d'estime et de vénération où votre personne m'oblige; et, si je n'ai pu être votre gendre, au moins serai-je éternellement votre serviteur.

ORONTE.

Arrêtez, seigneur Éraste. Votre procédé me touche l'ame, et je vous donne ma fille en mariage.

JULIE.

Je ne veux point d'autre mari que M. de Pourceaugnac.

ACTE III, SCÈNE IX.

ORONTE.

Et je veux, moi, tout-à-l'heure, que tu prennes le seigneur Éraste. Çà, la main.

JULIE.

Non; je n'en ferai rien.

ORONTE.

Je te donnerai sur les oreilles.

ÉRASTE.

Non, non, monsieur, ne lui faites point de violence, je vous en prie.

ORONTE.

C'est à elle à m'obéir; et je sais me montrer le maître.

ÉRASTE.

Ne voyez-vous pas l'amour qu'elle a pour cet homme-là? et voulez-vous que je possède un corps dont un autre possédera le cœur?

ORONTE.

C'est un sortilége qu'il lui a donné; et vous verrez qu'elle changera de sentiment avant qu'il soit peu. Donnez-moi votre main. Allons.

JULIE.

Je ne...

ORONTE.

Ah, que de bruit! Çà, votre main, vous dis-je. Ah, ah, ah!

ÉRASTE, *à Julie.*

Ne croyez pas que ce soit pour l'amour de vous que je vous donne la main : ce n'est que monsieur votre père dont je suis amoureux, et c'est lui que j'épouse.

ORONTE.

Je vous suis beaucoup obligé ; et j'augmente de dix mille écus le mariage de ma fille. Allons, qu'on fasse venir le notaire pour dresser le contrat.

ÉRASTE.

En attendant qu'il vienne, nous pouvons jouir du divertissement de la saison, et faire entrer les masques que le bruit des noces de M. de Pourceaugnac a attirés ici de tous les endroits de la ville.

SCÈNE X.

TROUPE DE MASQUES *dansants et chantants.*

UN MASQUE, *en Égyptienne.*
Sortez, sortez de ces lieux,
Soucis, Chagrins et Tristesse ;
Venez, venez, Ris et Jeux,
Plaisirs, Amours et Tendresse,
Ne songeons qu'à nous réjouir !
La grande affaire est le plaisir :

CHŒUR DE MASQUES *chantants.*
Ne songeons qu'à nous réjouir :
La grande affaire est le plaisir.

L'ÉGYPTIENNE.
A me suivre tous ici
Votre ardeur est non commune ;
Et vous êtes en souci
De votre bonne fortune :
Soyez toujours amoureux,

ACTE III, SCÈNE X.

C'est le moyen d'être heureux.

UN MASQUE, *en Égyptien.*

Aimons jusques au trépas;
La raison nous y convie.
Hélas! si l'on n'aimoit pas,
Que seroit-ce de la vie?
Ah! perdons plutôt le jour
Que de perdre notre amour!

L'ÉGYPTIEN.

Les biens,

L'ÉGYPTIENNE.

La gloire,

L'ÉGYPTIEN.

Les grandeurs;

L'ÉGYPTIENNE.

Les sceptres, qui font tant d'envie,

L'ÉGYPTIEN.

Tout n'est rien si l'amour n'y mêle ses ardeurs.

L'ÉGYPTIENNE.

Il n'est point, sans l'amour, de plaisir dans la vie.

TOUS DEUX ENSEMBLE.

Soyons toujours amoureux,
C'est le moyen d'être heureux.

CHOEUR.

Sus, sus, chantons tous ensemble,
Dansons, sautons, jouons-nous.

UN MASQUE, *en Pantalon.*

Lorsque pour rire on s'assemble,
Les plus sages, ce me semble,
Sont ceux qui sont le plus fous.

TOUS ENSEMBLE.
Ne songeons qu'à nous réjouir,
La grande affaire est le plaisir.

PREMIÈRE ENTRÉE DE BALLET.

Danse de sauvages.

DEUXIÈME ENTRÉE DE BALLET.

Danse de Biscayens.

FIN DE M. DE POURCEAUGNAC.

LES
AMANTS MAGNIFIQUES,

COMÉDIE-BALLET

EN CINQ ACTES ET EN PROSE,

Représentée à Saint-Germain-en-Laye sous le titre de
Divertissement royal, le 7 septembre 1670.

AVANT-PROPOS.

Le roi, qui ne veut que des choses extraordinaires dans tout ce qu'il entreprend, s'est proposé de donner à sa cour un divertissement qui fût composé de tous ceux que le théâtre peut fournir; et, pour embrasser cette vaste idée, et enchaîner ensemble tant de choses diverses, sa majesté a choisi pour sujet deux princes rivaux qui, dans le champêtre séjour de la vallée de Tempé, où l'on doit célébrer la fête des jeux Pythiens, régalent à l'envi une jeune princesse et sa mère de toutes les galanteries dont ils se peuvent aviser.

PERSONNAGES DE LA COMÉDIE.

ARISTIONE, princesse, mère d'Ériphile [1].
ÉRIPHILE, fille de la princesse [2].
IPHICRATE, prince [3],　}
TIMOCLÈS, prince [4],　} amants magnifiques.
SOSTRATE, général d'armée, amant d'Ériphile.
CLÉONICE, confidente d'Ériphile [5].
ANAXARQUE, astrologue [6].
CLÉON, fils d'Anaxarque.
CHORÈBE, suivante d'Aristione.
CLITIDAS, plaisant de cour [7].
UNE FAUSSE VÉNUS, d'intelligence avec Anaxarque.

ACTEURS.

[1] Mademoiselle Hervé. — [2] Mademoiselle Molière. — [3] La Grange. — [4] Du Croisy. — [5] Madeleine Béjart. — [6] Hubert. — [7] Molière.

PERSONNAGES DES INTERMÈDES.

PREMIER INTERMÈDE.

ÉOLE[1],
TRITONS[2],
FLEUVES[3], } chantants.
AMOURS[4],
PÊCHEURS DE CORAIL dansants[5].
NEPTUNE[6].
SIX DIEUX MARINS dansants[7].

DEUXIÈME INTERMÈDE.

TROIS PANTOMIMES dansants[8].

TROISIÈME INTERMÈDE.

LA NYMPHE DE LA VALLÉE DE TEMPÉ[9].

ACTEURS CHANTANTS ET DANSANTS.

[1] Le sieur Estival. — [2] Les sieurs Le Gros, Hédouin, Don, Gingan l'aîné, Gingan le cadet, Fernon le cadet, Rebel, Langeais, Deschamps, Morel, et deux pages de la musique de la chapelle. — [3] Les sieurs Beaumont, Fernon l'aîné, Noblet, Serignan, David, Aurat, Devellois, Gillet. — [4] Quatre pages de la musique de la chambre. — [5] Les sieurs Jouan, Chicanneau, Pesan l'aîné, Magny, Joubert, Mayeu, La Montagne, Lestang. — [6] Le Roi. — [7] M. Le Grand, le marquis De Villeroi, le marquis De Rassent, les sieurs Beauchamps, Favier, La Pierre. — [8] Les sieurs Beauchamps, Saint-André et Favier. — [9] Mademoiselle Des Fronteaux.

PERSONNAGES DE LA PASTORALE EN MUSIQUE.

TIRCIS, berger, amant de Caliste [1].
CALISTE, bergère [2].
LYCASTE [3],
MÉNANDRE [4], } bergers, amis de Tircis.
PREMIER SATYRE,
SECOND SATYRE, } amants de Caliste [5].
SIX DRYADES [6],
SIX FAUNES [7]; } dansants.
CLIMÈNE, bergère [8].
PHILINTE, berger [9].
TROIS PETITES DRYADES [10],
TROIS PETITS FAUNES [11], } dansants.

ACTEURS CHANTANTS ET DANSANTS.

[1] Le sieur Gaye. — [2] Mademoiselle Hilaire. — [3] Le sieur Langeais. — [4] Le sieur Fernon le cadet. — [5] Les sieurs Estival et Morel. — [6] Les sieurs Arnald, Noblet, Lestang, Favier le cadet, Foignard l'aîné et Isaac. — [7] Les sieurs Beauchamp, Saint-André, Magny, Joubert, Favier l'aîné, et Mayeu. — [8] Mademoiselle De Saint-Christophe. — [9] Le sieur Blondel. — [10] Les sieurs Bouilland, Vaignard et Thibauld. — [11] Les sieurs La Montagne, Daluseau et Foignard.

QUATRIÈME INTERMÈDE.

HUIT STATUES qui dansent [1].

CINQUIÈME INTERMÈDE.

QUATRE PANTOMIMES dansants [2].

SIXIÈME INTERMÈDE.

FÊTE DES JEUX PYTHIENS.

LA PRÊTRESSE [3].
DEUX SACRIFICATEURS chantants [4].
SIX MINISTRES DU SACRIFICE, portant des haches, dansants [5].
CHOEUR DE PEUPLES.
SIX VOLTIGEURS, sautant sur des chevaux de bois [6].
QUATRE CONDUCTEURS D'ESCLAVES dansants [7].

ACTEURS CHANTANTS ET DANSANTS.

[1] Les sieurs DOLIVET, LE CHANTRE, SAINT-ANDRÉ, MAGNY, LESTANG, FOIGNARG l'aîné, DOLIVET fils, et FOIGNARD le cadet. — [2] Les sieurs DOLIVET, LE CHANTRE, SAINT-ANDRÉ, MAGNY. — [3] Mademoiselle HILAIRE. — [4] Les sieurs GAYE et LANGEAIS. — [5] Les sieurs DOLIVET, LE CHANTRE, SAINT-ANDRÉ, MAGNY, FOIGNARD l'aîné, et FOIGNARD le cadet. — [6] Les sieurs JOLY, DOYAT, DE LAUNOY, BEAUMONT, DU GARD l'aîné, et DU GARD le cadet. — [7] Les sieurs LE PRÊTRE, JOUAN, PESAN l'aîné, et JOUBERT.

HUIT ESCLAVES dansants [1].

QUATRE HOMMES ARMÉS A LA GRECQUE [2].

QUATRE FEMMES ARMÉES A LA GRECQUE [3].

UN HÉRAUT [4].

SIX TROMPETTES [5].

UN TIMBALIER [6].

APOLLON [7].

SUIVANTS D'APOLLON dansants [8].

ACTEURS CHANTANTS ET DANSANTS.

[1] Les sieurs Paysan, La Vallée, Pesan le cadet, Favre, Vaignard, Dolivet fils, Girard et Charpentier. — [2] Les sieurs Noblet, Chicanneau, Mayeu et Desgranges. — [3] Les sieurs La Montagne, Lestang, Favier le cadet, et Arnald. — [4] Le sieur Rebel. — [5] Les sieurs La Plaine, Lorange, Du Clos, Beaupré, Carbonnet, Ferrier. — [6] Le sieur Diacre. — [7] Le ROI. — [8] M. Le Grand, le marquis de Villeroy, le marquis de Rassent, les sieurs Beauchamp, Raynal et Favier.

La scène est en Thessalie, dans la délicieuse vallée de Tempé.

PREMIER INTERMÈDE.

Le théâtre s'ouvre à l'agréable bruit de quantité d'instruments ; et d'abord il offre aux yeux une vaste mer, bordée de chaque côté de quatre grands rochers, dont le sommet porte chacun un Fleuve appuyé sur une urne. Au pied de ces rochers, sont douze Tritons de chaque côté ; et, dans le milieu de la mer, quatre Amours montés sur des dauphins, et, derrière eux, le dieu Éole élevé au dessus des ondes sur un petit nuage. Éole commande aux vents de se retirer ; et, tandis que quatre Amours, douze Tritons et huit Fleuves lui répondent, la mer se calme, et, du milieu des ondes, on voit s'élever une île. Huit pêcheurs sortent du fond de la mer avec des nacres de perles et des branches de corail, et, après une danse agréable, vont se placer chacun sur un rocher au dessous d'un fleuve. Le chœur de la musique annonce la venue de Neptune, et, tandis que ce dieu danse avec sa suite, les pêcheurs, les Tritons et les Fleuves accompagnent ses pas de gestes différents et de bruits de conques de perles. Tout ce spectacle est une magnifique galanterie dont l'un des princes régale sur la mer la promenade des princesses.

SCÈNE I.

ÉOLE, FLEUVES, TRITONS, AMOURS.

ÉOLE.

Vents qui troublez les plus beaux jours,
Rentrez dans vos grottes profondes,
Et laissez régner sur les ondes
Les Zéphyrs et les Amours.

SCÈNE II.

ÉOLE, FLEUVES, TRITONS, AMOURS, PÊCHEURS DE CORAIL.

UN TRITON.

Quels beaux yeux ont percé nos demeures humides?
Venez, venez, Tritons; cachez-vous, Néréides.

CHOEUR DE TRITONS.

Allons tous au devant de ces divinités,
Et rendons par nos chants hommage à leurs beautés.

UN AMOUR.

Ah, que ces princesses sont belles!

UN AUTRE AMOUR.

Quels sont les cœurs qui ne s'y rendroient pas?

UN AUTRE AMOUR.

La plus belle des immortelles,
Notre mère, a bien moins d'appas.

CHOEUR.

Allons tous au devant de ces divinités
Et rendons par nos chants hommage à leurs beautés.

PREMIÈRE ENTRÉE DE BALLET.

Les pêcheurs dansent.

UN TRITON.

Quel noble spectacle s'avance!
Neptune, le grand dieu, Neptune, avec sa cour,
Vient honorer ce beau séjour
De son auguste présence!

CHŒUR.

Redoublons nos concerts,
Et faisons retentir dans le vague des airs
Notre réjouissance.

SCÈNE III.

NEPTUNE, DIEUX MARINS, ÉOLE, TRITONS, FLEUVES, AMOURS, PÊCHEURS.

Neptune danse avec sa suite.

FIN DU PREMIER INTERMÈDE.

VERS

Pour le ROI, *représentant* Neptune.

Le ciel entre les dieux les plus considérés
Me donne pour partage un rang considérable;
Et, me faisant régner sur les flots azurés,
Rend à tout l'univers mon pouvoir redoutable.

Il n'est aucune terre, à me bien regarder,
Qui ne doive trembler que je ne m'y répande;
Point d'états qu'à l'instant je ne puisse inonder
Des flots impétueux que mon pouvoir commande.

Rien ne peut arrêter le fier débordement;
Et d'une triple digue, à leur force opposée,
On les verroit forcer le ferme empêchement,
Et se faire en tous lieux une ouverture aisée.

Mais je sais retenir la fureur de ces flots
Par la sage équité du pouvoir que j'exerce,
Et laisser en tous lieux, au gré des matelots,
La douce liberté d'un paisible commerce.

On trouve des écueils parfois dans mes états,
On voit quelques vaisseaux y périr par l'orage;
Mais contre ma puissance on n'en murmure pas,
Et chez moi la vertu ne fait jamais naufrage.

Pour monsieur Le Grand, *représentant un dieu marin.*

L'empire où nous vivons est fertile en trésors :
Tous les mortels en foule accourent sur ses bords;
Et, pour faire bientôt une haute fortune,
Il ne faut rien qu'avoir la faveur de Neptune.

Pour le marquis De Villeroi, *représentant un dieu marin.*

Sur la foi de ce dieu de l'empire flottant,
On peut bien s'embarquer avec toute assurance :
  Les flots ont de l'inconstance,
  Mais le Neptune est constant.

Pour le marquis De Rassent, *représentant un dieu marin.*

Voguez sur cette mer d'un zèle inébranlable;
C'est le moyen d'avoir Neptune favorable.

LES AMANTS MAGNIFIQUES,

ACTE PREMIER.

SCÈNE I.

SOSTRATE, CLITIDAS.

CLITIDAS, *à part.*
Il est attaché à ses pensées.

SOSTRATE, *se croyant seul.*
Non, Sostrate, je ne vois rien où tu puisses avoir recours; et tes maux sont d'une nature à ne te laisser nulle espérance d'en sortir.

CLITIDAS, *à part.*
Il raisonne tout seul.

SOSTRATE, *se croyant seul.*
Hélas!

CLITIDAS, *à part.*
Voilà des soupirs qui veulent dire quelque chose, et ma conjecture se trouvera véritable.

SOSTRATE, *se croyant seul.*
Sur quelles chimères, dis-moi, pourrois-tu bâtir quelque espoir? et que peux-tu envisager que l'affreuse

longueur d'une vie malheureuse, et des ennuis à ne finir que par la mort?

CLITIDAS, *à part.*

Cette tête-là est plus embarrassée que la mienne.

SOSTRATE, *se croyant seul.*

Ah, mon cœur! ah, mon cœur! où m'avez-vous jeté?

CLITIDAS.

Serviteur, seigneur Sostrate.

SOSTRATE.

Où vas-tu, Clitidas?

CLITIDAS.

Mais, vous, plutôt, que faites-vous ici? et quelle secrète mélancolie, quelle humeur sombre, s'il vous plaît, vous peut retenir dans ces bois, tandis que tout le monde a couru en foule à la magnificence de la fête dont l'amour du prince Iphicrate vient de régaler sur la mer la promenade des princesses; tandis qu'elles y ont reçu des cadeaux merveilleux de musique et de danse, et qu'on a vu les rochers et les ondes se parer de divinités pour faire honneur à leurs attraits?

SOSTRATE.

Je me figure assez, sans la voir, cette magnificence; et tant de gens d'ordinaire s'empressent à porter de la confusion dans ces sortes de fêtes, que j'ai cru à propos de ne pas augmenter le nombre des importuns.

CLITIDAS.

Vous savez que votre présence ne gâte jamais rien,

ACTE I, SCÈNE I.

et que vous n'êtes point de trop en quelque lieu que vous soyez. Votre visage est bien venu partout, et il n'a garde d'être de ces visages disgraciés, qui ne sont jamais bien reçus des regards souverains. Vous êtes également bien auprès des deux princesses; et la mère et la fille vous font assez connoître l'estime qu'elles font de vous, pour n'appréhender pas de fatiguer leurs yeux; et ce n'est pas cette crainte qui vous a retenu.

SOSTRATE.

J'avoue que je n'ai pas naturellement grande curiosité pour ces sortes de choses.

CLITIDAS.

Mon dieu! quand on n'auroit nulle curiosité pour les choses, on en a toujours pour aller où l'on trouve tout le monde; et, quoi que vous puissiez dire, on ne demeure point tout seul, pendant une fête, à rêver parmi des arbres, comme vous faites, à moins d'avoir en tête quelque chose qui embarrasse.

SOSTRATE.

Que voudrois-tu que j'y pusse avoir?

CLITIDAS.

Ouais! je ne sais d'où cela vient; mais il sent ici l'amour. Ce n'est pas moi. Ah, par ma foi! c'est vous.

SOSTRATE.

Que tu es fou, Clitidas!

CLITIDAS.

Je ne suis point fou. Vous êtes amoureux : j'ai le nez délicat, et j'ai senti cela d'abord.

SOSTRATE.

Sur quoi prends-tu cette pensée?

CLITIDAS.

Sur quoi? Vous seriez bien étonné si je vous disois encore de qui vous êtes amoureux.

SOSTRATE.

Moi?

CLITIDAS.

Oui. Je gage que je vais deviner tout-à-l'heure celle que vous aimez. J'ai mes secrets aussi bien que notre astrologue, dont la princesse Aristione est entêtée; et, s'il a la science de lire dans les astres la fortune des hommes, j'ai celle de lire dans les yeux le nom des personnes qu'on aime. Tenez-vous un peu, et ouvrez les yeux. É, par soi, é; r, i, éri; p, h, i, ériphi; l, e, le; Ériphile. Vous êtes amoureux de la princesse Ériphile.

SOSTRATE.

Ah, Clitidas! j'avoue que je ne puis cacher mon trouble; et tu me frappes d'un coup de foudre.

CLITIDAS.

Vous voyez si je suis savant!

SOSTRATE.

Hélas! si par quelque aventure tu as pu découvrir le secret de mon cœur, je te conjure au moins de ne le révéler à qui que ce soit, et surtout de le tenir caché à la belle princesse dont tu viens de dire le nom.

CLITIDAS.

Et, sérieusement parlant, si, dans vos actions, j'ai bien pu connoître depuis un temps la passion que vous voulez tenir secrète, pensez-vous que la princesse Ériphile puisse avoir manqué de lumières pour s'en apercevoir? Les belles, croyez-moi, sont toujours les plus clairvoyantes à découvrir les ardeurs qu'elles causent; et le langage des yeux et des soupirs se fait entendre, mieux qu'à tout autre, à celle à qui il s'adresse.

SOSTRATE.

Laissons-la, Clitidas, laissons-la voir, si elle peut, dans mes soupirs et mes regards l'amour que ses charmes m'inspirent; mais gardons bien que par nulle autre voie elle en apprenne jamais rien.

CLITIDAS.

Et qu'appréhendez-vous? Est-il possible que ce même Sostrate, qui n'a pas craint ni Brennus ni tous les Gaulois, et dont le bras a si glorieusement contribué à nous défaire de ce déluge de barbares qui ravageoient la Grèce; est-il possible, dis-je, qu'un homme si assuré dans la guerre soit si timide en amour, et que je le voie trembler à dire seulement qu'il aime!

SOSTRATE.

Ah, Clitidas! je tremble avec raison; et tous les Gaulois du monde ensemble sont bien moins redoutables que deux beaux yeux pleins de charmes.

CLITIDAS.

Je ne suis pas de cet avis; et je sais bien, pour moi, qu'un seul Gaulois, l'épée à la main, me feroit beaucoup plus trembler que cinquante beaux yeux ensemble, les plus charmants du monde. Mais dites-moi un peu, qu'espérez-vous faire?

SOSTRATE.

Mourir sans déclarer ma passion.

CLITIDAS.

L'espérance est belle! Allez, allez, vous vous moquez; un peu de hardiesse réussit toujours aux amants : il n'y a en amour que les honteux qui perdent; et je dirois ma passion à une déesse, moi, si j'en devenois amoureux.

SOSTRATE.

Trop de choses, hélas! condamnent mes feux à un éternel silence.

CLITIDAS.

Hé quoi?

SOSTRATE.

La bassesse de ma fortune, dont il plaît au ciel de rabattre l'ambition de mon amour; le rang de la princesse, qui met entre elle et mes désirs une distance si fâcheuse; la concurrence de deux princes appuyés de tous les grands titres qui peuvent soutenir les prétentions de leurs flammes; de deux princes qui, par mille et mille magnificences, se disputent à tous moments la gloire de sa conquête, et sur l'amour de qui l'on attend tous les jours de voir son choix se déclarer; mais, plus que tout, Clitidas, le respect inviolable où ses beaux yeux assujétissent toute la violence de mon ardeur.

CLITIDAS.

Le respect bien souvent n'oblige pas tant que l'amour; et je me trompe fort, ou la jeune princesse a connu votre flamme, et n'y est pas insensible.

SOSTRATE.

Ah, ne t'avise point de vouloir flatter par pitié le cœur d'un misérable.

CLITIDAS.

Ma conjecture est fondée. Je lui vois reculer beaucoup le choix de son époux, et je veux éclaircir un peu cette petite affaire-là. Vous savez que je suis auprès d'elle en quelque espèce de faveur, que j'y ai les accès ouverts, et qu'à force de me tourmenter, je me suis acquis le privilége de me mêler à la conversation, et de parler à tort et à travers de toutes les choses. Quelquefois cela ne me réussit pas ; mais quelquefois aussi cela me réussit. Laissez-moi faire, je suis de vos amis : les gens de mérite me touchent, et je veux prendre mon temps pour entretenir la princesse de...

SOSTRATE.

Ah, de grace ! quelque bonté que mon malheur t'inspire, garde-toi bien de lui rien dire de ma flamme. J'aimerois mieux mourir, que de pouvoir être accusé par elle de la moindre témérité ; et ce profond respect, où ses charmes divins...

CLITIDAS.

Taisons-nous, voici tout le monde.

SCÈNE II.

ARISTIONE, IPHICRATE, TIMOCLÈS, SOSTRATE, ANAXARQUE, CLÉON, CLITIDAS.

ARISTIONE, *à Iphicrate*.

Prince, je ne puis me lasser de le dire ; il n'est point de spectacle au monde qui puisse le disputer en magnificence à celui que vous venez de nous donner. Cette fête a eu des ornements qui l'emportent sans doute sur tout ce que l'on sauroit voir ; et elle vient de produire à nos yeux quelque chose de si noble, de si grand et de si majestueux, que le ciel même ne sauroit aller au delà ; et je puis dire assurément qu'il n'y a rien dans l'univers qui s'y puisse égaler.

TIMOCLÈS.

Ce sont des ornements dont on ne peut pas espérer que toutes les fêtes soient embellies ; et je dois fort trembler, madame, pour la simplicité du petit divertissement que je m'apprête à vous donner dans le bois de Diane.

ARISTIONE.

Je crois que nous n'y verrons rien que de fort agréable ; et, certes, il faut avouer que la campagne a lieu de nous paroître belle, et que nous n'avons pas le temps de nous ennuyer dans cet agréable séjour qu'ont célébré tous les poëtes sous le nom de *Tempé*. Car enfin, sans parler des plaisirs de la chasse que nous y prenons à toute heure, et de la solennité des jeux Pythiens que l'on y célèbre tantôt, vous prenez soin l'un et l'autre de nous y combler de tous les divertissements qui peuvent charmer les chagrins les plus mélancoliques. D'où vient, Sostrate, qu'on ne vous a point vu dans notre promenade ?

SOSTRATE.

Une petite indisposition, madame, m'a empêché de m'y trouver.

IPHICRATE.

Sostrate est de ces gens, madame, qui croient qu'il ne sied pas bien d'être curieux comme les autres, et qu'il est beau d'affecter de ne pas courir où tout le monde court.

SOSTRATE.

Seigneur, l'affectation n'a guère de part à tout ce que je fais; et sans vous faire compliment, il y avoit des choses à voir dans cette fête qui pouvoient m'attirer si quelque autre motif ne m'avoit retenu.

ARISTIONE.

Et Clitidas a-t-il vu cela?

CLITIDAS.

Oui, madame, mais du rivage.

ARISTIONE.

Et pourquoi du rivage?

CLITIDAS.

Ma foi, madame, j'ai craint quelqu'un des accidents qui arrivent d'ordinaire dans ces confusions. Cette nuit j'ai songé de poisson mort et d'œufs cassés;

et j'ai appris du seigneur Anaxarque que les œufs cassés et le poisson mort signifient malencontre.

ANAXARQUE.

Je remarque une chose, que Clitidas n'auroit rien à dire s'il ne parloit de moi.

CLITIDAS.

C'est qu'il y a tant de choses à dire de vous, qu'on n'en sauroit parler assez.

ANAXARQUE.

Vous pourriez prendre d'autres matières, puisque je vous en ai prié.

CLITIDAS.

Le moyen? Ne dites-vous pas que l'ascendant est plus fort que tout? et s'il est écrit dans les astres que je sois enclin à parler de vous, comment voulez-vous que je résiste à ma destinée?

ANAXARQUE.

Avec tout le respect, madame, que je vous dois, il y a une chose qui est fâcheuse dans votre cour, que tout le monde y prenne la liberté de parler, et que le plus honnête homme y soit exposé aux railleries du premier méchant plaisant.

CLITIDAS.

Je vous rends grace de l'honneur...

ARISTIONE, *à Anaxarque.*

Que vous êtes fou de vous chagriner de ce qu'il dit!

CLITIDAS.

Avec tout le respect que je dois à madame, il y a une chose qui m'étonne dans l'astrologie, que des gens qui savent tous les secrets des dieux, et qui possèdent des connoissances à se mettre au dessus de tous les hommes, aient besoin de faire leur cour, et de demander quelque chose.

ANAXARQUE.

Vous devriez gagner un peu mieux votre argent, et donner à madame de meilleures plaisanteries.

CLITIDAS.

Ma foi, on les donne telles qu'on peut. Vous en parlez fort à votre aise; et le métier de plaisant n'est pas comme celui d'astrologue. Bien mentir et bien plaisanter sont deux choses fort différentes; et il est bien plus facile de tromper les gens que de les faire rire.

ARISTIONE.

Hé! qu'est-ce donc que cela veut dire?

CLITIDAS, *se parlant à lui-même.*

Paix, impertinent que vous êtes! ne savez-vous pas bien que l'astrologie est une affaire d'état, et qu'il ne faut point toucher à cette corde-là? Je vous l'ai dit plusieurs fois, vous vous émancipez trop, et vous prenez de certaines libertés qui vous joueront un mauvais tour, je vous en avertis. Vous verrez qu'un de ces jours on vous donnera du pied au cul, et qu'on vous chassera comme un faquin. Taisez-vous, si vous êtes sage.

ARISTIONE.

Où est ma fille?

TIMOCLÈS.

Madame, elle s'est écartée; et je lui ai présenté une main qu'elle a refusé d'accepter.

ARISTIONE.

Princes, puisque l'amour que vous avez pour Ériphile a bien voulu se soumettre aux lois que j'ai voulu vous imposer, puisque j'ai su obtenir de vous que vous fussiez rivaux sans devenir ennemis, et qu'avec pleine soumission aux sentiments de ma fille vous attendez un choix dont je l'ai faite seule maîtresse, ouvrez-moi tous deux le fond de votre ame, et me dites sincèrement quel progrès vous croyez l'un et l'autre avoir fait sur son cœur.

TIMOCLÈS.

Madame, je ne suis point pour me flatter; j'ai fait ce que j'ai pu pour toucher le cœur de la princesse Ériphile, et je m'y suis pris, que je crois, de toutes les tendres manières dont un amant se peut servir; je lui ai fait des hommages soumis de tous mes vœux; j'ai montré des assiduités; j'ai rendu des soins chaque jour; j'ai fait chanter ma passion aux voix les plus touchantes, et l'ai fait exprimer en vers aux plumes les plus délicates; je me suis plaint de mon martyre en des termes passionnés; j'ai fait dire à mes yeux, aussi bien qu'à ma bouche, le désespoir de mon amour; j'ai poussé à ses pieds des soupirs languissants; j'ai même répandu des larmes : mais tout cela inutilement; et je n'ai point connu qu'elle ait dans l'ame aucun ressentiment de mon ardeur.

ARISTIONE.

Et vous, prince?

IPHICRATE.

Pour moi, madame, connoissant son indifférence,

et le peu de cas qu'elle fait des devoirs qu'on lui rend, je n'ai voulu perdre auprès d'elle ni plaintes, ni soupirs, ni larmes. Je sais qu'elle est toute soumise à vos volontés, et que ce n'est que de votre main seule qu'elle voudra prendre un époux : aussi n'est-ce qu'à vous que je m'adresse pour l'obtenir, à vous plutôt qu'à elle que je rends tous mes soins et tous mes hommages. Et plût au ciel, madame, que vous eussiez pu vous résoudre à tenir sa place, et que vous eussiez voulu jouir des conquêtes que vous lui faites, et recevoir pour vous les vœux que vous lui renvoyez!

ARISTIONE.

Prince, le compliment est d'un amant adroit, et vous avez entendu dire qu'il falloit cajoler les mères pour obtenir les filles; mais ici, par malheur, tout cela devient inutile, et je me suis engagée à laisser le choix tout entier à l'inclination de ma fille.

IPHICRATE.

Quelque pouvoir que vous lui donniez pour ce choix, ce n'est point compliment, madame, que ce que je vous dis. Je ne recherche la princesse Ériphile que parce qu'elle est votre sang; je la trouve charmante par tout ce qu'elle tient de vous, et c'est vous que j'adore en elle.

ARISTIONE.

Voilà qui est fort bien.

IPHICRATE.

Oui, madame, toute la terre voit en vous des attraits et des charmes que je...

ARISTIONE.

De grace, prince, ôtons ces charmes et ces attraits : vous savez que ce sont des mots que je retranche des compliments qu'on me veut faire. Je souffre qu'on me loue de ma sincérité ; qu'on dise que je suis une bonne princesse ; que j'ai de la parole pour tout le monde, de la chaleur pour mes amis, et de l'estime pour le mérite et la vertu ; je puis tâter de tout cela : mais pour les douceurs de charmes et d'attraits, je suis bien aise qu'on ne m'en serve point ; et, quelque vérité qui s'y pût rencontrer, on doit faire quelque scrupule d'en goûter la louange, quand on est mère d'une fille comme la mienne.

IPHICRATE.

Ah, madame ! c'est vous qui voulez être mère malgré tout le monde : il n'est point d'yeux qui ne s'y opposent ; et, si vous le vouliez, la princesse Ériphile ne seroit que votre sœur.

ARISTIONE.

Mon dieu, prince, je ne donne point dans tous ces galimatias où donnent la plupart des femmes ; je veux être mère parce que je le suis, et ce seroit en vain que je ne le voudrois pas être. Ce titre n'a rien qui me choque, puisque de mon consentement je me suis exposée à le recevoir. C'est un foible de notre sexe, dont, grace au ciel, je suis exempte ; et je ne m'embarrasse point de ces grandes disputes d'âge sur quoi nous voyons tant de folles. Revenons à notre discours. Est-il possible que jusqu'ici vous n'ayez pu connoître où penche l'inclination d'Ériphile ?

ACTE I, SCÈNE II.

IPHICRATE.

Ce sont obscurités pour moi.

TIMOCLÈS.

C'est pour moi un mystère impénétrable.

ARISTIONE.

La pudeur peut-être l'empêche de s'expliquer à vous et à moi. Servons-nous de quelque autre pour découvrir le secret de son cœur. Sostrate, prenez de ma part cette commission, et rendez cet office à ces princes, de savoir adroitement de ma fille vers qui des deux ses sentiments peuvent tourner.

SOSTRATE.

Madame, vous avez cent personnes dans votre cour sur qui vous pourriez mieux verser l'honneur d'un tel emploi : et je me sens mal propre à bien exécuter ce que vous souhaitez de moi.

ARISTIONE.

Votre mérite, Sostrate, n'est point borné aux seuls emplois de la guerre : vous avez de l'esprit, de la conduite, de l'adresse; et ma fille fait cas de vous.

SOSTRATE.

Quelque autre mieux que moi, madame...

ARISTIONE.

Non, non; en vain vous vous en défendez.

SOSTRATE.

Puisque vous le voulez, madame, il vous faut obéir; mais je vous jure que dans toute votre cour vous ne pouviez choisir personne qui ne fût en état de s'acquitter beaucoup mieux que moi d'une telle commission.

ARISTIONE.

C'est trop de modestie, et vous vous acquitterez toujours bien de toutes les choses dont on vous chargera. Découvrez doucement les sentiments d'Ériphile, et faites-la ressouvenir qu'il faut se rendre de bonne heure dans le bois de Diane.

SCÈNE III.

IPHICRATE, TIMOCLÈS, SOSTRATE, CLITIDAS.

IPHICRATE, *à Sostrate*.

Vous pouvez croire que je prends part à l'estime que la princesse vous témoigne.

TIMOCLÈS, *à Sostrate*.

Vous pouvez croire que je suis ravi du choix que l'on a fait de vous.

IPHICRATE.

Vous voilà en état de servir vos amis.

TIMOCLÈS.

Vous avez de quoi rendre de bons offices aux gens qu'il vous plaira.

IPHICRATE.

Je ne vous recommande point mes intérêts.

TIMOCLÈS.

Je ne vous dis point de parler pour moi.

SOSTRATE.

Seigneurs, il seroit inutile. J'aurois tort de passer les ordres de ma commission ; et vous trouverez bon que je ne parle ni pour l'un ni pour l'autre.

IPHICRATE.
Je vous laisse agir comme il vous plaira.
TIMOCLÈS.
Vous en userez comme vous voudrez.

SCÈNE IV.

IPHICRATE, TIMOCLÈS, CLITIDAS.

IPHICRATE, *bas, à Clitidas.*
Clitidas se ressouvient bien qu'il est de mes amis; je lui recommande toujours de prendre mes intérêts auprès de sa maîtresse contre ceux de mon rival.
CLITIDAS, *bas, à Iphicrate.*
Laissez-moi faire. Il y a bien de la comparaison de lui à vous! et c'est un prince bien bâti pour vous le disputer!
IPHICRATE, *bas, à Clitidas.*
Je reconnoîtrai ce service.

SCÈNE V.

TIMOCLÈS, CLITIDAS.

TIMOCLÈS.
Mon rival fait sa cour à Clitidas; mais Clitidas sait bien qu'il m'a promis d'appuyer contre lui les prétentions de mon amour.
CLITIDAS.
Assurément; et il se moque de croire l'emporter

sur vous. Voilà, auprès de vous, un beau petit morveux de prince!

TIMOCLÈS.

Il n'y a rien que je ne fasse pour Clitidas.

CLITIDAS, *seul*.

Belles paroles de tous côtés! Voici la princesse; prenons mon temps pour l'aborder.

SCÈNE VI.

ÉRIPHILE, CLÉONICE.

CLÉONICE.

On trouvera étrange, madame, que vous vous soyez ainsi écartée de tout le monde.

ÉRIPHILE.

Ah! qu'aux personnes comme nous, qui sommes toujours accablées de tant de gens, un peu de solitude est parfois agréable! et qu'après mille impertinents entretiens il est doux de s'entretenir avec ses pensées! Qu'on me laisse ici promener toute seule.

CLÉONICE.

Ne voudriez-vous pas, madame, voir un petit essai de la disposition de ces gens admirables qui veulent se donner à vous? Ce sont des personnes qui, par leurs pas, leurs gestes et leurs mouvements, expriment aux yeux toutes choses; et on appelle cela Pantomimes. J'ai tremblé à vous dire ce mot; et il y a des gens de votre cour qui ne me le pardonneroient pas.

ACTE I, SCÈNE VI.

ÉRIPHILE.

Vous avez bien la mine, Cléonice, de me venir ici régaler d'un mauvais divertissement; car, grace au ciel, vous ne manquez pas de vouloir produire indifféremment tout ce qui se présente à vous, et vous avez une affabilité qui ne rejette rien. Aussi est-ce à vous seule qu'on voit avoir recours toutes les muses nécessitantes; vous êtes la grande protectrice du mérite incommodé; et tout ce qu'il y a de vertueux indigents au monde va débarquer chez vous.

CLÉONICE.

Si vous n'avez pas envie de les voir, madame, il ne faut que les laisser là.

ÉRIPHILE.

Non, non, voyons-les; faites-les venir.

CLÉONICE.

Mais peut-être, madame, que leur danse sera méchante.

ÉRIPHILE.

Méchante ou non, il la faut voir. Ce ne seroit avec vous que reculer la chose, et il vaut mieux en être quitte.

CLÉONICE.

Ce ne sera ici, madame, qu'une danse ordinaire; une autre fois...

ÉRIPHILE.

Point de préambule, Cléonice : qu'ils dansent.

FIN DU PREMIER ACTE.

SECOND INTERMÈDE.

La confidente de la jeune princesse lui produit trois danseurs sous le nom de Pantomimes, c'est-à-dire qui expriment par leurs gestes toutes sortes de choses. La princesse les voit danser et les reçoit à son service.

ENTRÉE DE BALLET DE TROIS PANTOMIMES.

FIN DU SECOND INTERMÈDE.

ACTE SECOND.

SCÈNE I.

ÉRIPHILE, CLÉONICE.

ÉRIPHILE.

Voilà qui est admirable. Je ne crois pas qu'on puisse mieux danser qu'ils dansent, et je suis bien aise de les avoir à moi.

CLÉONICE.

Et moi, madame, je suis bien aise que vous ayez vu que je n'ai pas si méchant goût que vous avez pensé.

ÉRIPHILE.

Ne triomphez point tant; vous ne tarderez guère à me faire avoir ma revanche. Qu'on me laisse ici.

SCÈNE II.

ÉRIPHILE, CLÉONICE, CLITIDAS.

CLÉONICE, *allant au devant de Clitidas.*

Je vous avertis, Clitidas, que la princesse veut être seule.

CLITIDAS.

Laissez-moi faire, je suis homme qui sais ma cour.

SCÈNE III.

ÉRIPHILE, CLITIDAS.

CLITIDAS, *en chantant.*

La, la, la, la. (*faisant l'étonné, en voyant Ériphile.*) Ah!

ÉRIPHILE, *à Clitidas, qui feint de vouloir s'éloigner.*

Clitidas!

CLITIDAS.

Je ne vous avois pas vue là, madame.

ÉRIPHILE.

Approche. D'où viens-tu?

CLITIDAS.

De laisser la princesse votre mère qui s'en alloit vers le temple d'Apollon, accompagnée de beaucoup de gens.

ÉRIPHILE.

Ne trouves-tu pas ces lieux les plus charmants du monde?

CLITIDAS.

Assurément. Les princes vos amants y étoient.

ÉRIPHILE.

Le fleuve Pénée fait ici d'agréables détours.

CLITIDAS.

Fort agréables. Sostrate y étoit aussi.

ÉRIPHILE.

D'où vient qu'il n'est pas venu à la promenade?

CLITIDAS.

Il a quelque chose dans la tête qui l'empêche de

prendre plaisir à tous ces beaux régals. Il m'a voulu entretenir ; mais vous m'avez défendu si expressément de me charger d'aucune affaire auprès de vous, que je n'ai point voulu lui prêter l'oreille, et je lui ai dit nettement que je n'avois pas le loisir de l'entendre.

ÉRIPHILE.

Tu as eu tort de lui dire cela, et tu devois l'écouter.

CLITIDAS.

Je lui ai dit d'abord que je n'avois pas le loisir de l'entendre ; mais après je lui ai donné audience.

ÉRIPHILE.

Tu as bien fait.

CLITIDAS.

En vérité, c'est un homme qui me revient, un homme fait comme je veux que les hommes soient faits, ne prenant point de manières bruyantes et des tons de voix assommants ; sage et posé en toutes choses, ne parlant jamais que bien à propos, point prompt à décider, point du tout exagérateur incommode ; et, quelques beaux vers que nos poëtes lui aient récités, je ne lui ai jamais ouï dire : Voilà qui est plus beau que tout ce qu'a jamais fait Homère. Enfin c'est un homme pour qui je me sens de l'inclination ; et si j'étois princesse il ne seroit pas malheureux.

ÉRIPHILE.

C'est un homme d'un grand mérite assurément. Mais de quoi t'a-t-il parlé ?

CLITIDAS.

Il m'a demandé si vous aviez témoigné grande joie au magnifique régal que l'on vous a donné, m'a parlé de votre personne avec des transports les plus grands du monde, vous a mise au dessus du ciel, et vous a donné toutes les louanges qu'on peut donner à la princesse la plus accomplie de la terre, entremêlant tout cela de plusieurs soupirs qui disoient plus qu'il ne vouloit. Enfin, à force de le tourmenter de tous côtés, et de le presser sur la cause de cette profonde mélancolie dont toute la cour s'aperçoit, il a été contraint de m'avouer qu'il étoit amoureux.

ÉRIPHILE.

Comment, amoureux! Quelle témérité est la sienne! C'est un extravagant que je ne verrai de ma vie.

CLITIDAS.

De quoi vous plaignez-vous, madame?

ÉRIPHILE.

Avoir l'audace de m'aimer! et, de plus, avoir l'audace de le dire?

CLITIDAS.

Ce n'est pas de vous, madame, dont il est amoureux.

ÉRIPHILE.

Ce n'est pas de moi?

CLITIDAS.

Non, madame : il vous respecte trop pour cela, et est trop sage pour y penser.

ÉRIPHILE.

Et de qui donc, Clitidas?

CLITIDAS.
D'une de vos filles, la jeune Arsinoé.
ÉRIPHILE.
A-t-elle tant d'appas, qu'il n'ait trouvé qu'elle digne de son amour?
CLITIDAS.
Il l'aime éperdument, et vous conjure d'honorer sa flamme de votre protection.
ÉRIPHILE.
Moi?
CLITIDAS.
Non, non, madame; je vois que la chose ne vous plaît pas. Votre colère m'a obligé à prendre ce détour; et, pour vous dire la vérité, c'est vous qu'il aime éperdument.
ÉRIPHILE.
Vous êtes un insolent de venir ainsi surprendre mes sentiments. Allons, sortez d'ici; vous vous mêlez de vouloir lire dans les ames, de vouloir pénétrer dans les secrets du cœur d'une princesse! Otez-vous de mes yeux, et que je ne vous voie jamais... Clitidas!
CLITIDAS.
Madame?
ÉRIPHILE.
Venez ici; je vous pardonne cette affaire-là.
CLITIDAS.
Trop de bonté, madame...
ÉRIPHILE.
Mais à condition, prenez bien garde à ce que je

vous dis, que vous n'en ouvrirez la bouche à personne du monde, sur peine de la vie.

CLITIDAS.

Il suffit.

ÉRIPHILE.

Sostrate t'a donc dit qu'il m'aimoit?

CLITIDAS.

Non, madame; il faut vous dire la vérité. J'ai tiré de son cœur, par surprise, un secret qu'il veut cacher à tout le monde, et avec lequel il est, dit-il, résolu de mourir. Il a été au désespoir du vol subtil que je lui en ai fait; et, bien loin de me charger de vous le découvrir, il m'a conjuré, avec toutes les instantes prières qu'on sauroit faire, de ne vous en rien révéler; et c'est trahison contre lui que ce que je viens de vous dire.

ÉRIPHILE.

Tant mieux! c'est par son seul respect qu'il peut me plaire; et, s'il étoit si hardi que de me déclarer son amour, il perdroit pour jamais et ma présence et mon estime.

CLITIDAS.

Ne craignez point, madame...

ÉRIPHILE.

Le voici. Souvenez-vous au moins, si vous êtes sage, de la défense que je vous ai faite.

CLITIDAS.

Cela est fait, madame. Il ne faut pas être courtisan indiscret.

SCÈNE IV.

ÉRIPHILE, SOSTRATE.

SOSTRATE.

J'ai une excuse, madame, pour oser interrompre votre solitude, et j'ai reçu de la princesse votre mère une commission qui autorise la hardiesse que je prends maintenant.

ÉRIPHILE.

Quelle commission, Sostrate?

SOSTRATE.

Celle, madame, de tâcher d'apprendre de vous vers lequel des deux princes peut incliner votre cœur.

ÉRIPHILE.

La princesse ma mère montre un esprit judicieux dans le choix qu'elle a fait de vous pour un pareil emploi. Cette commission, Sostrate, vous a été agréable, sans doute, et vous l'avez acceptée avec beaucoup de joie?

SOSTRATE.

Je l'ai acceptée, madame, par la nécessité que mon devoir m'impose d'obéir; et si la princesse avoit voulu recevoir mes excuses, elle auroit honoré quelque autre de cet emploi.

ÉRIPHILE.

Quelle cause, Sostrate, vous obligeoit à le refuser?

SOSTRATE.

La crainte, madame, de m'en acquitter mal.

ÉRIPHILE.

Croyez-vous que je ne vous estime pas assez pour vous ouvrir mon cœur, et vous donner toutes les lumières que vous pourrez désirer de moi sur le sujet de ces deux princes?

SOSTRATE.

Je ne désire rien pour moi là dessus, madame; et je ne vous demande que ce que vous croirez devoir donner aux ordres qui m'amènent.

ÉRIPHILE.

Jusqu'ici je me suis défendue de m'expliquer; et la princesse ma mère a eu la bonté de souffrir que j'aie reculé toujours ce choix qui me doit engager : mais je serai bien aise de témoigner à tout le monde que je veux faire quelque chose pour l'amour de vous; et, si vous m'en pressez, je rendrai cet arrêt qu'on attend depuis si long-temps.

SOSTRATE.

C'est une chose, madame, dont vous ne serez point importunée par moi; et je ne saurois me résoudre à presser une princesse qui sait trop ce qu'elle a à faire.

ÉRIPHILE.

Mais c'est ce que la princesse ma mère attend de vous.

SOSTRATE.

Ne lui ai-je pas dit aussi que je m'acquitterois mal de cette commission?

ÉRIPHILE.

Or çà, Sostrate, les gens comme vous ont toujours les yeux pénétrants; et je pense qu'il ne doit y avoir guère de choses qui échappent aux vôtres. N'ont-ils pu découvrir, vos yeux, ce dont tout le monde est en peine? et ne vous ont-ils point donné quelques petites lumières du penchant de mon cœur? Vous voyez les soins qu'on me rend, l'empressement qu'on me témoigne. Quel est celui de ces deux princes que vous croyez que je regarde d'un œil plus doux?

SOSTRATE.

Les doutes que l'on forme sur ces sortes de choses ne sont réglés d'ordinaire que par les intérêts qu'on prend.

ÉRIPHILE.

Pour qui, Sostrate, pencheriez-vous des deux? Quel est celui, dites-moi, que vous souhaiteriez que j'épousasse?

SOSTRATE.

Ah, madame! ce ne seront pas mes souhaits, mais votre inclination qui décidera de la chose.

ÉRIPHILE.

Mais si je me conseillois à vous pour ce choix?

SOSTRATE.

Si vous vous conseilliez à moi, je serois fort embarrassé.

ÉRIPHILE.

Vous ne pourriez pas dire qui des deux vous semble plus digne de cette préférence?

SOSTRATE.

Si l'on s'en rapporte à mes yeux, il n'y aura personne qui soit digne de cet honneur. Tous les princes du monde seront trop peu de chose pour aspirer à vous : les dieux seuls y pourront prétendre; et vous ne souffrirez des hommes que l'encens et les sacrifices.

ÉRIPHILE.

Cela est obligeant, et vous êtes de mes amis; mais je veux que vous me disiez pour qui des deux vous vous sentez plus d'inclination, quel est celui que vous mettez le plus au rang de vos amis.

SCÈNE V.

ÉRIPHILE, SOSTRATE, CHORÈBE.

CHORÈBE.

Madame, voilà la princesse qui vient vous prendre ici pour aller au bois de Diane.

SOSTRATE, *à part.*

Hélas, petit garçon! que tu es venu à propos!

SCÈNE VI.

ARISTIONE, ÉRIPHILE, IPHICRATE, TIMOCLÈS, SOSTRATE, ANAXARQUE, CLITIDAS.

ARISTIONE.

On vous a demandée, ma fille; et il y a des gens que votre absence chagrine fort.

ÉRIPHILE.

Je pense, madame, qu'on m'a demandée par compliment; et on ne s'inquiète pas tant qu'on vous dit.

ARISTIONE.

On enchaîne pour nous ici tant de divertissements les uns aux autres, que toutes nos heures sont retenues; et nous n'avons aucun moment à perdre, si nous voulons les goûter tous. Entrons vite dans le bois, et voyons ce qui nous y attend. Ce lieu est le plus beau du monde; prenons vite nos places.

FIN DU SECOND ACTE.

TROISIÈME INTERMÈDE.

Le théâtre est une forêt où la princesse est invitée d'aller : une nymphe lui en fait les honneurs en chantant ; et, pour la divertir, on lui joue une petite comédie en musique, dont voici le sujet :

Un berger se plaint à deux bergers, ses amis, des froideurs de celle qu'il aime ; ses deux amis le consolent ; et, comme la bergère aimée arrive, tous trois se retirent pour l'observer. Après quelques plaintes amoureuses, elle se repose sur un gazon, et s'abandonne aux douceurs du sommeil. L'amant fait approcher ses amis pour contempler les graces de sa bergère, et invite toutes choses à contribuer à son repos. La bergère, en s'éveillant, voit son berger a ses pieds, se plaint de sa poursuite ; mais, considérant sa constance, elle lui accorde sa demande, et consent d'en être aimée en présence des deux bergers amis. Deux satyres arrivant se plaignent de son changement ; et, étant touchés de cette disgrace, cherchent leur consolation dans le vin.

FIN DU TROISIÈME INTERMÈDE.

PROLOGUE.

LA NYMPHE DE TEMPÉ.

Venez, grande princesse, avec tous vos appas,
Venez prêter vos yeux aux innocents ébats
    Que notre désert vous présente :
N'y cherchez point l'éclat des fêtes de la cour :
      On ne sent ici que l'amour ;
      Ce n'est que l'amour qu'on y chante.

FIN DU PROLOGUE.

PASTORALE.

SCÈNE I.

TIRCIS.

Vous chantez sous ces feuillages,
Doux rossignols pleins d'amour;
Et de vos tendres ramages
Vous réveillez tour à tour
Les échos de ces bocages :
Hélas! petits oiseaux, hélas!
Si vous aviez mes maux, vous ne chanteriez pas.

SCÈNE II.

LYCASTE, MÉNANDRE, TIRCIS.

LYCASTE.
Hé quoi! toujours languissant, sombre et triste?
MÉNANDRE.
Hé quoi! toujours aux pleurs abandonné?
TIRCIS.
Toujours adorant Caliste,
Et toujours infortuné.
LYCASTE.
Dompte, dompte, berger, l'ennui qui te possède.

TIRCIS.
Hé! le moyen, hélas!

MÉNANDRE.
Fais, fais-toi quelque effort.

TIRCIS.
Hé! le moyen, hélas! quand le mal est trop fort?

LYCASTE.
Ce mal trouvera son remède.

TIRCIS.
Je ne guérirai qu'à ma mort.

LYCASTE ET MÉNANDRE.
Ah, Tircis!

TIRCIS.
Ah, bergers!

LYCASTE ET MÉNANDRE.
Prends sur toi plus d'empire.

TIRCIS.
Rien ne peut me secourir.

LYCASTE ET MÉNANDRE.
C'est trop, c'est trop céder.

TIRCIS.
C'est trop, c'est trop souffrir.

LYCASTE ET MÉNANDRE.
Quelle foiblesse!

TYRCIS.
Quel martyre!

LYCASTE ET MÉNANDRE.
Il faut prendre courage.

TIRCIS.
Il faut plutôt mourir.

LYCASTE.

Il n'est point de bergère,
Si froide et si sévère,
Dont la pressante ardeur
D'un cœur qui persévère
Ne vainque la froideur.

MÉNANDRE.

Il est dans les affaires
Des amoureux mystères
Certains petits moments
Qui changent les plus fières
Et font d'heureux amants.

TIRCIS.

Je la vois, la cruelle,
Qui porte ici ses pas :
Gardons d'être vus d'elle;
L'ingrate, hélas!
N'y viendroit pas.

SCÈNE III.

CALISTE.

Ah! que sur notre cœur
La sévère loi de l'honneur
Prend un cruel empire!
Je ne fais voir que rigueurs pour Tircis;
Et cependant, sensible à ses cuisants soucis,
De sa langueur en secret je soupire,
Et voudrois bien soulager son martyre.

PASTORALE, SCENE III.

    C'est à vous seuls que je le dis,
      Arbres, n'allez pas le redire.
  Puisque le ciel a voulu nous former
  Avec un cœur qu'Amour peut enflammer,
     Quelle rigueur impitoyable
Contre des traits si doux nous force à nous armer ?
    Et pourquoi, sans être blâmable,
       Ne peut-on pas aimer
      Ce que l'on trouve aimable ?

     Hélas ! que vous êtes heureux,
Innocents animaux, de vivre sans contrainte,
    Et de pouvoir suivre sans crainte
Les doux emportements de vos cœurs amoureux !
Hélas ! petits oiseaux, que vous êtes heureux
     De ne sentir nulle contrainte,
    Et de pouvoir suivre sans crainte
Les doux emportements de vos cœurs amoureux !
    Mais le sommeil sur ma paupière
Verse de ses pavots l'agréable fraîcheur :
    Donnons-nous à lui tout entière ;
    Nous n'avons pas de loi sévère
Qui défende à nos sens d'en goûter la douceur.
    (*Elle s'endort sur un lit de gazon.*)

SCÈNE IV.

CALISTE, *endormie ;* TIRCIS, LYCASTE, MÉNANDRE.

TIRCIS.

Vers ma belle ennemie
Portons sans bruit nos pas,
Et ne réveillons pas
Sa rigueur endormie.

TOUS TROIS.

Dormez, dormez, beaux yeux, adorables vainqueurs,
Et goûtez le repos que vous ôtez aux cœurs.
Dormez, dormez, beaux yeux.

TIRCIS.

Silence, petits oiseaux ;
Vents, n'agitez nulle chose ;
Coulez doucement, ruisseaux :
C'est Caliste qui repose.

TOUS TROIS.

Dormez, dormez, beaux yeux, adorables vainqueurs :
Et goûtez le repos que vous ôtez aux cœurs.
Dormez, dormez, beaux yeux.

CALISTE, *en se réveillant, à Tircis.*

Ah, quelle peine extrême !
Suivre partout mes pas !

TIRCIS.

Que voulez-vous qu'on suive, hélas !
Que ce qu'on aime ?

PASTORALE, SCENE IV.

CALISTE.

Berger, que voulez-vous?

TIRCIS.

Mourir, belle bergère,
Mourir à vos genoux,
Et finir ma misère.
Puisqu'en vain à vos pieds on me voit soupirer,
Il y faut expirer.

CALISTE.

Ah, Tircis! ôtez-vous : j'ai peur que, dans ce jour,
La pitié dans mon cœur n'introduise l'amour.

LYCASTE ET MÉNANDRE, *ensemble.*

Soit amour, soit pitié,
Il sied bien d'être tendre.
C'est par trop vous défendre,
Bergère, il faut se rendre
A sa longue amitié.
Soit amour, soit pitié,
Il sied bien d'être tendre.

CALISTE, *à Tircis.*

C'est trop, c'est trop de rigueur.
J'ai maltraité votre ardeur,
Chérissant votre personne;
Vengez-vous de mon cœur,
Tircis, je vous le donne.

TIRCIS.

O ciel! bergers! Caliste! Ah, je suis hors de moi!
Si l'on meurt de plaisir, je dois perdre la vie.

LYCASTE.

Digne prix de ta foi!

MÉNANDRE.

O sort digne d'envie !

SCÈNE V.

DEUX SATYRES, CALISTE, TIRCIS, LYCASTE, MÉNANDRE.

PREMIER SATYRE, *à Caliste.*

Quoi ! tu me fuis, ingrate ; et je te vois ici
De ce berger à moi faire une préférence !

SECOND SATYRE.

Quoi ! mes soins n'ont rien pu sur ton indifférence ?
Et pour ce langoureux ton cœur s'est adouci ?

CALISTE.

Le destin le veut ainsi ;
Prenez tous deux patience.

PREMIER SATYRE.

Aux amants qu'on pousse à bout
L'amour fait verser des larmes ;
Mais ce n'est pas notre goût,
Et la bouteille a des charmes
Qui nous consolent de tout.

SECOND SATYRE.

Notre amour n'a pas toujours
Tout le bonheur qu'il désire ;
Mais nous avons un secours :
Et le bon vin nous fait rire
Quand on rit de nos amours.

TOUS.

Champêtres divinités,

Faunes, Dryades, sortez
De vos paisibles retraites;
Mêlez vos pas à nos sons,
Et tracez sur les herbettes
L'image de nos chansons.

PREMIÈRE ENTRÉE DE BALLET.

En même temps six Dryades et six Faunes sortent de leurs demeures, et font ensemble une danse agréable qui, s'ouvrant tout d'un coup, laisse voir un berger et une bergère qui font en musique une petite scène d'un dépit amoureux.

DÉPIT AMOUREUX.

CLIMÈNE, PHILINTE.

PHILINTE.

Quand je plaisois à tes yeux,
J'étois content de ma vie,
Et ne voyois rois ni dieux
Dont le sort me fît envie.

CLIMÈNE.

Lorsqu'à toute autre personne
Me préféroit ton ardeur,
J'aurois quitté la couronne
Pour régner dessus ton cœur.

PHILINTE.

Une autre a guéri mon ame
Des feux que j'avois pour toi.

CLIMÈNE.

Un autre a vengé ma flamme
Des foiblesses de ta foi.

PHILINTE.

Chloris qu'on vante si fort,
M'aime d'une ardeur fidèle;
Si ses yeux vouloient ma mort,
Je mourrois content pour elle.

CLIMÈNE.

Myrtil, si digne d'envie,
Me chérit plus que le jour;
Et moi je perdrois la vie
Pour lui montrer mon amour.

PHILINTE.

Mais si d'une douce ardeur
Quelque renaissante trace
Chassoit Chloris de mon cœur
Pour te remettre en sa place?

CLIMÈNE.

Bien qu'avec pleine tendresse
Myrtil me puisse chérir,
Avec toi, je le confesse,
Je voudrois vivre et mourir.

TOUS DEUX ENSEMBLE.

Ah! plus que jamais aimons-nous,
Et vivons et mourons en des liens si doux.

TOUS LES ACTEURS DE LA PASTORALE.

Amants, que vos querelles
Sont aimables et belles!

Qu'on y voit succéder
De plaisirs, de tendresse!
Querellez-vous sans cesse
Pour vous raccommoder.

DEUXIÈME ENTRÉE DE BALLET.

Les Faunes et les Dryades recommencent leur danse, que les bergères et bergers musiciens entremêlent de leurs chansons, tandis que trois petites Dryades et trois petits Faunes font paroître dans l'enfoncement du théâtre tout ce qui se passe sur le devant.

LES BERGERS ET BERGÈRES.

Jouissons, jouissons des plaisirs innocents
Dont les feux de l'Amour savent charmer nos sens.
    Des grandeurs qui voudra se soucie ;
    Tous ces honneurs dont on a tant d'envie
    Ont des chagrins qui sont trop cuisants.

Jouissons, jouissons des plaisirs innocents
Dont les feux de l'Amour savent charmer nos sens.

    En aimant, tout nous plaît dans la vie ;
    Deux cœurs unis de leur sort sont contents :
      Cette ardeur, de plaisirs suivie,
    De tous nos jours fait d'éternels printemps.

Jouissons, jouissons des plaisirs innocents
Dont les feux de l'Amour savent charmer nos sens.

FIN DE LA PASTORALE.

ACTE TROISIÈME.

SCÈNE I.

ARISTIONE, IPHICRATE, TIMOCLÈS, ANAXARQUE, ÉRIPHILE, SOSTRATE, CLITIDAS.

ARISTIONE.

Les mêmes paroles toujours se présentent à dire; il faut toujours s'écrier : Voilà qui est admirable! il ne se peut rien de plus beau ! cela passe tout ce qu'on a jamais vu!

TIMOCLÈS.

C'est donner de trop grandes paroles, madame, à de petites bagatelles.

ARISTIONE.

Des bagatelles comme celles-là peuvent occuper agréablement les plus sérieuses personnes. En vérité, ma fille, vous êtes bien obligée à ces princes, et vous ne sauriez assez reconnoître tous les soins qu'ils prennent pour vous.

ÉRIPHILE.

J'en ai, madame, tout le ressentiment qu'il est possible.

ARISTIONE.

Cependant vous les faites long-temps languir sur

ce qu'ils attendent de vous. J'ai promis de ne vous point contraindre; mais leur amour vous presse de vous déclarer, et de ne plus traîner en longueur la récompense de leurs services. J'ai chargé Sostrate d'apprendre doucement de vous les sentiments de votre cœur; et je ne sais pas s'il a commencé à s'acquitter de cette commission.

ÉRIPHILE.

Oui, madame; mais il me semble que je ne puis assez reculer ce choix dont on me presse, et que je ne saurois le faire sans mériter quelque blâme. Je me sens également obligée à l'amour, aux empressements, aux services de ces deux princes; et je trouve une espèce d'injustice bien grande à me montrer ingrate, ou vers l'un, ou vers l'autre, par le refus qu'il m'en faudra faire dans la préférence de son rival.

IPHICRATE.

Cela s'appelle, madame, un fort honnête compliment, pour nous refuser tous deux.

ARISTIONE.

Ce scrupule, ma fille, ne doit point vous inquiéter; et ces princes tous deux se sont soumis, il y a longtemps, à la préférence que pourra faire votre inclination.

ÉRIPHILE.

L'inclination, madame, est fort sujette à se tromper; et des yeux désintéressés sont beaucoup plus capables de faire un juste choix.

ARISTIONE.

Vous savez que je suis engagée de parole à ne rien

prononcer là dessus; et, parmi ces deux princes, votre inclination ne peut point se tromper, et faire un choix qui soit mauvais.

ÉRIPHILE.

Pour ne point violenter votre parole ni mon scrupule, agréez, madame, un moyen que j'ose proposer.

ARISTIONE.

Quoi, ma fille?

ÉRIPHILE.

Que Sostrate décide de cette préférence. Vous l'avez pris pour découvrir le secret de mon cœur; souffrez que je le prenne pour me tirer de l'embarras où je me trouve.

ARISTIONE.

J'estime tant Sostrate, que, soit que vous vouliez vous servir de lui pour expliquer vos sentiments, ou soit que vous vous en remettiez absolument à sa conduite; je fais, dis-je, tant d'estime de sa vertu et de son jugement, que je consens de tout mon cœur à la proposition que vous me faites.

IPHICRATE.

C'est-à-dire, madame, qu'il nous faut faire notre cour à Sostrate.

SOSTRATE.

Non, seigneur, vous n'aurez point de cour à me faire; et, avec tout le respect que je dois aux princesses, je renonce à la gloire où elles veulent m'élever.

ARISTIONE.

D'où vient cela, Sostrate?

SOSTRATE.

J'ai des raisons, madame, qui ne permettent pas que je reçoive l'honneur que vous me présentez.

IPHICRATE.

Craignez-vous, Sostrate, de vous faire un ennemi?

SOSTRATE.

Je craindrois peu, seigneur, les ennemis que je pourrois me faire en obéissant à mes souveraines.

TIMOCLÈS.

Par quelle raison donc refusez-vous d'accepter le pouvoir qu'on vous donne, et de vous acquérir l'amitié d'un prince qui vous devroit tout son bonheur?

SOSTRATE.

Par la raison que je ne suis pas en état d'accorder à ce prince ce qu'il souhaiteroit de moi.

IPHICRATE.

Quelle pourroit être cette raison?

SOSTRATE.

Pourquoi me tant presser là dessus? Peut-être ai-je, seigneur, quelque intérêt secret qui s'oppose aux prétentions de votre amour. Peut-être ai-je un ami qui brûle, sans oser le dire, d'une flamme respectueuse pour les charmes divins dont vous êtes épris. Peut-être cet ami me fait-il tous les jours confidence de son martyre, qu'il se plaint à moi tous les jours des rigueurs de sa destinée, et regarde l'hymen de la princesse ainsi que l'arrêt redoutable qui le doit pousser au tombeau : et, si cela étoit, seigneur, seroit-il raisonnable que ce fût de ma main qu'il reçût le coup de sa mort?

IPHICRATE.

Vous auriez bien la mine, Sostrate, d'être vous-même cet ami dont vous prenez les intérêts.

SOSTRATE.

Ne cherchez point, de grace, à me rendre odieux aux personnes qui vous écoutent. Je sais me connoître, seigneur; et les malheureux comme moi n'ignorent pas jusqu'où leur fortune leur permet d'aspirer.

ARISTIONE.

Laissons cela. Nous trouverons moyen de terminer l'irrésolution de ma fille.

ANAXARQUE.

En est-il un meilleur, madame, pour terminer les choses au contentement de tout le monde, que les lumières que le ciel peut donner sur ce mariage? J'ai commencé, comme je vous ai dit, à jeter pour cela les figures mystérieuses que notre art nous enseigne; et j'espère vous faire voir tantôt ce que l'avenir garde à cette union souhaitée. Après cela, pourra-t-on balancer encore? La gloire et les prospérités que le ciel promettra ou à l'un ou à l'autre choix ne seront-elles pas suffisantes pour le déterminer; et celui qui sera exclus pourra-t-il s'offenser quand ce sera le ciel qui décidera cette préférence?

IPHICRATE.

Pour moi, je m'y soumets entièrement; et je déclare que cette voie me semble la plus raisonnable.

TIMOCLÈS.

Je suis du même avis; et le ciel ne sauroit rien faire où je ne souscrive sans répugnance.

ÉRIPHILE.

Mais, seigneur Anaxarque, voyez-vous si clair dans les destinées, que vous ne vous trompiez jamais? Et ces prospérités et cette gloire que vous dites que le ciel nous promet, qui en sera caution, je vous prie?

ARISTIONE.

Ma fille, vous avez une petite incrédulité qui ne vous quitte point.

ANAXARQUE.

Les épreuves, madame, que tout le monde a vues de l'infaillibilité de mes prédictions sont les cautions suffisantes des promesses que je puis faire. Mais enfin, quand je vous aurai fait voir ce que le ciel vous marque, vous vous règlerez là dessus à votre fantaisie; et ce sera à vous à prendre la fortune de l'un ou de l'autre choix.

ÉRIPHILE.

Le ciel, Anaxarque, me marquera les deux fortunes qui m'attendent?

ANAXARQUE.

Oui, madame : les félicités qui vous suivront si vous épousez l'un, et les disgraces qui vous accompagneront si vous épousez l'autre.

ÉRIPHILE.

Mais, comme il est impossible que je les épouse tous deux, il faut donc qu'on trouve écrit dans le ciel, non seulement ce qui doit arriver, mais aussi ce qui ne doit pas arriver.

CLITIDAS, *à part.*

Voilà mon astrologue embarrassé.

ANAXARQUE.

Il faudroit vous faire, madame, une longue discussion des principes de l'astrologie, pour vous faire comprendre cela.

CLITIDAS.

Bien répondu. Madame, je ne dis point de mal de l'astrologie. L'astrologie est une belle chose, et le seigneur Anaxarque est un grand homme.

IPHICRATE.

La vérité de l'astrologie est une chose incontestable; et il n'y a personne qui puisse disputer contre la certitude de ses prédictions.

CLITIDAS.

Assurément.

TIMOCLÈS.

Je suis assez incrédule pour quantité de choses; mais pour ce qui est de l'astrologie, il n'y a rien de plus sûr et de plus constant que le succès des horoscopes qu'elle tire.

CLITIDAS.

Ce sont des choses les plus claires du monde.

IPHICRATE.

Cent aventures prédites arrivent tous les jours, qui convainquent les plus opiniâtres.

CLITIDAS.

Il est vrai.

TIMOCLÈS.

Peut-on contester sur cette matière les incidents célèbres dont les histoires nous font foi?

CLITIDAS.

Il faut n'avoir pas le sens commun. Le moyen de contester ce qui est moulé.

ARISTIONE.

Sostrate n'en dit mot. Quel est son sentiment là dessus.

SOSTRATE.

Madame, tous les esprits ne sont pas nés avec les qualités qu'il faut pour la délicatesse de ces belles sciences qu'on nomme *curieuses;* et il y en a de si matériels, qu'ils ne peuvent aucunement comprendre ce que d'autres conçoivent le plus facilement du monde. Il n'est rien de plus agréable, madame, que toutes les grandes promesses de ces connoissances sublimes. Transformer tout en or, faire vivre éternellement, guérir par des paroles, se faire aimer de qui l'on veut, savoir tous les secrets de l'avenir, faire descendre, comme on veut, du ciel sur des métaux des impressions de bonheur, commander aux démons, se faire des armées invisibles et des soldats invulnérables, tout cela est charmant, sans doute; et il y a des gens qui n'ont aucune peine à en comprendre la possibilité, cela leur est le plus aisé du monde à concevoir : mais, pour moi, je vous avoue que mon esprit grossier a quelque peine à le comprendre et à le croire; et j'ai toujours trouvé cela trop beau pour être véritable. Toutes ces belles raisons de sympathie, de force magnétique et de vertu occulte, sont si subtiles et délicates, qu'elles échappent à mon sens matériel; et, sans parler du reste, jamais il n'a été en ma puissance de concevoir comme on trouve écrit dans le ciel jusqu'aux plus petites particularités de la fortune du moindre homme. Quel rapport, quel commerce, quelle correspondance peut-il y avoir entre nous et des globes éloignés de notre terre d'une distance si effroyable? et d'où cette belle science enfin peut-elle être venue aux hommes? Quel Dieu l'a révélée? ou quelle expérience l'a pu former de l'observation de ce grand nombre d'astres qu'on n'a pu voir encore deux fois dans la même disposition?

ANAXARQUE.

Il ne sera pas difficile de vous le faire concevoir.

SOSTRATE.

Vous serez plus habile que tous les autres.

CLITIDAS, *à Sostrate.*

Il vous fera une discusion de tout cela quand vous voudrez.

IPHICRATE, *à Sostrate.*

Si vous ne comprenez pas les choses, au moins les pouvez-vous croire sur ce que l'on voit tous les jours.

SOSTRATE.

Comme mon sens est si grossier qu'il n'a pu rien comprendre, mes yeux aussi sont si malheureux qu'ils n'ont jamais rien vu.

IPHICRATE.

Pour moi, j'ai vu, et des choses tout-à-fait convaincantes.

TIMOCLÈS.

Et moi aussi.

SOSTRATE.

Comme vous avez vu, vous faites bien de croire ; et il faut que vos yeux soient faits autrement que les miens.

IPHICRATE.

Mais enfin la princesse croit à l'astrologie ; et il me semble qu'on y peut bien croire après elle. Est-ce que madame, Sostrate, n'a pas de l'esprit et du sens ?

SOSTRATE.

Seigneur, la question est un peu violente. L'esprit de la princesse n'est pas une règle pour le mien ; et son intelligence peut l'élever à des lumières où mon sens ne peut pas atteindre.

ARISTIONE.

Non, Sostrate, je ne vous dirai rien sur quantité de choses auxquelles je ne donne guère plus de créance que vous. Mais, pour l'astrologie, on m'a dit et fait voir des choses si positives, que je ne la puis mettre en doute.

SOSTRATE.

Madame, je n'ai rien à répondre à cela.

ARISTIONE.

Quittons ce discours ; et qu'on nous laisse un moment. Dressons notre promenade, ma fille, vers cette belle grotte où j'ai promis d'aller. Des galanteries à chaque pas !

FIN DU TROISIÈME ACTE.

QUATRIÈME INTERMÈDE.

Le théâtre représente une grotte où les princesses vont se promener; et, dans le temps qu'elles y entrent, huit statues, portant chacune deux flambeaux à leurs mains, sortent de leurs niches et font une danse variée de plusieurs figures et de plusieurs belles attitudes, où elles demeurent par intervalles.

ENTRÉE DE BALLET DE HUIT STATUES.

FIN DU QUATRIÈME INTERMÈDE.

ACTE QUATRIÈME.

SCÈNE I.

ARISTIONE, ÉRIPHILE.

ARISTIONE.

De qui que cela soit, on ne peut rien de plus galant et de mieux entendu. Ma fille, j'ai voulu me séparer de tout le monde pour vous entretenir; et je veux que vous ne me cachiez rien de la vérité. N'auriez-vous point dans l'ame quelque inclination secrète que vous ne voulez pas nous dire?

ÉRIPHILE.

Moi, madame!

ARISTIONE.

Parlez à cœur ouvert, ma fille. Ce que j'ai fait pour vous mérite bien que vous usiez avec moi de franchise. Tourner vers vous toutes mes pensées, vous préférer à toutes choses, et fermer l'oreille en l'état où je suis à toutes les propositions que cent princesses en ma place écouteroient avec bienséance : tout cela vous doit assez persuader que je suis une bonne mère, et que je ne suis pas pour recevoir avec sévérité les ouvertures que vous pourriez me faire de votre cœur.

ÉRIPHILE.

Si j'avois si mal suivi votre exemple, que de m'être laissée aller à quelques sentiments d'inclination que j'eusse raison de cacher, j'aurois, madame, assez de pouvoir sur moi-même pour imposer silence à cette passion, et me mettre en état de ne rien faire voir qui fût indigne de votre sang.

ARISTIONE.

Non, non, ma fille; vous pouvez sans scrupule m'ouvrir vos sentiments. Je n'ai point renfermé votre inclination dans le choix de deux princes, vous pouvez l'étendre où vous voudrez : et le mérite auprès de moi tient un rang si considérable, que je l'égale à tout; et, si vous m'avouez franchement les choses, vous me verrez souscrire sans répugnance au choix qu'aura fait votre cœur.

ÉRIPHILE.

Vous avez des bontés pour moi, madame, dont je ne puis assez me louer : mais je ne les mettrai point à l'épreuve sur le sujet dont vous me parlez; et tout ce que je leur demande, c'est de ne point presser un mariage où je ne me sens pas encore bien résolue.

ARISTIONE.

Jusqu'ici je vous ai laissée assez maîtresse de tout; et l'impatience des princes vos amants... Mais quel bruit est-ce que j'entends? Ah, ma fille! quel spectacle s'offre à nos yeux? Quelque divinité descend ici... et c'est la déesse Vénus qui semble nous vouloir parler.

SCÈNE II.

VÉNUS, *accompagnée de quatre petits Amours dans une machine;* ARISTIONE, ÉRIPHILE.

VÉNUS, *à Aristione.*

Princesse, dans tes soins brille un zèle exemplaire
Qui par les immortels doit être couronné,
Et pour te voir un gendre illustre et fortuné,
Leur main te veut marquer le choix que tu dois faire.
    Ils t'annoncent tous par ma voix,
La gloire et les grandeurs que, par ce digne choix,
Ils feront pour jamais entrer dans ta famille.
De tes difficultés termine donc le cours,
    Et pense à donner ta fille
    A qui sauvera tes jours.

SCÈNE III.

ARISTIONE, ÉRIPHILE.

ARISTIONE.

Ma fille, les dieux imposent silence à tous nos raisonnements. Après cela, nous n'avons plus rien à faire qu'à recevoir ce qu'ils s'apprêtent à nous donner, et vous venez d'entendre distinctement leur volonté. Allons dans le premier temple les assurer de notre obéissance, et leur rendre graces de leurs bontés.

SCÈNE IV.

ANAXARQUE, CLÉON.

CLÉON.

Voilà la princesse qui s'en va; ne voulez-vous pas lui parler?

ANAXARQUE.

Attendons que sa fille soit séparée d'elle. C'est un esprit que je redoute, et qui n'est pas de trempe à se laisser mener ainsi que celui de sa mère. Enfin, mon fils, comme nous venons de voir par cette ouverture, le stratagème a réussi. Notre Vénus a fait des merveilles, et l'admirable ingénieur qui s'est employé à cet artifice a si bien disposé tout, a coupé avec tant d'adresse le plancher de cette grotte, si bien caché ses fils de fer et tous ses ressorts, si bien ajusté ses lumières et habillé ses personnages, qu'il y a peu de gens qui n'y eussent été trompés, et, comme la princesse Aristione est fort superstitieuse, il ne faut point douter qu'elle ne donne à pleine tête dans cette tromperie. Il y a long-temps, mon fils, que je prépare cette machine, et me voilà bientôt au but de mes prétentions.

CLÉON.

Mais pour lequel des deux princes, au moins, dressez-vous tout cet artifice?

ANAXARQUE.

Tous deux ont recherché mon assistance; et je

ACTE IV, SCÈNE IV.

leur promets à tous deux la faveur de mon art. Mais les présents du prince Iphicrate, et les promesses qu'il m'a faites, l'emportent de beaucoup sur tout ce qu'a pu faire l'autre. Ainsi ce sera lui qui recevra les effets favorables de tous les ressorts que je fais jouer ; et comme son ambition me devra toute chose, voilà, mon fils, notre fortune faite. Je vais prendre mon temps pour affermir dans son erreur l'esprit de la princesse, pour la mieux prévenir encore par le rapport que je lui ferai voir adroitement des paroles de Vénus avec les prédictions des figures célestes que je lui dis que j'ai jetées. Va-t'en tenir la main au reste de l'ouvrage ; préparer nos six hommes à se bien cacher dans leur barque derrière le rocher ; à posément attendre le temps que la princesse Aristione vient tous les soirs se promener seule sur le rivage ; à se jeter bien à propos sur elle, ainsi que des corsaires, et donner lieu au prince Iphicrate de lui apporter ce secours qui, sur les paroles du ciel, doit mettre en ses mains la princesse Ériphile. Ce prince est averti par moi, et, sur la foi de ma prédiction, il doit se tenir dans ce petit bois qui borde le rivage. Mais sortons de cette grotte ; je te dirai en marchant toutes les choses qu'il faut bien observer. Voilà la princesse Ériphile, évitons sa rencontre.

SCÈNE V.

ÉRIPHILE.

Hélas! quelle est ma destinée! et qu'ai-je fait aux dieux pour mériter les soins qu'ils veulent prendre de moi?

SCÈNE VI.

ÉRIPHILE, CLÉONICE.

CLÉONICE.
Le voici, madame, que j'ai trouvé; et à vos premiers ordres, il n'a pas manqué de me suivre.
ÉRIPHILE.
Qu'il approche, Cléonice; et qu'on nous laisse seuls un moment.

SCÈNE VII.

ÉRIPHILE, SOSTRATE.

ÉRIPHILE.
Sostrate, vous m'aimez?
SOSTRATE.
Moi, madame!
ÉRIPHILE.
Laissons cela, Sostrate; je le sais, je l'approuve,

et vous permets de me le dire. Votre passion a paru à mes yeux, accompagnée de tout le mérite qui me la pouvoit rendre agréable. Si ce n'étoit le rang où le ciel m'a fait naître, je puis vous dire que cette passion n'auroit pas été malheureuse, et que cent fois je lui ai souhaité l'appui d'une fortune qui pût mettre pour elle en pleine liberté les secrets sentiments de mon ame. Ce n'est pas, Sostrate, que le mérite seul n'ait à mes yeux tout le prix qu'il doit avoir, et que, dans mon cœur, je ne préfère les vertus qui sont en vous à tous les titres magnifiques dont les autres sont revêtus. Ce n'est pas même que la princesse ma mère ne m'ait assez laissé la disposition de mes vœux ; et je ne doute point, je vous l'avoue, que mes prières n'eussent pu tourner son consentement du côté que j'aurois voulu : mais il est des états, Sostrate, où il n'est pas honnête de vouloir tout ce qu'on peut faire. Il y a des chagrins à se mettre au dessus de toutes choses ; et les bruits fâcheux de la renommée vous font trop acheter le plaisir qu'on trouve à contenter son inclination. C'est à quoi, Sostrate, je ne me serois jamais résolue ; et j'ai cru faire assez de fuir l'engagement dont j'étois sollicitée. Mais enfin les dieux veulent prendre eux-mêmes le soin de me donner un époux ; et tous ces longs délais avec lesquels j'ai reculé mon mariage, et que les bontés de la princesse ma mère ont accordés à mes désirs ; ces délais, dis-je, ne me sont plus permis, et il me faut résoudre à subir cet arrêt du ciel. Soyez sûr, Sostrate, que c'est avec toutes les répugnances du monde que je m'abandonne à cet hyménée, et que, si j'avois pu être maîtresse de moi, ou j'aurois été à vous, ou je n'aurois été à personne. Voilà, Sostrate, ce que j'avois à vous dire; voilà ce que j'ai cru devoir à votre mérite, et la consolation que toute ma tendresse peut donner à votre flamme.

SOSTRATE.

Ah, madame! c'en est trop pour un malheureux! Je ne m'étois pas préparé à mourir avec tant de gloire; et je cesse dans ce moment de me plaindre des destinées, si elles m'ont fait naître assez heureux pour attirer quelque pitié du cœur d'une grande princesse; et cette pitié glorieuse vaut des sceptres et des couronnes, vaut la fortune des plus grands princes de la terre. Oui, madame, dès que j'ai osé vous aimer (c'est vous, madame, qui voulez bien que je me serve de ce mot téméraire); dès que j'ai, dis-je, osé vous aimer, j'ai condamné d'abord l'orgueil de mes désirs; je me suis fait moi-même la destinée que je devois attendre. Le coup de mon trépas, madame, n'aura rien qui me surprenne, puisque je m'y étois préparé; mais vos bontés le comblent d'un honneur que mon amour jamais n'eût osé espérer; et je m'en vais mourir après cela le plus content et le plus glorieux de tous les hommes. Si je puis encore souhaiter quelque chose, ce sont deux graces, madame, que je prends la hardiesse de vous demander à genoux : de vouloir souffrir ma présence jusqu'à cet heureux hyménée qui doit mettre fin à ma vie; et, parmi cette grande gloire et ces longues prospérités que le ciel promet à votre union, de vous souvenir quelquefois de l'amoureux Sostrate. Puis-je, divine princesse, me promettre de vous cette précieuse faveur ?

ÉRIPHILE.

Allez, Sostrate, sortez d'ici. Ce n'est pas aimer mon repos que de me demander que je me souvienne de vous.

SOSTRATE.

Ah, madame! si votre repos...

ÉRIPHILE.

Otez-vous, vous dis-je, Sostrate; épargnez ma foiblesse, et ne m'exposez point à plus que je n'ai résolu.

SCÈNE VIII.

ÉRIPHILE, CLÉONICE.

CLÉONICE.

Madame, je vous vois l'esprit tout chagrin; vous plaît-il que vos danseurs, qui expriment si bien toutes les passions, vous donnent maintenant quelque épreuve de leur adresse?

ÉRIPHILE.

Oui, Cléonice, qu'ils fassent tout ce qu'ils voudront, pourvu qu'ils me laissent à mes pensées.

FIN DU QUATRIÈME ACTE.

CINQUIÈME INTERMÈDE.

Quatre pantomimes, pour épreuve de leur adresse, ajustent leurs gestes et leurs pas aux inquiétudes de la jeune princesse Ériphile.

ENTRÉE DE BALLET DE QUATRE PANTOMIMES.

FIN DU CINQUIÈME INTERMÈDE.

ACTE CINQUIÈME.

SCÈNE I.

ÉRIPHILE, CLITIDAS.

CLITIDAS, *faisant semblant de ne point voir Ériphile.*

De quel côté porter mes pas? où m'aviserai-je d'aller? En quel lieu puis-je croire que je trouverai maintenant la princesse Ériphile? Ce n'est pas un petit avantage que d'être le premier à porter une nouvelle. Ah, la voilà! Madame, je vous annonce que le ciel vient de vous donner l'époux qu'il vous destinoit.

ÉRIPHILE.

Hé, laisse-moi, Clitidas! dans ma sombre mélancolie.

CLITIDAS.

Madame, je vous demande pardon : je pensois faire bien de venir vous dire que le ciel vient de vous donner Sostrate pour époux; mais, puisque cela vous incommode, je rengaîne ma nouvelle, et m'en retourne droit comme je suis venu.

ÉRIPHILE.

Clitidas! holà, Clitidas!

CLITIDAS.

Je vous laisse, madame, dans votre sombre mélancolie.

ÉRIPHILE.

Arrête, te dis-je; approche. Que viens-tu me dire?

CLITIDAS.

Rien, madame. On a parfois des empressements de venir dire aux grands de certaines choses dont ils ne se soucient pas; et je vous prie de m'excuser.

ÉRIPHILE.

Que tu es cruel!

CLITIDAS.

Une autre fois j'aurai la discrétion de ne vous pas venir interrompre.

ÉRIPHILE.

Ne me tiens point dans l'inquiétude. Qu'est-ce que tu viens m'annoncer?

CLITIDAS.

C'est une bagatelle de Sostrate, madame, que je vous dirai une autre fois, quand vous ne serez point embarrassée.

ÉRIPHILE.

Ne me fais point languir davantage, te dis-je, et m'apprends cette nouvelle.

CLITIDAS.

Vous la voulez savoir, madame?

ÉRIPHILE.

Oui, dépêche. Qu'as-tu à me dire de Sostrate?

CLITIDAS.

Une aventure merveilleuse, où personne ne s'attendoit.

ÉRIPHILE.

Dis-moi vite ce que c'est.

CLITIDAS.

Cela ne troublera-t-il point, madame, votre sombre mélancolie?

ÉRIPHILE.

Ah, parle promptement!

CLITIDAS.

J'ai donc à vous dire, madame, que la princesse votre mère passoit presque seule dans la forêt par ces petites routes qui sont si agréables, lorsqu'un sanglier hideux (ces vilains sangliers-là font toujours du désordre, et l'on devroit les bannir des forêts bien policées); lors, dis-je, qu'un sanglier hideux, poussé, je crois, par des chasseurs, est venu traverser la route où nous étions. Je devrois vous faire peut-être, pour orner mon récit, une description étendue du sanglier dont je parle; mais vous vous en passerez, s'il vous plaît, et je me contenterai de vous dire que c'étoit un fort vilain animal. Il passoit son chemin, et il étoit bon de ne lui rien dire, de ne point chercher de noise avec lui; mais la princesse a voulu égayer sa dextérité, et de son dard, qu'elle lui a lancé un peu mal à propos, ne lui en déplaise, lui a fait au dessus de l'oreille une assez petite blessure. Le sanglier, mal morigéné, s'est impertinemment détourné contre nous. Nous étions là deux ou trois misérables qui avons pâli de frayeur: chacun gagnoit son arbre; et la princesse sans défense demeuroit exposée à la furie de la bête, lorsque Sostrate a paru, comme si les dieux l'eussent envoyé.

ÉRIPHILE.

Hé bien, Clitidas?

CLITIDAS.

Si mon récit vous ennuie, madame, je remettrai le reste à une autre fois.

ÉRIPHILE.

Achève promptement.

CLITIDAS.

Ma foi, c'est promptement de vrai que j'achèverai : car un peu de poltronnerie m'a empêché de voir tout le détail de ce combat ; et tout ce que je puis vous dire, c'est que, retournant sur la place, nous avons vu le sanglier mort, tout vautré dans son sang, et la princesse, pleine de joie, nommant Sostrate son libérateur et l'époux digne et fortuné que les dieux lui marquoient pour vous. A ces paroles, j'ai cru que j'en avois assez entendu; et je me suis hâté de vous en venir, avant tous, apporter la nouvelle.

ÉRIPHILE.

Ah, Clitidas! pouvois-tu m'en donner une qui me pût être plus agréable?

CLITIDAS.

Voilà qu'on vient vous trouver.

SCÈNE II.

ARISTIONE, SOSTRATE, ÉRIPHILE, CLITIDAS.

ARISTIONE.

Je vois, ma fille, que vous savez déja tout ce que nous pourrions vous dire. Vous voyez que les dieux se sont expliqués bien plus tôt que nous n'eussions pensé : mon péril n'a guère tardé à nous marquer leurs volontés; et l'on connoît assez que ce sont eux qui se sont mêlés de ce choix; puisque le mérite tout seul brille dans cette préférence. Aurez-vous quelque répugnance à récompenser de votre cœur celui à qui je dois la vie? et refuserez-vous Sostrate pour époux?

ÉRIPHILE.

Et de la main des dieux et de la vôtre, madame, je ne puis rien recevoir qui ne me soit fort agréable.

SOSTRATE.

Ciel! n'est-ce point ici quelque songe tout plein de gloire dont les dieux me veulent flatter? et quelque réveil malheureux ne me replongera-t-il point dans la bassesse de ma fortune?

SCÈNE III.

ARISTIONE, ÉRIPHILE, SOSTRATE, CLÉONICE, CLITIDAS.

CLÉONICE.

Madame, je viens vous dire qu'Anaxarque a jusqu'ici abusé l'un et l'autre prince par l'espérance de ce choix qu'ils poursuivent depuis long-temps, et qu'au bruit qui s'est répandu de votre aventure ils ont fait éclater tous deux leur ressentiment contre lui, jusque-là que, de paroles en paroles, les choses se sont échauffées, et il en a reçu quelques blessures, dont on ne sait pas bien ce qui arrivera. Mais les voici.

SCÈNE IV.

ARISTIONE, ÉRIPHILE, IPHICRATE, TIMOCLÈS, SOSTRATE, CLÉONICE, CLITIDAS.

ARISTIONE.

Princes, vous agissez tous deux avec une violence bien grande; et si Anaxarque a pu vous offenser, j'étois pour vous en faire justice moi-même.

IPHICRATE.

Et quelle justice, madame, auriez-vous pu nous faire de lui, si vous la faites si peu à notre rang dans le choix que vous embrassez?

ACTE V, SCÈNE IV.

ARISTIONE.

Ne vous êtes-vous pas soumis l'un et l'autre à ce que pourroient décider, ou les ordres du ciel, ou l'inclination de ma fille?

TIMOCLÈS.

Oui, madame, nous nous sommes soumis à ce qu'ils pourroient décider entre le prince Iphicrate et moi, mais non pas à nous voir rebuter tous deux.

ARISTIONE.

Et si chacun de vous a bien pu se résoudre à souffrir une préférence, que vous arrive-t-il à tous deux où vous ne soyez préparés? et que peuvent importer à l'un et à l'autre les intérêts de son rival?

IPHICRATE.

Oui, madame, il importe. C'est quelque consolation de se voir préférer un homme qui vous est égal; et votre aveuglement est une chose épouvantable.

ARISTIONE.

Prince, je ne veux pas me brouiller avec une personne qui m'a fait tant de grace que de me dire des douceurs : et je vous prie, avec toute l'honnêteté qu'il m'est possible, de donner à votre chagrin un fondement plus raisonnable; de vous souvenir, s'il vous plaît, que Sostrate est revêtu d'un mérite qui s'est fait connoître à toute la Grèce, et que le rang où le ciel l'élève aujourd'hui va remplir toute la distance qui étoit entre lui et vous.

IPHICRATE.

Oui, oui, madame, nous nous en souviendrons. Mais peut-être aussi vous souviendrez-vous que deux princes outragés ne sont pas deux ennemis peu redoutables.

TIMOCLÈS.

Peut-être, madame, qu'on ne goûtera pas longtemps la joie du mépris qu'on fait de nous.

ARISTIONE.

Je pardonne toutes ces menaces aux chagrins d'un amour qui se croit offensé; et nous n'en verrons pas avec moins de tranquillité la fête des jeux Pythiens. Allons-y de ce pas; et couronnons, par ce pompeux spectacle, cette merveilleuse journée[1].

---

[1] Molière condamna lui-même cette pièce à l'oubli, puisqu'il ne la fit pas imprimer : elle ne parut qu'après sa mort.

FIN DU CINQUIÈME ACTE.

SIXIÈME INTERMÈDE.

FÊTE DES JEUX PYTHIENS.

Le théâtre est une grande salle, en manière d'amphithéâtre ouvert d'une grande arcade dans le fond, au dessus de laquelle est une tribune fermée d'un rideau; et, dans l'éloignement, paroît un autel pour le sacrifice. Six hommes, habillés comme s'ils étoient presque nus, portant chacun une hache sur l'épaule, comme ministres du sacrifice, entrent par le portique, au son des violons. Ils sont suivis de deux sacrificateurs-musiciens, d'une prêtresse musicienne, et leur suite.

SCÈNE I.

LA PRÊTRESSE, SACRIFICATEURS, MINISTRES DU SACRIFICE; CHŒUR DE PEUPLES.

LA PRÊTRESSE.

Chantez, peuples, chantez, en mille et mille lieux,
Du dieu que nous servons les brillantes merveilles;
 Parcourez la terre et les cieux :
Vous ne sauriez chanter rien de plus précieux,
 Rien de plus doux pour les oreilles.

PREMIER SACRIFICATEUR.

A ce dieu plein de force, à ce dieu plein d'appas,
 Il n'est rien qui résiste.

SECOND SACRIFICATEUR.

 Il n'est rien ici-bas
Qui par ses bienfaits ne subsiste.

LA PRÊTRESSE.

Toute la terre est triste
Quand on ne le voit pas.

CHOEUR.

Poussons à sa mémoire
Des concerts si touchants,
Que, du haut de sa gloire,
Il écoute nos chants.

PREMIÈRE ENTRÉE DE BALLET.

Les six hommes, portant les haches, font entre eux une danse ornée de toutes les attitudes que peuvent exprimer des gens qui étudient leurs forces; puis ils se retirent aux deux côtés du théâtre, pour faire place à six voltigeurs.

SCÈNE II.

LA PRÊTRESSE, SACRIFICATEURS, MINISTRES DU SACRIFICE; VOLTIGEURS; CHOEUR DE PEUPLES.

DEUXIÈME ENTRÉE DE BALLET.

Six voltigeurs font paroître en cadence leur adresse sur des chevaux de bois, qui sont apportés par des esclaves.

SCÈNE III.

LA PRÊTRESSE, SACRIFICATEURS, MINISTRES DU SACRIFICE; ESCLAVES, CONDUCTEURS D'ESCLAVES; CHOEUR DE PEUPLES.

TROISIÈME ENTRÉE DE BALLET.

Quatre conducteurs d'esclaves amènent en cadence huit esclaves qui dansent pour marquer la joie qu'ils ont d'avoir recouvré leur liberté.

SCÈNE IV.

LA PRÊTRESSE, SACRIFICATEURS, MINISTRES DU SACRIFICE; HOMMES ET FEMMES, *armés à la grecque;* CHOEUR DE PEUPLES.

QUATRIÈME ENTRÉE DE BALLET.

Quatre hommes et quatre femmes, armés à la grecque, font ensemble une manière de jeu pour les armes.

SCÈNE V.

LA PRÊTRESSE, SACRIFICATEURS, MINISTRES DU SACRIFICE ; HOMMES ET FEMMES, *armés à la grecque ;* UN HÉRAUT, TROMPETTES, UN TIMBALLIER ; CHOEUR DE PEUPLES.

La tribune s'ouvre. Un héraut, six trompettes et un timballier, se mêlant à tous les instruments, annoncent, avec un grand bruit, la venue d'Apollon.

CHOEUR.

Ouvrons tous nos yeux.
A l'éclat suprême
Qui brille en ces lieux.

SCÈNE VI.

APOLLON, SUIVANTS D'APOLLON ; LA PRÊTRESSE, SACRIFICATEURS, MINISTRES DU SACRIFICE ; HOMMES ET FEMMES, *armés à la grecque ;* UN HÉRAUT, TROMPETTES, UN TIMBALLIER ; CHOEUR DE PEUPLES.

Apollon, au bruit des trompettes et des violons, entre par le portique, précédé de six jeunes gens qui portent des lauriers entrelacés autour d'un bâton, et un soleil d'or au dessus, avec la devise royale en manière de trophée.

CHOEUR.

Quelle grace extrême !
Quel port glorieux !

Où voit-on des dieux
Qui soient faits de même?

CINQUIÈME ENTRÉE DE BALLET.

Les six jeunes gens, pour danser avec Apollon, donnent leur trophée à tenir aux six hommes qui portent les haches, et commencent avec Apollon une danse héroïque.

SIXIÈME ENTRÉE DE BALLET.

A cette danse se joignent, en diverses manières, les six hommes portant les trophées, les quatre femmes armées avec leurs timbres, et les quatre hommes armés avec leurs tambours, tandis que les six trompettes, le timballier, les sacrificateurs, la prêtresse et le chœur de musique accompagnent tout cela, en s'y mêlant par diverses reprises, ce qui finit la fête des jeux pythiens, et tout le divertissement.

FIN DU SIXIÈME INTERMÈDE.

VERS

Pour le ROI, *représentant* APOLLON.

Je suis la source des clartés ;
Et les astres les plus vantés,
Dont le beau cercle m'environne,
Ne sont brillants et respectés,
Que par l'éclat que je leur donne.

Du char où je me puis asseoir,
Je vois le désir de me voir
Posséder la nature entière ;
Et le monde n'a son espoir
Qu'aux seuls bienfaits de ma lumière.

Bienheureuses de toutes parts,
Et pleines d'exquises richesses,
Les terres où de mes regards
J'arrête les douces caresses !

Pour M. LE GRAND, *suivant d'Apollon.*

Bien qu'auprès du Soleil tout autre éclat s'efface,
S'en éloigner pourtant n'est pas ce que l'on veut ;
Et vous voyez bien, quoi qu'il fasse,
Que l'on s'en tient toujours le plus près que l'on peut.

Pour le marquis DE VILLEROI, *suivant d'Apollon.*

De notre maître incomparable
Vous me voyez inséparable;
Et le zèle puissant qui m'attache à ses vœux
Le suit parmi les eaux, le suit parmi les feux.

Pour le marquis DE RASSANT, *suivant d'Apollon.*

Je ne serai pas vain, quand je ne croirai pas
Qu'un autre, mieux que moi, suive partout ses pas.

FIN DES AMANTS MAGNIFIQUES.

LE
BOURGEOIS GENTILHOMME,

COMÉDIE-BALLET

EN CINQ ACTES ET EN PROSE,

Représentée à Chambord, le 14 octobre 1670, et à Paris, sur le théâtre du Palais-Royal, le 29 novembre de la même année.

PERSONNAGES DE LA COMÉDIE.

M. JOURDAIN, bourgeois [1].
Madame JOURDAIN, sa femme [2].
LUCILE, fille de M. Jourdain [3].
CLÉONTE, amoureux de Lucile [4].
DORIMÈNE, marquise [5].
DORANTE, comte, amant de Dorimène [6].
NICOLE, servante de M. Jourdain [7].
COVIELLE, valet de Cléonte.
UN MAITRE DE MUSIQUE.
UN ÉLÈVE DU MAITRE DE MUSIQUE.
UN MAITRE A DANSER.
UN MAITRE D'ARMES [8].
UN MAITRE DE PHILOSOPHIE [9].
UN MAITRE TAILLEUR.
UN GARÇON TAILLEUR.
DEUX LAQUAIS.

ACTEURS.

[1] Molière. — [2] Hubert. — [3] Mademoiselle Molière. — [4] La Grange. — [5] Mademoiselle De Brie. — [6] La Thorillière. — [7] Mademoiselle Bauval. — [8] De Brie. — [9] Du Croisy.

PERSONNAGES DU BALLET.

DANS LE PREMIER ACTE.

UNE MUSICIENNE [1].
DEUX MUSICIENS [2].
DANSEURS [3].

DANS LE SECOND ACTE.

GARÇONS TAILLEURS dansants [4].

DANS LE TROISIÈME ACTE.

CUISINIERS dansants [5].

DANS LE QUATRIÈME ACTE.

CÉRÉMONIE TURQUE.

LE MUFTI [6].
TURCS ASSISTANTS DU MUFTI, chantants [7].
DERVIS chantants [8].
TURCS dansants [9].

ACTEURS CHANTANTS ET DANSANTS.

[1] Mademoiselle HILAIRE. — [2] Les sieurs LANGEAIS et GAYE. — [3] Les sieurs LA PIERRE, SAINT-ANDRÉ et MAGNY. — [4] Les sieurs DOLIVET, LE CHANTRE, BONARD, ISAAC, MAGNY et SAINT-ANDRÉ. — [5] Les sieurs LA GRILLE, MOREL et BLONDEL. — [6] Le sieur CHIACCHERONE. — [7] Les sieurs MOREL, GINGAN le cadet, NOBLET et PHILBERT. — [8] Les sieurs ESTIVAL, BLONDEL, GINGAN l'aîné, HÉDOUIN, REBEL, GILLET, FERNON le cadet, BERNARD, DESCHAMPS, LANGEAIS et GAYE. — [9] Les sieurs BEAUCHAMP, DOLIVET, LA PIERRE, FAVIER, MAYEU et CHICANNEAU.

PERSONNAGES.

DANS LE CINQUIÈME ACTE.

BALLET DES NATIONS.

UN DONNEUR DE LIVRES dansant [1].
IMPORTUNS dansants [2].
TROUPE DE SPECTATEURS chantants [3].
PREMIER HOMME DU BEL AIR [4].
SECOND HOMME DU BEL AIR [5].
PREMIÈRE FEMME DU BEL AIR.
SECONDE FEMME DU BEL AIR.
PREMIER GASCON [6].
SECOND GASCON [7].
UN SUISSE [8].
UN VIEUX BOURGEOIS BABILLARD [9].
UNE VIEILLE BOURGEOISE BABILLARDE [10].
FILLES COQUETTES [11].
ESPAGNOLS chantants [12].
ESPAGNOLS dansants [13].

ACTEURS CHANTANTS ET DANSANTS.

[1] Le sieur Dolivet. — [2] Les sieurs Saint-André, La Pierre et Favier. — [3] Les sieurs Estival, Hédouin, Morel, Gingan l'aîné, Fernon, Deschamps, Gillet, Bernard, Noblet; quatre pages de la musique. — [4] Le sieur Le Gros. — [5] Le sieur Rebel. — [6] Le sieur Gaye. — [7] Le sieur Gingan le cadet. — [8] Le sieur Philbert. — [9] Le sieur Blondel. — [10] Le sieur Langeais. — [11] Les sieurs Jeannot, Pierrot, Renier, un page de la chapelle. — [12] Les sieurs Morel, Crillet, Martin. — [13] Les sieurs Dolivet, Le Chantre, Bonnard, Lestang, Isaac, Joubert, Beauchamp et Chicanneau.

UNE ITALIENNE [1].
UN ITALIEN [2].
DEUX SCARAMOUCHES [3].
DEUX TRIVELINS [4].
ARLEQUIN [5].
DEUX POITEVINS chantants et dansants [6].
POITEVINS ET POITEVINES dansants [7].

ACTEURS CHANTANTS ET DANSANTS.

[1] Mademoiselle HILAIRE. — [2] Le sieur GAYE. — [3] Les sieurs BEAUCHAMP et MAYEU. — [4] Les sieurs MAGNY et FOIGNARD le cadet. — [5] Le sieur DOMINIQUE. — [6] Les sieurs NOBLET et LA GRILLE. — [7] Les sieurs LA PIERRE, FAVIER, SAINT-ANDRÉ, FAVRE, FOIGNARD et FAVIER le jeune.

La scène est à Paris, dans la maison de M. Jourdain.

LE BOURGEOIS GENTILHOMME.

ACTE PREMIER.

SCÈNE I.

UN MAITRE DE MUSIQUE; UN ÉLÈVE DU MAITRE DE MUSIQUE, *composant sur une table qui est au milieu du théâtre;* UNE MUSICIENNE, DEUX MUSICIENS, UN MAITRE A DANSER, DANSEURS.

LE MAÎTRE DE MUSIQUE, *aux musiciens.*
Venez, entrez dans cette salle, et vous reposez là, en attendant qu'il vienne.

LE MAÎTRE A DANSER, *aux danseurs.*
Et vous aussi, de ce côté.

LE MAÎTRE DE MUSIQUE, *à son élève.*
Est-ce fait ?

L'ÉLÈVE.
Oui.

LE MAÎTRE DE MUSIQUE.
Voyons... Voilà qui est bien.

LE MAÎTRE A DANSER.
Est-ce quelque chose de nouveau ?

LE MAÎTRE DE MUSIQUE.

Oui. C'est un air pour une sérénade que je lui ai fait composer ici, en attendant que notre homme fût éveillé.

LE MAÎTRE A DANSER.

Peut-on voir ce que c'est?

LE MAÎTRE DE MUSIQUE.

Vous l'allez entendre avec le dialogue, quand il viendra. Il ne tardera guère.

LE MAÎTRE A DANSER.

Nos occupations, à vous et à moi, ne sont pas petites maintenant.

LE MAÎTRE DE MUSIQUE.

Il est vrai. Nous avons trouvé ici un homme comme il nous le faut à tous deux. Ce nous est une douce rente que ce M. Jourdain, avec les visions de noblesse et de galanterie qu'il est allé se mettre en tête; et votre danse et ma musique auroient à souhaiter que tout le monde lui ressemblât.

LE MAÎTRE A DANSER.

Non, pas entièrement; et je voudrois, pour lui, qu'il se connût mieux qu'il ne fait aux choses que nous lui donnons.

LE MAÎTRE DE MUSIQUE.

Il est vrai qu'il les connoît mal, mais il les paye bien; et c'est de quoi maintenant nos arts ont plus besoin que de toute autre chose.

LE MAÎTRE A DANSER.

Pour moi, je vous l'avoue, je me repais un peu de gloire. Les applaudissements me touchent; et je tiens que, dans tous les beaux arts, c'est un supplice assez fâcheux que de se produire à des sots, que d'essuyer sur des compositions la barbarie d'un stupide. Il y a plaisir, ne m'en parlez point, à travailler pour des personnes qui soient capables de sentir les délicatesses d'un art, qui sachent faire un doux accueil aux beautés d'un ouvrage, et, par de chatouillantes approbations, vous régaler de votre travail. Oui, la récompense la plus agréable qu'on puisse recevoir des choses que l'on fait, c'est de les voir connues, de les voir caressées d'un applaudissement qui vous honore. Il n'y a rien, à mon avis, qui nous paye mieux que cela de toutes nos fatigues; et ce sont des douceurs exquises que des louanges éclairées.

LE MAÎTRE DE MUSIQUE.

J'en demeure d'accord, et je les goûte comme vous. Il n'y a rien assurément qui chatouille davantage que les applaudissements que vous dites; mais cet encens ne fait pas vivre. Des louanges toutes pures ne mettent point un homme à son aise; il y faut mêler du solide; et la meilleure façon de louer c'est de louer avec les mains. C'est un homme, à la vérité, dont les lumières sont petites; qui parle à tort et à travers de toutes choses, et n'applaudit qu'à contre-sens; mais son argent redresse les jugements de son esprit: il y a du discernement dans sa bourse, ses louanges sont monnoyées; et ce bourgeois ignorant nous vaut mieux, comme vous voyez, que le grand seigneur éclairé qui nous a introduits ici.

LE MAÎTRE A DANSER.

Il y a quelque chose de vrai dans ce que vous dites : mais je trouve que vous appuyez un peu trop sur l'argent; et l'intérêt est quelque chose de si bas, qu'il ne faut jamais qu'un honnête homme montre pour lui de l'attachement.

LE MAÎTRE DE MUSIQUE.

Vous recevez fort bien pourtant l'argent que notre homme vous donne.

LE MAÎTRE A DANSER.

Assurément, mais je n'en fais pas tout mon bonheur; et je voudrois qu'avec son bien il eût encore quelque bon goût des choses.

LE MAÎTRE DE MUSIQUE.

Je le voudrois aussi; et c'est à quoi nous travaillons tous deux autant que nous pouvons. Mais, en tout cas, il nous donne moyen de nous faire connoître dans le monde; et il paiera pour les autres ce que les autres loueront pour lui.

LE MAÎTRE A DANSER.

Le voilà qui vient.

SCÈNE II.

M. JOURDAIN, *en robe de chambre et en bonnet de nuit;* LE MAITRE DE MUSIQUE, LE MAITRE A DANSER, L'ÉLÈVE DU MAITRE DE MUSIQUE, UNE MUSICIENNE, DEUX MUSICIENS, DANSEURS, DEUX LAQUAIS.

M. JOURDAIN.

Hé bien, messieurs, qu'est-ce? me ferez-vous voir votre petite drôlerie?

LE MAÎTRE A DANSER.

Comment! quelle petite drôlerie?

M. JOURDAIN.

Hé! la... Comment appelez-vous cela, votre prologue ou dialogue de chansons et de danse?

LE MAÎTRE A DANSER.

Ah, ah!

LE MAÎTRE DE MUSIQUE.

Vous nous y voyez préparés.

M. JOURDAIN.

Je vous ai fait un peu attendre; mais c'est que je me fais habiller aujourd'hui comme les gens de qualité; et mon tailleur m'a envoyé des bas de soie, que j'ai pensé ne mettre jamais.

LE MAÎTRE DE MUSIQUE.

Nous ne sommes ici que pour attendre votre loisir.

M. JOURDAIN.

Je vous prie tous deux de ne vous point en aller qu'on ne m'ait apporté mon habit, afin que vous me puissiez voir.

LE MAÎTRE A DANSER.

Tout ce qu'il vous plaira.

M. JOURDAIN.

Vous me verrez équipé comme il faut, depuis les pieds jusqu'à la tête.

LE MAÎTRE DE MUSIQUE.

Nous n'en doutons point.

M. JOURDAIN.

Je me suis fait faire cette indienne-ci.

LE MAÎTRE A DANSER.

Elle est fort belle.

M. JOURDAIN.

Mon tailleur m'a dit que les gens de qualité étoient comme cela le matin.

LE MAÎTRE DE MUSIQUE.

Cela vous sied à merveille.

M. JOURDAIN.

Laquais, holà! mes deux laquais!

PREMIER LAQUAIS.

Que voulez-vous, monsieur?

M. JOURDAIN.

Rien. C'est pour voir si vous m'entendez bien. (*au maître de musique et au maître à danser.*) Que dites-vous de mes livrées?

LE MAÎTRE A DANSER.

Elles sont magnifiques.

M. JOURDAIN, *entr'ouvrant sa robe, et faisant voir son haut-de-chausses étroit de velours rouge, et sa camisole de velours vert.*

Voici encore un petit déshabillé, pour faire le matin mes exercices.

LE MAÎTRE DE MUSIQUE.

Il est galant.

M. JOURDAIN.

Laquais !

PREMIER LAQUAIS.

Monsieur ?

M. JOURDAIN.

L'autre laquais.

SECOND LAQUAIS.

Monsieur ?

M. JOURDAIN, *ôtant sa robe de chambre.*

Tenez ma robe. (*au maître de musique et au maître à danser.*) Me trouvez-vous bien comme cela ?

LE MAÎTRE A DANSER.

Fort bien ; on ne peut pas mieux.

M. JOURDAIN.

Voyons un peu votre affaire.

LE MAÎTRE DE MUSIQUE.

Je voudrois bien auparavant vous faire entendre un air (*montrant son élève.*) qu'il vient de composer pour la sérénade que vous m'avez demandée. C'est un de mes écoliers qui a, pour ces sortes de choses, un talent admirable.

M. JOURDAIN.

Oui ; mais il ne falloit pas faire faire cela par un

écolier, et vous n'étiez pas trop bon vous-même pour cette besogne-là.

LE MAÎTRE DE MUSIQUE.

Il ne faut pas, monsieur, que le nom d'écolier vous abuse. Ces sortes d'écoliers en savent autant que les plus grands maîtres; et l'air est aussi beau qu'il s'en puisse faire. Écoutez seulement.

M. JOURDAIN, *à ses laquais.*

Donnez-moi ma robe pour mieux entendre... Attendez; je crois que je serai mieux sans robe... Non, redonnez-la-moi; cela ira mieux.

LA MUSICIENNE.

Je languis nuit et jour, et mon mal est extrême
Depuis qu'à vos rigueurs vos beaux yeux m'ont soumis;
Si vous traitez ainsi, belle Iris, qui vous aime,
Hélas! que pourriez-vous faire à vos ennemis?

M. JOURDAIN.

Cette chanson me semble un peu lugubre : elle endort, et je voudrois que vous la puissiez un peu ragaillardir par-ci par-là.

LE MAÎTRE DE MUSIQUE.

Il faut, monsieur, que l'air soit accommodé aux paroles.

M. JOURDAIN.

On m'en apprit un tout-à-fait joli, il y a quelque temps. Attendez... la... Comment est-ce qu'il dit?

LE MAÎTRE A DANSER.

Par ma foi, je ne sais.

ACTE I, SCÈNE II.

M. JOURDAIN.

Il y a du mouton dedans.

LE MAÎTRE A DANSER.

Du mouton?

M. JOURDAIN.

Oui. Ah! (*Il chante.*)

 Je croyois Janneton
 Aussi douce que belle;
 Je croyois Janneton
 Plus douce qu'un mouton.
Hélas, hélas! elle est cent fois,
 Mille fois plus cruelle
 Que n'est le tigre aux bois.

N'est-il pas joli?

LE MAÎTRE DE MUSIQUE.

Le plus joli du monde.

LE MAÎTRE A DANSER.

Et vous le chantez bien.

M. JOURDAIN.

C'est sans avoir appris la musique.

LE MAÎTRE DE MUSIQUE.

Vous devriez l'apprendre, monsieur, comme vous faites la danse. Ce sont deux arts qui ont une étroite liaison ensemble.

LE MAÎTRE A DANSER.

Et qui ouvrent l'esprit d'un homme aux belles choses.

M. JOURDAIN.

Est-ce que les gens de qualité apprennent aussi la musique?

LE MAÎTRE DE MUSIQUE.

Oui, monsieur.

M. JOURDAIN.

Je l'apprendrai donc. Mais je ne sais quel temps je pourrai prendre; car, outre le maître d'armes qui me montre, j'ai arrêté encore un maître de philosophie, qui doit commencer ce matin.

LE MAÎTRE DE MUSIQUE.

La philosophie est quelque chose; mais la musique, monsieur, la musique...

LE MAÎTRE A DANSER.

La musique et la danse... La musique et la danse, c'est là tout ce qu'il faut.

LE MAÎTRE DE MUSIQUE.

Il n'y a rien qui soit si utile dans un état que la musique.

LE MAÎTRE A DANSER.

Il n'y a rien qui soit si nécessaire aux hommes que la danse.

LE MAÎTRE DE MUSIQUE.

Sans la musique, un état ne peut subsister.

LE MAÎTRE A DANSER.

Sans la danse, un homme ne sauroit rien faire.

LE MAÎTRE DE MUSIQUE.

Tous les désordres, toutes les guerres qu'on voit dans le monde, n'arrivent que pour n'apprendre pas la musique.

ACTE I, SCÈNE II.

LE MAÎTRE A DANSER.

Tous les malheurs des hommes, tous les revers funestes dont les histoires sont remplies, les bévues des politiques, les manquements[1] des grands capitaines, tout cela n'est venu que faute de savoir danser.

M. JOURDAIN.

Comment cela?

LE MAÎTRE DE MUSIQUE.

La guerre ne vient-elle pas d'un manque d'union entre les hommes?

M. JOURDAIN.

Cela est vrai.

LE MAÎTRE DE MUSIQUE.

Et si tous les hommes apprenoient la musique, ne seroit-ce pas le moyen de s'accorder ensemble, et de voir dans le monde la paix universelle?

M. JOURDAIN.

Vous avez raison.

LE MAÎTRE A DANSER.

Lorsqu'un homme a commis un manquement dans sa conduite, soit aux affaires de sa famille, ou au gouvernement d'un état, ou au commandement d'une armée, ne dit-on pas toujours : Un tel a fait un mauvais pas dans une telle affaire?

M. JOURDAIN.

Oui; on dit cela.

LE MAÎTRE A DANSER.

Et faire un mauvais pas peut-il procéder d'autre chose que de ne savoir pas danser?

---

[1] Les *manquements* est ici pour les *fautes*.

M. JOURDAIN.

Cela est vrai, et vous avez raison tous deux.

LE MAÎTRE A DANSER.

C'est pour vous faire voir l'excellence et l'utilité de la danse et de la musique.

M. JOURDAIN.

Je comprends cela à cette heure.

LE MAÎTRE DE MUSIQUE.

Voulez-vous voir nos deux affaires?

M. JOURDAIN.

Oui.

LE MAÎTRE DE MUSIQUE.

Je vous l'ai déja dit; c'est un petit essai que j'ai fait autrefois des diverses passions que peut exprimer la musique.

M. JOURDAIN.

Fort bien.

LE MAÎTRE DE MUSIQUE, *aux musiciens.*

Allons, avancez. (*à M. Jourdain.*) Il faut vous figurer qu'ils sont habillés en bergers.

M. JOURDAIN.

Pourquoi toujours des bergers? on ne voit que cela partout.

LE MAÎTRE A DANSER.

Lorsqu'on a des personnes à faire parler en musique il faut bien que, pour la vraisemblance, on donne dans la bergerie. Le chant a été de tout temps affecté aux bergers; et il n'est guère naturel, en dialogue, que des princes ou bourgeois chantent leurs passions.

M. JOURDAIN.

Passe, passe. Voyons.

DIALOGUE EN MUSIQUE.

UNE MUSICIENNE, DEUX MUSICIENS.

LA MUSICIENNE.

Un cœur, dans l'amoureux empire,
De mille soins est toujours agité :
On dit qu'avec plaisir on languit, on soupire :
Mais, quoi qu'on puisse dire,
Il n'est rien de si doux que notre liberté.

PREMIER MUSICIEN.

Il n'est rien de si doux que les tendres ardeurs
Qui font vivre deux cœurs
Dans une même envie :
On ne peut être heureux sans amoureux désirs ;
Otez l'amour de la vie,
Vous en ôtez les plaisirs.

SECOND MUSICIEN.

Il seroit doux d'entrer sous l'amoureuse loi,
Si l'on trouvoit en amour de la foi :
Mais, hélas! ô rigueurs cruelles!
On ne voit point de bergères fidèles ;
Et ce sexe inconstant, trop indigne du jour,
Doit faire pour jamais renoncer à l'amour.

PREMIER MUSICIEN.

Aimable ardeur!

LA MUSICIENNE.

Franchise heureuse...

SECOND MUSICIEN.

Sexe trompeur...

PREMIER MUSICIEN.

Que tu m'es précieuse!

LA MUSICIENNE.

Que tu plais à mon cœur!

SECOND MUSICIEN.

Que tu me fais d'horreur!

PREMIER MUSICIEN.

Ah! quitte, pour aimer, cette haine mortelle.

LA MUSICIENNE.

On peut, on peut te montrer
Une bergère infidèle.

SECOND MUSICIEN.

Hélas! où la rencontrer?

LA MUSICIENNE.

Pour défendre notre gloire,
Je te veux offrir mon cœur.

SECOND MUSICIEN.

Mais, bergère, puis-je croire
Qu'il ne sera point trompeur?

LA MUSICIENNE.

Voyons, par expérience,
Qui des deux aimera mieux.

SECOND MUSICIEN.

Qui manquera de constance,
Le puissent perdre les dieux!

TOUS TROIS ENSEMBLE.

A des ardeurs si belles
Laissons-nous enflammer:

ACTE I, SCÈNE II.

Ah! qu'il est doux d'aimer,
Quand deux cœurs sont fidèles!

M. JOURDAIN.

Est-ce tout?

LE MAÎTRE DE MUSIQUE.

Oui.

M. JOURDAIN.

Je trouve cela bien troussé; et il y a là dedans de petits dictons assez jolis.

LE MAÎTRE A DANSER.

Voici, pour mon affaire, un petit essai des plus beaux mouvements et des plus belles attitudes dont une danse puisse être variée.

M. JOURDAIN.

Sont-ce encore des bergers?

LE MAÎTRE A DANSER.

C'est ce qu'il vous plaira. (*aux danseurs.*) Allons.

ENTRÉE DE BALLET.

Quatre danseurs exécutent tous les mouvements différents et toutes les sortes de pas que le maître à danser leur commande.

FIN DU PREMIER ACTE.

ACTE SECOND.

SCÈNE I.

M. JOURDAIN, LE MAITRE DE MUSIQUE, LE MAITRE A DANSER.

M. JOURDAIN.

Voilà qui n'est point sot ; et ces gens-là se trémoussent bien.

LE MAÎTRE DE MUSIQUE.

Lorsque la danse sera mêlée avec la musique, cela fera plus d'effet encore ; et vous verrez quelque chose de galant dans le petit ballet que nous avons ajusté pour vous.

M. JOURDAIN.

C'est pour tantôt au moins ; et la personne pour qui j'ai fait faire tout cela me doit faire l'honneur de venir dîner céans.

LE MAÎTRE A DANSER.

Tout est prêt.

LE MAÎTRE DE MUSIQUE.

Au reste, monsieur, ce n'est pas assez ; il faut qu'une personne comme vous, qui êtes magnifique, et qui avez de l'inclination pour les belles choses, ait un concert de musique chez soi tous les mercredis, ou tous les jeudis.

M. JOURDAIN.

Est-ce que les gens de qualité en ont?

LE MAÎTRE DE MUSIQUE.

Oui, monsieur.

M. JOURDAIN.

J'en aurai donc. Cela sera-t-il beau?

LE MAÎTRE DE MUSIQUE.

Sans doute. Il vous faudra trois voix : un dessus, une haute-contre et une basse, qui seront accompagnés d'une basse de viole, d'un théorbe et d'un clavecin pour les basses continues, avec deux dessus de violon pour jouer les ritournelles.

M. JOURDAIN.

Il y faudra mettre aussi une trompette marine. La trompette marine est un instrument qui me plaît, et qui est harmonieux.

LE MAÎTRE DE MUSIQUE.

Laissez-nous gouverner les choses.

M. JOURDAIN.

Au moins, n'oubliez pas tantôt de m'envoyer des musiciens pour chanter à table.

LE MAÎTRE DE MUSIQUE.

Vous aurez tout ce qu'il vous faut.

M. JOURDAIN.

Mais surtout que le ballet soit beau.

LE MAÎTRE A DANSER.

Vous en serez content, et, entre autres choses, de certains menuets que vous y verrez.

M. JOURDAIN.

Ah! les menuets sont ma danse; et je veux que vous me le voyiez danser. Allons, mon maître.

LE MAÎTRE A DANSER.

Un chapeau, monsieur, s'il vous plaît.

(*M. Jourdain va prendre le chapeau de son laquais, et le met pardessus son bonnet de nuit. Son maître lui prend les mains, et le fait danser sur un air de ménuet qu'il chante.*)

La, la, la, la, la, la,
La, la, la, la, la, la, la,
La, la, la, la, la, la,
La, la, la, la, la, la,
La, la, la, la, la, En
cadence, s'il vous plaît. La,
La, la, la, la. La jambe
droite. La, la, la.

Ne remuez point tant les épaules.
La, la, la, la, la, la, la, la, la, la.
Vos deux bras sont estropiés.
La, la, la, la, la. Haussez la tête.
Tournez la pointe du pied en dehors.
La, la, la. Dressez votre corps.

M. JOURDAIN.

Hé!

LE MAÎTRE DE MUSIQUE.

Voilà qui est le mieux du monde.

M. JOURDAIN.

A propos, apprenez-moi comme il faut faire une révérence pour saluer une marquise; j'en aurai besoin tantôt.

LE MAÎTRE A DANSER.

Une révérence pour saluer une marquise?

M. JOURDAIN.

Oui, une marquise, qui s'appelle Dorimène.

LE MAÎTRE A DANSER.

Donnez-moi la main.

M. JOURDAIN.

Non; vous n'avez qu'à faire, je le retiendrai bien.

LE MAÎTRE A DANSER.

Si vous voulez la saluer avec beaucoup de respect, il faut faire d'abord une révérence en arrière, puis marcher vers elle avec trois révérences en avant, et, à la dernière, vous baisser jusqu'à ses genoux.

M. JOURDAIN.

Faites un peu. (*après que le maître à danser a fait trois révérences.*) Bon.

SCÈNE II.

M. JOURDAIN, LE MAITRE DE MUSIQUE, LE MAITRE A DANSER, UN LAQUAIS.

UN LAQUAIS.

Monsieur, voilà votre maître d'armes qui est là.

M. JOURDAIN.

Dis-lui qu'il entre pour me donner leçon. (*au maître de musique et au maître à danser.*) Je veux que vous me voyiez faire.

SCÈNE III.

M. JOURDAIN, UN MAITRE D'ARMES, LE MAITRE DE MUSIQUE, LE MAITRE A DANSER, UN LAQUAIS, *tenant deux fleurets.*

LE MAÎTRE D'ARMES, *après avoir pris les deux fleurets de la main du laquais, et en avoir présenté un à M. Jourdain.*

Allons, monsieur, la révérence. Votre corps droit; un peu penché sur la cuisse gauche. Les jambes point tant écartées. Vos pieds sur une même ligne. Votre poignet à l'opposite de votre hanche. La pointe de votre épée vis-à-vis de votre épaule. Le bras pas tout-à-fait si étendu. La main gauche à la hauteur de l'œil. L'épaule gauche plus carrée. La tête droite. Le regard assuré. Avancez. Le corps ferme. Touchez-moi l'épée de quarte, et achevez de même. Une, deux. Remettez-vous. Redoublez de pied ferme. Une, deux. Un saut en arrière. Quand vous portez la botte, monsieur, il faut que l'épée parte la première, et que le corps soit bien effacé. Une, deux. Allons, touchez-moi l'épée de tierce, et achevez de même. Avancez. Le corps ferme. Avancez. Partez de là. Une, deux. Remettez-vous. Redoublez. Une, deux. Un saut en arrière. En garde, monsieur, en garde.
(*Le maître d'armes lui pousse deux ou trois bottes, en lui disant : En garde.*)

M. JOURDAIN.

Hé!

LE MAÎTRE DE MUSIQUE.

Vous faites des merveilles.

LE MAÎTRE D'ARMES.

Je vous l'ai déjà dit, tout le secret des armes ne consiste qu'en deux choses : à donner, et ne point recevoir ; et comme je vous fis voir l'autre jour par raison démonstrative, il est impossible que vous receviez, si vous savez détourner l'épée de votre ennemi de la ligne de votre corps ; ce qui ne dépend seulement que d'un petit mouvement du poignet, ou en dedans, ou en dehors.

M. JOURDAIN.

De cette façon donc, un homme, sans avoir du cœur, est sûr de tuer son homme, et de n'être point tué ?

LE MAÎTRE D'ARMES.

Sans doute. N'en vîtes-vous pas la démonstration ?

M. JOURDAIN.

Oui.

LE MAÎTRE D'ARMES.

Et c'est en quoi l'on voit de quelle considération nous autres nous devons être dans un état, et combien la science des armes l'emporte hautement sur toutes les autres sciences inutiles, comme la danse, la musique, la...

LE MAÎTRE A DANSER.

Tout beau ! monsieur le tireur d'armes ; ne parlez de la danse qu'avec respect.

LE MAÎTRE DE MUSIQUE.

Apprenez, je vous prie, à mieux traiter l'excellence de la musique.

LE MAÎTRE D'ARMES.

Vous êtes de plaisantes gens de vouloir comparer vos sciences à la mienne!

LE MAÎTRE DE MUSIQUE.

Voyez un peu l'homme d'importance!

LE MAÎTRE A DANSER.

Voilà un plaisant animal avec son plastron!

LE MAÎTRE D'ARMES.

Mon petit maître à danser, je vous ferai danser comme il faut. Et vous, mon petit musicien, je vous ferai chanter de la belle manière.

LE MAÎTRE A DANSER.

Monsieur le batteur de fer, je vous apprendrai votre métier.

M. JOURDAIN, *au maître à danser.*

Êtes-vous fou de l'aller quereller, lui qui entend la tierce et la quarte, et qui sait tuer un homme par raison démonstrative?

LE MAÎTRE A DANSER.

Je me moque de sa raison démonstrative, et de sa tierce et de sa quarte.

M. JOURDAIN, *au maître à danser.*

Tout doux! vous dis-je.

LE MAÎTRE D'ARMES, *au maître à danser.*

Comment, petit impertinent!

M. JOURDAIN.

Hé, mon maître d'armes!

LE MAÎTRE A DANSER, *au maître d'armes.*

Comment, grand cheval de carrosse!

M. JOURDAIN.
Hé, mon maître à danser!
LE MAÎTRE D'ARMES.
Si je me jette sur vous...
M. JOURDAIN, *au maître d'armes.*
Doucement!
LE MAÎTRE A DANSER.
Si je mets sur vous la main...
M. JOURDAIN, *au maître à danser.*
Tout beau!
LE MAÎTRE D'ARMES.
Je vous étrillerai d'un air...
M. JOURDAIN, *au maître d'armes.*
De grace!
LE MAÎTRE A DANSER.
Je vous rosserai d'une manière...
M. JOURDAIN, *au maître à danser.*
Je vous prie.
LE MAÎTRE DE MUSIQUE.
Laissez-nous un peu lui apprendre à parler.
M. JOURDAIN, *au maître de musique.*
Mon dieu, arrêtez-vous!

SCÈNE IV.

UN MAITRE DE PHILOSOPHIE, M. JOURDAIN, LE MAITRE DE MUSIQUE, LE MAITRE A DANSER, LE MAITRE D'ARMES, UN LAQUAIS.

M. JOURDAIN.
Holà, monsieur le philosophe! vous arrivez tout

à propos avec votre philosophie. Venez un peu mettre la paix entre ces personnes-ci.

LE MAÎTRE DE PHILOSOPHIE.

Qu'est-ce donc? Qu'y a-t-il, messieurs?

M. JOURDAIN.

Ils se sont mis en colère pour la préférence de leurs professions, jusqu'à se dire des injures et en vouloir venir aux mains.

LE MAÎTRE DE PHILOSOPHIE.

Hé quoi, messieurs! faut-il s'emporter de la sorte? Et n'avez-vous point lu le docte traité que Sénèque a composé de la Colère? Y a-t-il rien de plus bas et de plus honteux que cette passion, qui fait d'un homme une bête féroce? et la raison ne doit-elle pas être maîtresse de tous nos mouvements?

LE MAÎTRE A DANSER.

Comment, monsieur! il vient nous dire des injures à tous deux, en méprisant la danse, que j'exerce, et la musique, dont il fait profession!

LE MAÎTRE DE PHILOSOPHIE.

Un homme sage est au dessus de toutes les injures qu'on lui peut dire; et la grande réponse qu'on doit faire aux outrages, c'est la modération et la patience.

LE MAÎTRE D'ARMES.

Ils ont tous deux l'audace de vouloir comparer leurs professions à la mienne!

LE MAÎTRE DE PHILOSOPHIE.

Faut-il que cela vous émeuve? ce n'est pas de vaine gloire et de condition que les hommes doivent disputer entre eux; et ce qui nous distingue parfaitement les uns des autres, c'est la sagesse et la vertu.

LE MAÎTRE A DANSER.

Je lui soutiens que la danse est une science à laquelle on ne peut faire assez d'honneur.

LE MAÎTRE DE MUSIQUE.

Et moi, que la musique en est une que tous les siècles ont révérée.

LE MAÎTRE D'ARMES.

Et moi, je leur soutiens à tous deux que la science de tirer des armes est la plus belle et la plus nécessaire de toutes les sciences.

LE MAÎTRE DE PHILOSOPHIE.

Et que sera donc la philosophie? Je vous trouve tous trois bien impertinents de parler devant moi avec cette arrogance, et de donner impudemment le nom de science à des choses que l'on ne doit pas même honorer du nom d'art, et qui ne peuvent être comprises que sous le nom de métier misérable de gladiateur, de chanteur et de baladin.

LE MAÎTRE D'ARMES.

Allez, philosophe de chien!

LE MAÎTRE DE MUSIQUE.

Allez, bélître de pédant!

LE MAÎTRE A DANSER.

Allez, cuistre fieffé.

LE MAÎTRE DE PHILOSOPHIE.

Comment, marauds que vous êtes... (*Le philosophe se jette sur eux, et tous trois le chargent de coups.*)

M. JOURDAIN.

Monsieur le philosophe!

LE MAÎTRE DE PHILOSOPHIE.

Infames, coquins, insolents!

M. JOURDAIN.

Monsieur le philosophe!

LE MAÎTRE D'ARMES.

La peste de l'animal!

M. JOURDAIN.

Messieurs!

LE MAÎTRE DE PHILOSOPHIE.

Impudents!

M. JOURDAIN.

Monsieur le philosophe!

LE MAÎTRE A DANSER.

Diantre soit de l'âne bâté!

M. JOURDAIN.

Messieurs!

LE MAÎTRE DE PHILOSOPHIE.

Scélérats!

M. JOURDAIN.

Monsieur le philosophe!

LE MAÎTRE DE MUSIQUE.

Au diable l'impertinent!

M. JOURDAIN.

Messieurs!

LE MAÎTRE DE PHILOSOPHIE.

Fripons, gueux, traîtres, imposteurs!

M. JOURDAIN.

Monsieur le philosophe! Messieurs! Monsieur le philosophe! Messieurs! Monsieur le philosophe!

(*Ils sortent en se battant.*)

SCÈNE V.

M. JOURDAIN, UN LAQUAIS.

M. JOURDAIN.

Oh! battez-vous tant qu'il vous plaira, je n'y saurois que faire, et je n'irai pas gâter ma robe pour vous séparer. Je serois bien fou de m'aller fourrer parmi eux, pour recevoir quelque coup qui me feroit mal.

SCÈNE VI.

LE MAITRE DE PHILOSOPHIE, M. JOURDAIN, UN LAQUAIS.

LE MAÎTRE DE PHILOSOPHIE, *raccommodant son collet.*

Venons à notre leçon.

M. JOURDAIN.

Ah, monsieur! je suis fâché des coups qu'ils vous ont donnés.

LE MAÎTRE DE PHILOSOPHIE.

Cela n'est rien. Un philosophe sait recevoir comme il faut les choses; et je vais composer contre eux une satire, du style de Juvénal, qui les déchirera de la belle façon. Laissons cela. Que voulez-vous apprendre?

M. JOURDAIN.

Tout ce que je pourrai : car j'ai toutes les envies

du monde d'être savant; et j'enrage que mon père et ma mère ne m'aient pas fait bien étudier dans toutes les sciences, quand j'étois jeune.

LE MAÎTRE DE PHILOSOPHIE.

Ce sentiment est raisonnable; *nam, sine doctrina, vita est quasi mortis imago.* Vous entendez cela, et vous savez le latin, sans doute?

M. JOURDAIN.

Oui; mais faites comme si je ne le savois pas; expliquez-moi ce que cela veut dire.

LE MAÎTRE DE PHILOSOPHIE.

Cela veut dire que, *sans la science, la vie est presque une image de la mort.*

M. JOURDAIN.

Ce latin-là a raison.

LE MAÎTRE DE PHILOSOPHIE.

N'avez-vous point quelques principes, quelques commencements des sciences?

M. JOURDAIN.

Oh, oui! Je sais lire et écrire.

LE MAÎTRE DE PHILOSOPHIE.

Par où vous plaît-il que nous commencions? Voulez-vous que je vous apprenne la logique?

M. JOURDAIN.

Qu'est-ce que c'est que cette logique?

LE MAÎTRE DE PHILOSOPHIE.

C'est elle qui enseigne les trois opérations de l'esprit.

M. JOURDAIN.

Qui sont-elles, ces trois opérations de l'esprit?

LE MAÎTRE DE PHILOSOPHIE.

La première, la seconde et la troisième. La première est de bien concevoir, par le moyen des universaux; la seconde, de bien juger, par le moyen des catégories; et la troisième, de bien tirer une conséquence, par le moyen des figures, *Barbara celarent, Darii, ferio, baralipton,* etc.

M. JOURDAIN.

Voilà des mots qui sont trop rébarbatifs. Cette logique-là ne me revient point. Apprenons autre chose qui soit plus joli.

LE MAÎTRE DE PHILOSOPHIE.

Voulez-vous apprendre la morale?

M. JOURDAIN.

La morale?

LE MAÎTRE DE PHILOSOPHIE.

Oui.

M. JOURDAIN.

Qu'est-ce qu'elle dit, cette morale?

LE MAÎTRE DE PHILOSOPHIE.

Elle traite de la félicité, enseigne aux hommes à modérer leurs passions, et...

M. JOURDAIN.

Non, laissons cela : je suis bilieux comme tous les diables, et il n'y a morale qui tienne; je me veux mettre en colère tout mon soûl quand il m'en prend envie.

LE MAÎTRE DE PHILOSOPHIE.

Est-ce la physique que vous voulez apprendre?

M. JOURDAIN.

Qu'est-ce qu'elle chante, cette physique?

LE MAÎTRE DE PHILOSOPHIE.

La physique est celle qui explique les principes des choses naturelles, et les propriétés du corps; qui discourt de la nature des éléments, des métaux, des minéraux, des pierres, des plantes et des animaux; et nous enseigne les causes de tous les météores, l'arc-en-ciel, les feux volants, les comètes, les éclairs, le tonnerre, la foudre, la pluie, la neige, la grêle, les vents et les tourbillons.

M. JOURDAIN.

Il y a trop de tintamarre là dedans, trop de brouillamini.

LE MAÎTRE DE PHILOSOPHIE.

Que voulez-vous donc que je vous apprenne?

M. JOURDAIN.

Apprenez-moi l'orthographe.

LE MAÎTRE DE PHILOSOPHIE.

Très volontiers.

M. JOURDAIN.

Après, vous m'apprendrez l'almanach, pour savoir quand il y a de la lune, et quand il n'y en a point.

LE MAÎTRE DE PHILOSOPHIE.

Soit. Pour bien suivre votre pensée, et traiter cette matière en philosophe, il faut commencer, selon l'ordre des choses, par une exacte connoissance de la nature des lettres et de la différente manière de les prononcer toutes. Et là dessus j'ai à vous dire que les lettres sont divisées en voyelles, ainsi dites voyelles, parce qu'elles expriment les voix; et en consonnes, ainsi appelées consonnes, parce qu'elles sonnent avec les voyelles, et ne font que marquer les diverses articulations des voix. Il y a cinq voyelles ou voix, A, E, I, O, U.

M. JOURDAIN.

J'entends tout cela.

LE MAÎTRE DE PHILOSOPHIE.

La voix A se forme en ouvrant fort la bouche : A.

M. JOURDAIN.

A, A. Oui.

LE MAÎTRE DE PHILOSOPHIE.

La voix E se forme en rapprochant la mâchoire d'en-bas de celle d'en-haut : A, E.

M. JOURDAIN.

A, E, A, E. Ma foi, oui. Ah, que cela est beau!

LE MAÎTRE DE PHILOSOPHIE.

Et la voix I, en rapprochant encore davantage les mâchoires l'une de l'autre, et écartant les deux coins de la bouche vers les oreilles : A, E, I.

M. JOURDAIN.

A, E, I, I, I, I. Cela est vrai. Vive la science!

LE MAÎTRE DE PHILOSOPHIE.

La voix O se forme en rouvrant les mâchoires et rapprochant les lèvres par les deux coins, le haut et le bas : O.

M. JOURDAIN.

O, O. Il n'y a rien de plus juste. A, E, I, O; I, O. Cela est admirable! I, O; I, O.

LE MAÎTRE DE PHILOSOPHIE.

L'ouverture de la bouche fait justement comme un petit rond qui représente un O.

M. JOURDAIN.

O, O, O. Vous avez raison. O. Ah, la belle chose que de savoir quelque chose!

LE MAÎTRE DE PHILOSOPHIE.

La voix U se forme en rapprochant les dents sans les joindre entièrement, en allongeant les deux lèvres en dehors, les approchant aussi l'une de l'autre, sans les joindre tout-à-fait : U.

M. JOURDAIN.

U, U. Il n'y a rien de plus véritable. U.

LE MAÎTRE DE PHILOSOPHIE.

Vos deux lèvres s'allongent comme si vous faisiez la moue; d'où vient que, si vous voulez la faire à quelqu'un, et vous moquer de lui, vous ne sauriez lui dire que U.

M. JOURDAIN.

U, U. Cela est vrai. Ah, que n'ai-je étudié plus tôt pour savoir tout cela!

LE MAÎTRE DE PHILOSOPHIE.

Demain, nous verrons les autres lettres, qui sont les consonnes.

M. JOURDAIN.

Est-ce qu'il y a des choses aussi curieuses qu'à celles-ci?

LE MAÎTRE DE PHILOSOPHIE.

Sans doute. La consonne D, par exemple, se prononce en donnant du bout de la langue au dessus des dents d'en haut : DA.

M. JOURDAIN.

DA, DA. Oui. Ah, les belles choses, les belles choses !

LE MAÎTRE DE PHILOSOPHIE.

L'F, en appuyant les dents d'en-haut sur la lèvre de dessous : FA.

M. JOURDAIN.

FA, FA. C'est la vérité. Ah, mon père et ma mère, que je vous veux de mal !

LE MAÎTRE DE PHILOSOPHIE.

Et l'R, en portant le bout de la langue jusqu'au haut du palais ; de sorte qu'étant frôlée par l'air qui sort avec force, elle lui cède, et revient toujours au même endroit, faisant une manière de tremblement : R, RA.

M. JOURDAIN.

R, R, RA, R, R, R, R, R, RA. Cela est vrai. Ah, l'habile homme que vous êtes ! et que j'ai perdu de temps ! R, R, R, RA.

LE MAÎTRE DE PHILOSOPHIE.

Je vous expliquerai à fond toutes ces curiosités.

M. JOURDAIN.

Je vous en prie. Au reste, il faut que je vous fasse une confidence. Je suis amoureux d'une personne de grande qualité, je souhaiterois que vous m'aidassiez à lui écrire quelque chose dans un petit billet que je veux laisser tomber à ses pieds.

LE MAÎTRE DE PHILOSOPHIE.

Fort bien.

M. JOURDAIN.

Cela sera galant; oui.

LE MAÎTRE DE PHILOSOPHIE.

Sans doute. Sont-ce des vers que vous lui voulez écrire?

M. JOURDAIN.

Non, non, point de vers.

LE MAÎTRE DE PHILOSOPHIE.

Vous ne voulez que de la prose?

M. JOURDAIN.

Non, je ne veux ni prose ni vers.

LE MAÎTRE DE PHILOSOPHIE.

Il faut bien que ce soit l'un ou l'autre.

M. JOURDAIN.

Pourquoi?

LE MAÎTRE DE PHILOSOPHIE.

Par la raison, monsieur, qu'il n'y a pour s'exprimer que la prose ou les vers.

M. JOURDAIN.

Il n'y a que la prose ou les vers?

LE MAÎTRE DE PHILOSOPHIE.

Non, monsieur. Tout ce qui n'est point prose est vers, et tout ce qui n'est point vers est prose.

M. JOURDAIN.

Et comme l'on parle, qu'est-ce que c'est donc que cela?

LE MAÎTRE DE PHILOSOPHIE.

De la prose.

M. JOURDAIN.

Quoi! quand je dis, « Nicole, apportez-moi mes pantoufles, et me donnez mon bonnet de nuit, » c'est de la prose?

LE MAÎTRE DE PHILOSOPHIE.

Oui, monsieur.

M. JOURDAIN.

Par ma foi, il y a plus de quarante ans que je dis de la prose sans que j'en susse rien; et je vous suis le plus obligé du monde de m'avoir appris cela. Je voudrois donc lui mettre dans un billet, *Belle marquise, vos beaux yeux me font mourir d'amour;* mais je voudrois que cela fût mis d'une manière galante, que cela fût tourné gentiment.

LE MAÎTRE DE PHILOSOPHIE.

Mettre, que les feux de ses yeux réduisent votre cœur en cendres; que vous souffrez nuit et jour pour elle les violences d'un...

M. JOURDAIN.

Non, non, non; je ne veux point tout cela. Je ne veux que ce que je vous ai dit: *Belle marquise, vos beaux yeux me font mourir d'amour.*

LE MAÎTRE DE PHILOSOPHIE.

Il faut bien étendre un peu la chose.

M. JOURDAIN.

Non, vous dis-je; je ne veux que ces seules paroles-là dans le billet, mais tournées à la mode, bien arrangées comme il faut. Je vous prie de me dire un peu, pour voir, les diverses manières dont on les peut mettre.

LE MAÎTRE DE PHILOSOPHIE.

On les peut mettre, premièrement, comme vous avez dit : *Belle marquise, vos beaux yeux me font mourir d'amour;* ou bien : *D'amour mourir me font, belle marquise, vos beaux yeux;* ou bien : *Vos yeux beaux d'amour me font, belle marquise, mourir;* ou bien : *Mourir vos beaux yeux, belle marquise, d'amour me font;* ou bien : *Me font vos yeux beaux mourir, belle marquise, d'amour.*

M. JOURDAIN.

Mais de toutes ces façons-là, laquelle est la meilleure?

LE MAÎTRE DE PHILOSOPHIE.

Celle que vous avez dite : *Belle marquise, vos beaux yeux me font mourir d'amour.*

M. JOURDAIN.

Cependant je n'ai point étudié, et j'ai fait cela tout du premier coup. Je vous remercie de tout mon cœur, et je vous prie de venir demain de bonne heure.

LE MAÎTRE DE PHILOSOPHIE.

Je n'y manquerai pas.

SCÈNE VII.

M. JOURDAIN, UN LAQUAIS.

M. JOURDAIN, *à son laquais.*

Comment! mon habit n'est pas encore arrivé?

LE LAQUAIS.

Non, monsieur.

M. JOURDAIN.

Ce maudit tailleur me fait bien attendre pour un jour où j'ai tant d'affaires. J'enrage. Que la fièvre quartaine puisse serrer bien fort le bourreau de tailleur! Au diable le tailleur! La peste étouffe le tailleur! Si je le tenois maintenant, ce tailleur détestable, ce chien de tailleur-là, ce traître de tailleur, je...

SCÈNE VIII.

M. JOURDAIN, UN MAITRE TAILLEUR; UN GARÇON TAILLEUR, *portant l'habit de M. Jourdain;* UN LAQUAIS.

M. JOURDAIN.

Ah, vous voilà! Je m'allois mettre en colère contre vous.

LE MAÎTRE TAILLEUR.

Je n'ai pas pu venir plus tôt, et j'ai mis vingt garçons après votre habit.

M. JOURDAIN.

Vous m'avez envoyé des bas de soie si étroits, que j'ai eu toutes les peines du monde à les mettre, et il y a déja deux mailles de rompues.

LE MAÎTRE TAILLEUR.

Ils ne s'élargiront que trop.

M. JOURDAIN.

Oui, si je romps toujours des mailles. Vous m'avez aussi fait faire des souliers qui me blessent furieusement.

LE MAÎTRE TAILLEUR.

Point du tout, monsieur.

M. JOURDAIN.

Comment, point du tout?

LE MAÎTRE TAILLEUR.

Non, ils ne vous blessent point.

M. JOURDAIN.

Je vous dis qu'ils me blessent, moi.

LE MAÎTRE TAILLEUR.

Vous vous imaginez cela.

M. JOURDAIN.

Je me l'imagine parce que je le sens. Voyez la belle raison!

LE MAÎTRE TAILLEUR.

Tenez, voilà le plus bel habit de la cour et le mieux assorti. C'est un chef-d'œuvre que d'avoir inventé un habit sérieux qui ne fût pas noir; et je le donne en six coups aux tailleurs les plus éclairés.

M. JOURDAIN.

Qu'est-ce que c'est que ceci? vous avez mis les fleurs en en-bas?

LE MAÎTRE TAILLEUR.

Vous ne m'avez point dit que vous les vouliez en en-haut.

M. JOURDAIN.

Est-ce qu'il faut dire cela?

LE MAÎTRE TAILLEUR.

Oui vraiment. Toutes les personnes de qualité les portent de la sorte.

ACTE II, SCÈNE VIII.

M. JOURDAIN.

Les personnes de qualité portent les fleurs en en-bas?

LE MAÎTRE TAILLEUR.

Oui, monsieur.

M. JOURDAIN.

Oh, voilà qui est donc bien !

LE MAÎTRE TAILLEUR.

Si vous voulez, je les mettrai en en-haut.

M. JOURDAIN.

Non, non.

LE MAÎTRE TAILLEUR.

Vous n'avez qu'à dire.

M. JOURDAIN.

Non, vous dis-je; vous avez bien fait. Croyez-vous que l'habit m'aille bien?

LE MAÎTRE TAILLEUR.

Belle demande! Je défie un peintre avec son pinceau de vous faire rien de plus juste. J'ai chez moi un garçon qui, pour monter une ringrave, est le plus grand génie du monde; et un autre qui, pour assembler un pourpoint, est le héros de notre temps.

M. JOURDAIN.

La perruque et les plumes sont-elles comme il faut?

LE MAÎTRE TAILLEUR.

Tout est bien.

M. JOURDAIN, *regardant l'habit du tailleur.*

Ah, ah, monsieur le tailleur! voilà de mon étoffe

du dernier habit que vous m'avez fait. Je la reconnois bien.

LE MAÎTRE TAILLEUR.

C'est que l'étoffe me sembla si belle, que j'en ai voulu lever un habit pour moi.

M. JOURDAIN.

Oui; mais il ne falloit pas le lever avec le mien.

LE MAÎTRE TAILLEUR.

Voulez-vous mettre votre habit?

M. JOURDAIN.

Oui; donnez-le-moi.

LE MAÎTRE TAILLEUR.

Attendez : cela ne va pas comme cela. J'ai amené des gens pour vous habiller en cadence; et ces sortes d'habits se mettent avec cérémonie. Holà! entrez, vous autres.

SCÈNE IX.

M. JOURDAIN, LE MAITRE TAILLEUR, LE GARÇON TAILLEUR; GARÇONS TAILLEURS dansants, UN LAQUAIS.

LE MAÎTRE TAILLEUR, *à ses garçons.*

Mettez cet habit à monsieur de la manière que vous faites aux personnes de qualité.

PREMIÈRE ENTRÉE DE BALLET.

Les quatre garçons tailleurs dansants s'approchent de M. Jourdain. Deux lui arrachent le haut-de chausse de ses exercices, les deux autres lui ôtent la camisole; après quoi, toujours en cadence, ils lui mettent son habit neuf. M. Jourdain se promène au milieu d'eux, et leur montre son habit pour voir s'il est bien fait.

ACTE II, SCÈNE IX.

GARÇON TAILLEUR.

Mon gentilhomme, donnez, s'il vous plaît, aux garçons quelque chose pour boire.

M. JOURDAIN.

Comment m'appelez-vous?

GARÇON TAILLEUR.

Mon gentilhomme.

M. JOURDAIN.

Mon gentilhomme! Voilà ce que c'est que de se mettre en personne de qualité. Allez-vous-en demeurer toujours habillé en bourgeois, on ne vous dira point mon gentilhomme. (*donnant de l'argent.*) Tenez, voilà pour mon gentilhomme.

GARÇON TAILLEUR.

Monseigneur, nous vous sommes bien obligés.

M. JOURDAIN.

Monseigneur! Oh, oh! monseigneur! attendez, mon ami, monseigneur mérite quelque chose; et ce n'est pas une petite parole que monseigneur. Tenez, voilà ce que monseigneur vous donne.

GARÇON TAILLEUR.

Monseigneur, nous allons boire tous à la santé de votre grandeur.

M. JOURDAIN.

Votre grandeur! Oh, oh, oh! Attendez; ne vous en allez pas. A moi, votre grandeur! (*bas, à part.*) Ma foi, s'il va jusqu'à l'altesse, il aura toute la bourse. (*haut.*) Tenez, voilà pour ma grandeur.

GARÇON TAILLEUR.

Monseigneur, nous la remercions très humblement de ses libéralités.

M. JOURDAIN.

Il a bien fait; je lui allois tout donner.

SCÈNE X.

DEUXIÈME ENTRÉE DE BALLET.

Les quatre garçons tailleurs se réjouissent, en dansant, de la libéralité de M. Jourdain.

FIN DU SECOND ACTE.

ACTE TROISIÈME.

SCÈNE I.

M. JOURDAIN, DEUX LAQUAIS.

M. JOURDAIN.

Suivez-moi, que j'aille un peu montrer mon habit par la ville, et surtout ayez soin tous deux de marcher immédiatement sur mes pas, afin qu'on voie bien que vous êtes avec moi.

LAQUAIS.

Oui, monsieur.

M. JOURDAIN.

Appelez-moi Nicole, que je lui donne quelques ordres. Ne bougez; la voilà.

SCÈNE II.

M. JOURDAIN, NICOLE, DEUX LAQUAIS.

M. JOURDAIN.

Nicole!

NICOLE.

Plaît-il?

M. JOURDAIN.

Écoutez.

NICOLE, *riant*.

Hi, hi, hi, hi, hi.

M. JOURDAIN.

Qu'as-tu à rire?

NICOLE.

Hi, hi, hi, hi, hi, hi.

M. JOURDAIN.

Que veut dire cette coquine-là?

NICOLE.

Hi, hi, hi. Comme vous voilà bâti! Hi, hi, hi.

M. JOURDAIN.

Comment donc?

NICOLE.

Ha, ha! Mon dieu! Hi, hi, hi, hi.

M. JOURDAIN.

Quelle friponne est-ce là? Te moques-tu de moi?

NICOLE.

Nenni, monsieur; j'en serois bien fâchée. Hi, hi, hi, hi, hi, hi.

M. JOURDAIN.

Je te baillerai sur le nez, si tu ris davantage.

NICOLE.

Monsieur, je ne puis pas m'en empêcher. Hi, hi, hi, hi, hi, hi.

M. JOURDAIN.

Tu ne t'arrêteras pas?

NICOLE.

Monsieur, je vous demande pardon; mais vous êtes si plaisant, que je ne me saurois tenir de rire. Hi, hi, hi.

M. JOURDAIN.

Mais voyez quelle insolence!

NICOLE.

Vous êtes tout-à-fait drôle comme cela. Hi, hi.

M. JOURDAIN.

Je te...

NICOLE.

Je vous prie de m'excuser. Hi, hi, hi, hi.

M. JOURDAIN.

Tiens, si tu ris encore le moins du monde, je te jure que je t'appliquerai sur la joue le plus grand soufflet qui se soit jamais donné.

NICOLE.

Hé bien, monsieur, voilà qui est fait, je ne rirai plus.

M. JOURDAIN.

Prends-y bien garde. Il faut que, pour tantôt, tu nettoies...

NICOLE.

Hi, hi.

M. JOURDAIN.

Que tu nettoies comme il faut...

NICOLE.

Hi, hi.

M. JOURDAIN.

Il faut, dis-je, que tu nettoies la salle, et...

NICOLE.

Hi, hi.

M. JOURDAIN.

Encore?

NICOLE, *tombant à force de rire.*

Tenez, monsieur, battez-moi plutôt, et me laissez rire tout mon saoul ; cela me fera plus de bien. Hi, hi, hi, hi.

M. JOURDAIN.

J'enrage !

NICOLE.

De grace, monsieur, je vous prie de me laisser rire. Hi, hi, hi.

M. JOURDAIN.

Si je te prends...

NICOLE.

Monsieur, je crèverai, ai, si je ne ris. Hi, hi, hi.

M. JOURDAIN.

Mais a-t-on jamais vu une pendarde comme celle-là, qui me vient rire insolemment au nez, au lieu de recevoir mes ordres ?

NICOLE.

Que voulez-vous que je fasse, monsieur ?

M. JOURDAIN.

Que tu songes, coquine, à préparer ma maison pour la compagnie qui doit venir tantôt.

NICOLE, *se relevant.*

Ah, par ma foi ! je n'ai plus envie de rire ; et toutes vos compagnies font tant de désordre céans, que ce mot est assez pour me mettre de mauvaise humeur.

M. JOURDAIN.

Ne dois-je point, pour toi, fermer ma porte à tout le monde ?

NICOLE.

Vous devriez, au moins, la fermer à certaines gens.

SCÈNE III.

MADAME JOURDAIN, M. JOURDAIN, NICOLE, DEUX LAQUAIS.

MADAME JOURDAIN.

Ah, ah! voici une nouvelle histoire! Qu'est-ce que c'est donc, mon mari, que cet équipage-là? Vous moquez-vous du monde de vous être fait enharnacher de la sorte? et avez-vous envie qu'on se raille partout de vous?

M. JOURDAIN.

Il n'y a que des sots et des sottes, ma femme, qui se railleront de moi.

MADAME JOURDAIN.

Vraiment, on n'a pas attendu jusqu'à cette heure; et il y a long-temps que vos façons de faire donnent à rire à tout le monde.

M. JOURDAIN.

Qui est donc tout ce monde-là, s'il vous plaît?

MADAME JOURDAIN.

Tout ce monde-là est un monde qui a raison, et qui est plus sage que vous. Pour moi, je suis scandalisée de la vie que vous menez. Je ne sais plus ce que c'est que notre maison : on diroit qu'il est céans carême-prenant tous les jours; et dès le matin, de peur d'y manquer, on y entend des vacarmes de violons et de chanteurs dont tout le voisinage se trouve incommodé.

NICOLE.

Madame parle bien. Je ne saurois plus voir mon ménage propre avec cet attirail de gens que vous faites venir chez vous. Ils ont des pieds qui vont chercher de la boue dans tous les quartiers de la ville pour l'apporter ici; et la pauvre Françoise est presque sur les dents à frotter les planchers que vos biaux maîtres viennent crotter régulièrement tous les jours.

M. JOURDAIN.

Ouais! notre servante Nicole, vous avez le caquet bien affilé pour une paysanne!

MADAME JOURDAIN.

Nicole a raison, et son sens est meilleur que le vôtre. Je voudrois bien savoir ce que vous pensez faire d'un maître à danser à l'âge que vous avez.

NICOLE.

Et d'un grand maître tireur d'armes qui vient, avec ses battements de pieds, ébranler toute la maison, et nous déraciner tous les carriaux de notre salle.

M. JOURDAIN.

Taisez-vous, ma servante et ma femme.

MADAME JOURDAIN.

Est-ce que vous voulez apprendre à danser pour quand vous n'aurez plus de jambes?

NICOLE.

Est-ce que vous avez envie de tuer quelqu'un?

M. JOURDAIN.

Taisez-vous, vous dis-je, vous êtes des ignorantes

l'une et l'autre ; et vous ne savez pas les prérogatives de tout cela.

MADAME JOURDAIN.

Vous devriez bien plutôt songer à marier votre fille, qui est en âge d'être pourvue.

M. JOURDAIN.

Je songerai à marier ma fille quand il se présentera un parti pour elle; mais je veux songer aussi à apprendre les belles choses.

NICOLE.

J'ai encore ouï dire, madame, qu'il a pris aujourd'hui, pour renfort de potage, un maître de philosophie.

M. JOURDAIN.

Fort bien. Je veux avoir de l'esprit, et savoir raisonner des choses parmi les honnêtes gens.

MADAME JOURDAIN.

N'irez-vous point un de ces jours au collége vous faire donner le fouet à votre âge ?

M. JOURDAIN.

Pourquoi non ? Plût à Dieu l'avoir tout-à-l'heure le fouet devant tout le monde, et savoir ce qu'on apprend au collége!

NICOLE.

Oui, ma foi, cela vous rendroit la jambe bien mieux faite.

M. JOURDAIN.

Sans doute.

MADAME JOURDAIN.

Tout cela est fort nécessaire pour conduire votre maison!

M. JOURDAIN.

Assurément. Vous parlez toutes deux comme des bêtes, et j'ai honte de votre ignorance. Par exemple, (*à madame Jourdain.*) savez-vous, vous, ce que c'est que vous dites à cette heure?

MADAME JOURDAIN.

Oui; je sais que ce que je dis est fort bien dit, et que vous devriez songer à vivre d'autre sorte.

M. JOURDAIN.

Je ne parle pas de cela. Je vous demande ce que c'est que les paroles que vous dites ici.

MADAME JOURDAIN.

Ce sont des paroles bien sensées; et votre conduite ne l'est guère.

M. JOURDAIN.

Je ne parle pas de cela, vous dis-je; je vous demande, ce que je parle avec vous, ce que je vous dis à cette heure, qu'est-ce que c'est?

MADAME JOURDAIN.

Des chansons.

M. JOURDAIN.

Hé, non! ce n'est pas cela. Ce que nous disons tous deux? le langage que nous parlons à cette heure?

MADAME JOURDAIN.

Hé bien?

M. JOURDAIN.

Comment est-ce que cela s'appelle?

MADAME JOURDAIN.

Cela s'appelle comme on veut l'appeler.

M. JOURDAIN.
C'est de la prose, ignorante.
MADAME JOURDAIN.
De la prose?
M. JOURDAIN.
Oui, de la prose. Tout ce qui est prose n'est point vers, et tout ce qui n'est point vers est prose. Et voilà ce que c'est que d'étudier. (*à Nicole.*) Et toi, sais-tu bien comme il faut faire pour dire un U?
NICOLE.
Comment?
M. JOURDAIN.
Oui, qu'est-ce que tu fais quand tu dis un U?
NICOLE.
Quoi?
M. JOURDAIN.
Dis un peu U, pour voir.
NICOLE.
Hé bien, U.
M. JOURDAIN.
Qu'est-ce que tu fais?
NICOLE.
Je dis U.
M. JOURDAIN.
Oui; mais quand tu dis U, qu'est-ce que tu fais?
NICOLE.
Je fais ce que vous me dites.
M. JOURDAIN.
Oh, l'étrange chose que d'avoir affaire à des bêtes! Tu allonges les lèvres en dehors, et approches la mâ-

choire d'en-haut de celle d'en-bas : U, vois-tu? je fais la moue; U.

NICOLE.

Oui, cela est biau!

MADAME JOURDAIN.

Voilà qui est admirable!

M. JOURDAIN.

C'est bien autre chose, si vous aviez vu O et DA, DA, et FA, FA.

MADAME JOURDAIN.

Qu'est-ce que c'est donc que tout ce galimatias-là?

NICOLE.

De quoi est-ce que tout cela guérit?

M. JOURDAIN.

J'enrage, quand je vois des femmes ignorantes.

MADAME JOURDAIN.

Allez, vous devriez envoyer promener tous ces gens-là avec leurs fariboles.

NICOLE.

Et surtout ce grand escogriffe de maître d'armes, qui remplit de poudre tout mon ménage.

M. JOURDAIN.

Ouais! ce maître d'armes vous tient bien au cœur! Je te veux faire voir ton impertinence tout-à-l'heure. (*après avoir fait apporter les fleurets, et en avoir donné un à Nicole.*) Tiens; raison démonstrative : la ligne du corps. Quand on pousse en quarte, on n'a qu'à faire cela; et, quand on pousse en tierce, on n'a qu'à faire cela. Voilà le moyen de n'être jamais tué; et cela n'est-il pas beau d'être assuré de son fait, quand on se bat contre quelqu'un? Là, pousse-moi un peu pour voir.

NICOLE.

Hé bien, quoi? (*Nicole pousse plusieurs bottes à M. Jourdain.*)

M. JOURDAIN.

Tout beau! Holà! Oh, doucement! Diantre soit la coquine!

NICOLE.

Vous me dites de pousser.

M. JOURDAIN.

Oui; mais tu me pousses en tierce, avant que de pousser en quarte, et tu n'as pas la patience que je pare.

MADAME JOURDAIN.

Vous êtes fou, mon mari, avec toutes vos fantaisies; et cela vous est venu depuis que vous vous mêlez de hanter la noblesse.

M. JOURDAIN.

Lorsque je hante la noblesse, je fais paroître mon jugement; et cela est plus beau que de hanter votre bourgeoisie.

MADAME JOURDAIN.

Ça mon vraiment[1]! Il y a fort à gagner à fréquenter vos nobles! et vous avez bien opéré avec ce beau monsieur le comte, dont vous vous êtes embéguiné.

M. JOURDAIN.

Paix! songez à ce que vous dites. Savez-vous bien,

[1] *Ça mon*, corruption de *c'est mon*, vieille expression qui signifioit *cela est certain*.

ma femme, que vous ne savez pas de qui vous parlez, quand vous parlez de lui? C'est une personne d'importance plus que vous ne pensez, un seigneur que l'on considère à la cour, et qui parle au roi tout comme je vous parle. N'est-ce pas une chose qui m'est tout-à-fait honorable, que l'on voie venir chez moi si souvent une personne de cette qualité, qui m'appelle son cher ami, et me traite comme si j'étois son égal? Il a pour moi des bontés qu'on ne devineroit jamais; et, devant tout le monde, il me fait des caresses dont je suis moi-même confus.

MADAME JOURDAIN.

Oui, il a des bontés pour vous et vous fait des caresses; mais il vous emprunte votre argent.

M. JOURDAIN.

Hé bien! ne m'est-ce pas de l'honneur de prêter de l'argent à un homme de cette condition-là? et puis-je faire moins pour un seigneur qui m'appelle son cher ami?

MADAME JOURDAIN.

Et ce seigneur, que fait-il pour vous?

M. JOURDAIN.

Des choses dont on seroit étonné si on les savoit.

MADAME JOURDAIN.

Et quoi?

M. JOURDAIN.

Baste, je ne puis pas m'expliquer. Il suffit que si je lui ai prêté de l'argent, il me le rendra bien, et avant qu'il soit peu.

ACTE III, SCÈNE III.

MADAME JOURDAIN.

Oui, attendez-vous à cela.

M. JOURDAIN.

Assurément. Ne me l'a-t-il pas dit?

MADAME JOURDAIN.

Oui, oui; il ne manquera pas d'y faillir.

M. JOURDAIN.

Il m'a juré sa foi de gentilhomme.

MADAME JOURDAIN.

Chansons!

M. JOURDAIN.

Ouais! vous êtes bien obstinée, ma femme. Je vous dis qu'il me tiendra sa parole, j'en suis sûr.

MADAME JOURDAIN.

Et moi, je suis sûre que non, et que toutes les caresses qu'il vous fait ne sont que pour vous enjôler.

M. JOURDAIN.

Taisez-vous; le voici.

MADAME JOURDAIN.

Il ne nous faut plus que cela. Il vient peut-être encore vous faire quelque emprunt; et il me semble que j'ai dîné quand je le vois.

M. JOURDAIN.

Taisez-vous, vous dis-je.

SCÈNE IV.

DORANTE, M. JOURDAIN, madame JOURDAIN, NICOLE.

DORANTE.

Mon cher ami M. Jourdain, comment vous portez-vous?

M. JOURDAIN.

Fort bien, monsieur, pour vous rendre mes petits services.

DORANTE.

Et madame Jourdain, que voilà, comment se porte-t-elle?

MADAME JOURDAIN.

Madame Jourdain se porte comme elle peut.

DORANTE.

Comment, M. Jourdain! vous voilà le plus propre du monde.

M. JOURDAIN.

Vous voyez.

DORANTE.

Vous avez tout-à-fait bon air avec cet habit; nous n'avons point de jeunes gens à la cour qui soient mieux faits que vous.

M. JOURDAIN.

Hai, hai!

MADAME JOURDAIN, *à part*.

Il le gratte par où il se démange.

DORANTE.

Tournez-vous. Cela est tout-à-fait galant.

MADAME JOURDAIN, *à part.*

Oui, aussi sot par derrière que par devant.

DORANTE.

Ma foi, M. Jourdain, j'avois une impatience étrange de vous voir. Vous êtes l'homme du monde que j'estime le plus, et je parlois de vous encore ce matin dans la chambre du roi.

M. JOURDAIN.

Vous me faites beaucoup d'honneur, monsieur. (*à madame Jourdain.*) Dans la chambre du roi.

DORANTE.

Allons, mettez.

M. JOURDAIN.

Monsieur, je sais le respect que je vous dois.

DORANTE.

Mon dieu, mettez! Point de cérémonie entre nous, je vous prie.

M. JOURDAIN.

Monsieur...

DORANTE.

Mettez, vous dis-je, M. Jourdain; vous êtes mon ami.

M. JOURDAIN.

Monsieur, je suis votre serviteur.

DORANTE.

Je ne me couvrirai point si vous ne vous couvrez.

M. JOURDAIN, *se couvrant.*

J'aime mieux être incivil qu'importun.

DORANTE.

Je suis votre débiteur, comme vous le savez.

MADAME JOURDAIN, *à part.*

Oui, nous ne le savons que trop.

DORANTE.

Vous m'avez généreusement prêté de l'argent en plusieurs occasions; et vous m'avez obligé de la meilleure grace du monde, assurément.

M. JOURDAIN.

Monsieur, vous vous moquez.

DORANTE.

Mais je sais rendre ce qu'on me prête, et reconnoître les plaisirs qu'on me fait.

M. JOURDAIN.

Je n'en doute point, monsieur.

DORANTE.

Je veux sortir d'affaire avec vous, et je viens ici pour faire nos comptes ensemble.

M. JOURDAIN, *bas, à madame Jourdain.*

Hé bien! vous voyez votre impertinence, ma femme.

DORANTE.

Je suis homme qui aime à m'acquitter le plus que je puis.

M. JOURDAIN, *bas, à madame Jourdain.*

Je vous le disois bien.

DORANTE.

Voyons un peu ce que je vous dois.

M. JOURDAIN, *bas, à madame Jourdain.*

Vous voilà avec vos soupçons ridicules.

DORANTE.

Vous souvenez-vous bien de tout l'argent que vous m'avez prêté?

M. JOURDAIN.

Je crois que oui. J'en ai fait un petit mémoire. Le voici. Donné à vous une fois deux cents louis [1].

DORANTE.

Cela est vrai.

M. JOURDAIN.

Une autre fois, six vingts.

DORANTE.

Oui.

M. JOURDAIN.

Une autre fois, cent quarante.

DORANTE.

Vous avez raison.

M. JOURDAIN.

Ces trois articles font quatre cent soixante louis, qui valent cinq mille soixante livres.

DORANTE.

Ce compte est fort bon. Cinq mille soixante livres.

M. JOURDAIN.

Mille huit cent trente-deux livres à votre plumassier.

DORANTE.

Justement.

M. JOURDAIN.

Deux mille sept cent quatre-vingts livres à votre tailleur.

---

[1] Le louis valoit alors 11 francs.

DORANTE.

Il est vrai.

M. JOURDAIN.

Quatre mille trois cent septante-neuf livres douze sols huit deniers à votre marchand.

DORANTE.

Fort bien. Douze sols huit deniers. Le compte est juste.

M. JOURDAIN.

Et mille sept cent quarante-huit livres sept sols quatre deniers à votre sellier.

DORANTE.

Tout cela est véritable. Qu'est-ce que cela fait?

M. JOURDAIN.

Somme totale, quinze mille huit cents livres.

DORANTE.

Somme totale est juste. Quinze mille huit cents livres. Mettez encore deux cents louis que vous m'allez donner; cela fera justement dix-huit mille francs, que je vous payerai au premier jour.

MADAME JOURDAIN, *bas, à M. Jourdain.*

Hé bien! ne l'avois-je pas bien deviné?

M. JOURDAIN, *bas, à madame Jourdain.*

Paix!

DORANTE.

Cela vous incommodera-t-il de me donner ce que je vous dis?

M. JOURDAIN.

Hé! non.

ACTE III, SCÈNE IV.

MADAME JOURDAIN, *bas, à M. Jourdain.*

Cet homme-là fait de vous une vache à lait.

M. JOURDAIN, *bas, à madame Jourdain.*

Taisez-vous.

DORANTE.

Si cela vous incommode, j'en irai chercher ailleurs.

M. JOURDAIN.

Non, monsieur.

MADAME JOURDAIN, *bas, à M. Jourdain.*

Il ne sera pas content qu'il ne vous ait ruiné.

M. JOURDAIN, *bas, à madame Jourdain.*

Taisez-vous, vous dis-je!

DORANTE.

Vous n'avez qu'à me dire si cela vous embarrasse.

M. JOURDAIN.

Point, monsieur.

MADAME JOURDAIN, *bas, à M. Jourdain.*

C'est un vrai enjôleur.

M. JOURDAIN, *bas, à madame Jourdain.*

Taisez-vous donc!

MADAME JOURDAIN, *bas, à M. Jourdain.*

Il vous sucera jusqu'au dernier sol.

M. JOURDAIN, *bas, à madame Jourdain.*

Vous tairez-vous?

DORANTE.

J'ai force gens qui m'en prêteront avec joie; mais, comme vous êtes mon meilleur ami, j'ai cru que je vous ferois tort si j'en demandois à quelque autre.

M. JOURDAIN.

C'est trop d'honneur, monsieur, que vous me faites. Je vais quérir votre affaire.

MADAME JOURDAIN, *bas, à M. Jourdain.*

Quoi! vous allez encore lui donner cela?

M. JOURDAIN, *bas, à madame Jourdain.*

Que faire? Voulez-vous que je refuse un homme de cette condition-là, qui a parlé de moi ce matin dans la chambre du roi?

MADAME JOURDAIN, *bas, à M. Jourdain.*

Allez, vous êtes une vraie dupe.

SCÈNE V.

DORANTE, MADAME JOURDAIN, NICOLE.

DORANTE.

Vous me semblez toute mélancolique. Qu'avez-vous, madame Jourdain?

MADAME JOURDAIN.

J'ai la tête plus grosse que le poing, et si elle n'est pas enflée.

DORANTE.

Mademoiselle votre fille, où est-elle, que je ne la vois point?

MADAME JOURDAIN.

Mademoiselle ma fille est bien où elle est.

DORANTE.

Comment se porte-t-elle?

MADAME JOURDAIN.

Elle se porte sur ses deux jambes.

DORANTE.

Ne voulez-vous point un de ces jours venir voir avec elle le ballet et la comédie que l'on fait chez le roi?

MADAME JOURDAIN.

Oui vraiment, nous avons fort envie de rire; fort envie de rire nous avons!

DORANTE.

Je pense, madame Jourdain, que vous avez eu bien des amants dans votre jeune âge, belle et d'agréable humeur comme vous étiez.

MADAME JOURDAIN.

Tredame[1], monsieur! est-ce que madame Jourdain est décrépite? et la tête lui grouille-t-elle déja?

DORANTE.

Ah, ma foi! madame Jourdain, je vous demande pardon : je ne songeois pas que vous êtes jeune; et je rêve le plus souvent. Je vous prie d'excuser mon impertinence.

SCÈNE VI.

M. JOURDAIN, MADAME JOURDAIN, DORANTE, NICOLE.

M. JOURDAIN, *à Dorante.*
Voilà deux cents louis bien comptés.

DORANTE.

Je vous assure, M. Jourdain, que je suis tout à

---

[1] *Tredame*, expression du style familier, qui vient de *Notre-Dame.*

vous, et que je brûle de vous rendre un service à la cour.

M. JOURDAIN.

Je vous suis trop obligé.

DORANTE.

Si madame Jourdain veut voir le divertissement royal, je lui ferai donner les meilleures places de la salle.

MADAME JOURDAIN.

Madame Jourdain vous baise les mains.

DORANTE, *bas, à M. Jourdain.*

Notre belle marquise, comme je vous ai mandé par mon billet, viendra tantôt ici pour le ballet et le repas; et je l'ai fait consentir enfin au cadeau que vous lui voulez donner.

M. JOURDAIN.

Tirons-nous un peu plus loin, pour cause.

DORANTE.

Il y a huit jours que je ne vous ai vu, et je ne vous ai point mandé de nouvelles du diamant que vous me mîtes entre les mains pour lui en faire présent de votre part : mais c'est que j'ai eu toutes les peines du monde à vaincre son scrupule; et ce n'est que d'aujourd'hui qu'elle s'est résolue à l'accepter.

M. JOURDAIN.

Comment l'a-t-elle trouvé?

DORANTE.

Merveilleux; et je me trompe fort, ou la beauté de ce diamant fera pour vous sur son esprit un effet admirable.

M. JOURDAIN.

Plût au ciel!

MADAME JOURDAIN, *à Nicole.*

Quand il est une fois avec lui, il ne peut le quitter.

DORANTE.

Je lui ai fait valoir comme il faut la richesse de ce présent et la grandeur de votre amour.

M. JOURDAIN.

Ce sont, monsieur, des bontés qui m'accablent; et je suis dans une confusion, la plus grande du monde, de voir une personne de votre qualité s'abaisser pour moi à ce que vous faites.

DORANTE.

Vous moquez-vous? est-ce qu'entre amis on s'arrête à ces sortes de scrupules? et ne feriez-vous pas pour moi la même chose si l'occasion s'en offroit?

M. JOURDAIN.

Oh, assurément! et de très grand cœur.

MADAME JOURDAIN, *bas, à Nicole.*

Que sa présence me pèse sur les épaules!

DORANTE.

Pour moi, je ne regarde rien quand il faut servir un ami; et lorsque vous me fîtes confidence de l'ardeur que vous aviez prise pour cette marquise agréable chez qui j'avois commerce, vous vîtes que d'abord je m'offris de moi-même à servir votre amour.

M. JOURDAIN.

Il est vrai. Ce sont des bontés qui me confondent.

MADAME JOURDAIN, *à Nicole.*

Est-ce qu'il ne s'en ira point?

NICOLE.

Ils se trouvent bien ensemble.

DORANTE.

Vous avez pris le bon biais pour toucher son cœur. Les femmes aiment surtout les dépenses qu'on fait pour elles; et vos fréquentes sérénades, et vos bouquets continuels, ce superbe feu d'artifice qu'elle trouva sur l'eau, le diamant qu'elle a reçu de votre part, et le cadeau que vous lui préparez, tout cela lui parle bien mieux en faveur de votre amour que toutes les paroles que vous auriez pu lui dire vous-même.

M. JOURDAIN.

Il n'y a pas de dépense que je ne fisse, si par là je pouvois trouver le chemin de son cœur. Une femme de qualité a pour moi des charmes ravissants; et c'est un honneur que j'achèterois au prix de toutes choses.

MADAME JOURDAIN, *bas, à Nicole.*

Que peuvent-ils tant dire ensemble? Va-t'en un peu tout doucement prêter l'oreille.

DORANTE.

Ce sera tantôt que vous jouirez à votre aise du plaisir de sa vue; et vos yeux auront tout le temps de se satisfaire.

M. JOURDAIN.

Pour être en pleine liberté, j'ai fait en sorte que ma femme ira dîner chez ma sœur, où elle passera toute l'après-dînée.

DORANTE.

Vous avez fait prudemment, et votre femme auroit

pu nous embarrasser. J'ai donné pour vous l'ordre qu'il faut au cuisinier, et à toutes les choses qui sont nécessaires pour le ballet. Il est de mon invention; et pourvu que l'exécution puisse répondre à l'idée, je suis sûr qu'il sera trouvé...

M. JOURDAIN, *s'apercevant que Nicole écoute, et lui donnant un soufflet.*

Ouais, vous êtes bien impertinente! (*à Dorante.*) Sortons, s'il vous plaît.

SCÈNE VII.

MADAME JOURDAIN, NICOLE.

NICOLE.

Ma foi, madame, la curiosité m'a coûté quelque chose; mais je crois qu'il y a quelque anguille sous roche, et ils parlent de quelque affaire où ils ne veulent pas que vous soyez.

MADAME JOURDAIN.

Ce n'est pas d'aujourd'hui, Nicole, que j'ai conçu des soupçons de mon mari. Je suis la plus trompée du monde, ou il y a quelque amour en campagne; et je travaille à découvrir ce que ce peut être. Mais songeons à ma fille. Tu sais l'amour que Cléonte a pour elle : c'est un homme qui me revient; et je veux aider sa recherche, et lui donner Lucile, si je puis.

NICOLE.

En vérité, madame, je suis la plus ravie du monde de vous voir dans ces sentiments : car si le maître vous revient, le valet ne me revient pas moins; et je souhaiterois que notre mariage se pût faire à l'ombre du leur.

MADAME JOURDAIN.

Va-t'en lui parler de ma part, et lui dire que tout-à-l'heure il me vienne trouver, pour faire ensemble à mon mari la demande de ma fille.

NICOLE.

J'y cours, madame, avec joie; et je ne pouvois recevoir une commission plus agréable. (*seule.*) Je vais, je pense, bien réjouir les gens.

SCÈNE VIII.

CLÉONTE, COVIELLE, NICOLE.

NICOLE, *à Cléonte.*

Ah, vous voilà tout à propos! Je suis une ambassadrice de joie, et je viens...

CLÉONTE.

Retire-toi, perfide! et ne me viens pas amuser avec tes traîtresses paroles.

NICOLE.

Est-ce ainsi que vous recevez...

CLÉONTE.

Retire-toi, te dis-je! et va-t'en de ce pas dire à ton infidèle maîtresse qu'elle n'abusera de sa vie le trop simple Cléonte.

NICOLE.

Quel vertigo est-ce donc là? Mon pauvre Covielle, dis-moi un peu ce que cela veut dire?

COVIELLE.

Ton pauvre Covielle, petite scélérate! Allons, vite, ôte-toi de mes yeux, vilaine, et me laisse en repos.

NICOLE.

Quoi! tu me viens aussi...

COVIELLE.

Ote-toi de mes yeux, te dis-je! et ne me parle de ta vie.

NICOLE, *à part*.

Ouais! quelle mouche les a piqués tous deux? Allons de cette belle histoire informer ma maîtresse.

SCÈNE IX.

CLÉONTE, COVIELLE.

CLÉONTE.

Quoi, traiter un amant de la sorte! et un amant le plus fidèle et le plus passionné de tous les amants!

COVIELLE.

C'est une chose épouvantable que ce qu'on nous fait à tous deux.

CLÉONTE.

Je fais voir pour une personne toute l'ardeur et toute la tendresse qu'on peut imaginer; je n'aime rien au monde qu'elle, et je n'ai qu'elle dans l'esprit; elle fait tous mes soins, tous mes désirs, toute ma joie; je ne parle que d'elle, et je ne pense qu'à elle, je ne fais des songes que d'elle, je ne respire que par elle ; mon cœur vit tout en elle : et voilà de tant d'amitié la digne récompense ! Je suis deux jours sans la voir, qui sont pour moi deux siècles effroyables ; je la rencontre par hasard : mon cœur à cette vue se sent tout transporté, ma joie éclate sur mon visage, je vole avec ravissement vers elle ; et l'infidèle détourne de moi ses regards, et passe brusquement, comme si de sa vie elle ne m'avoit vu !

COVIELLE.

Je dis les mêmes choses que vous.

CLÉONTE.

Peut-on rien voir d'égal, Covielle, à cette perfidie de l'ingrate Lucile ?

COVIELLE

Et à celle, monsieur, de la pendarde de Nicole ?

CLÉONTE.

Après tant de sacrifices ardents, de soupirs, et de vœux que j'ai faits à ses charmes !

COVIELLE.

Après tant d'assidus hommages, de soins et de services que je lui ai rendus dans sa cuisine !

CLÉONTE.

Tant de larmes que j'ai versées à ses genoux !

COVIELLE.

Tant de seaux d'eau que j'ai tirés au puits pour elle !

CLÉONTE.

Tant d'ardeur que j'ai fait paroître à la chérir plus que moi-même !

COVIELLE.

Tant de chaleur que j'ai soufferte à tourner la broche à sa place!

CLÉONTE.

Elle me fuit avec mépris!

COVIELLE.

Elle me tourne le dos avec effronterie!

CLÉONTE.

C'est une perfidie digne des plus grands châtiments.

COVIELLE.

C'est une trahison à mériter mille soufflets.

CLÉONTE.

Ne t'avise point, je te prie, de me jamais parler pour elle.

COVIELLE.

Moi, monsieur? Dieu m'en garde!

CLÉONTE.

Ne viens point m'excuser l'action de cette infidèle.

COVIELLE.

N'ayez pas peur.

CLÉONTE.

Non, vois-tu, tous tes discours pour la défendre ne serviront de rien.

COVIELLE.

Qui songe à cela?

CLÉONTE.

Je veux contre elle conserver mon ressentiment, et rompre ensemble tout commerce.

COVIELLE.

J'y consens.

CLÉONTE.

Ce monsieur le comte qui va chez elle lui donne peut-être dans la vue ; et son esprit, je le vois bien, se laisse éblouir à la qualité. Mais il me faut, pour mon honneur, prévenir l'éclat de son inconstance. Je veux faire autant de pas qu'elle au changement où je la vois courir, et ne lui laisser pas toute la gloire de me quitter.

COVIELLE.

C'est fort bien dit ; et j'entre pour mon compte dans tous vos sentiments.

CLÉONTE.

Donne la main à mon dépit ; et soutiens ma résolution contre tous les restes d'amour qui me pourroient parler pour elle. Dis-m'en, je t'en conjure, tout le mal que tu pourras ; fais-moi de sa personne une peinture qui me la rende méprisable ; et marque-moi bien, pour m'en dégoûter, tous les défauts que tu peux voir en elle.

COVIELLE.

Elle, monsieur ? voilà une belle mijaurée, une pimpesouée bien bâtie [1], pour vous donner tant d'amour ! Je ne lui vois rien que de très médiocre ; et vous trouverez cent personnes qui seront plus dignes de vous. Premièrement, elle a les yeux petits.

[1] *Pimpesouée.* On employoit autrefois cette expression pour dire qu'une femme faisoit la précieuse. *Soué*, vient de l'ancien mot *souef*, *suavis*.

CLÉONTE.

Cela est vrai, elle a les yeux petits; mais elle les a pleins de feu, les plus brillants, les plus perçants du monde, les plus touchants qu'on puisse voir.

COVIELLE.

Elle a la bouche grande.

CLÉONTE.

Oui; mais on y voit des graces qu'on ne voit point aux autres bouches; et cette bouche, en la voyant, inspire des désirs : elle est la plus attrayante, la plus amoureuse du monde.

COVIELLE.

Pour sa taille, elle n'est pas grande.

CLÉONTE.

Non; mais elle est aisée et bien prise.

COVIELLE.

Elle affecte une nonchalance dans son parler et dans ses actions...

CLÉONTE.

Il est vrai; mais elle a grace à tout cela; et ses manières engageantes ont je ne sais quel charme à s'insinuer dans les cœurs.

COVIELLE.

Pour de l'esprit...

CLÉONTE.

Ah! elle en a, Covielle, du plus fin, du plus délicat.

COVIELLE.

Sa conversation...

CLÉONTE.

Sa conversation est charmante.

COVIELLE.

Elle est toujours sérieuse.

CLÉONTE.

Veux-tu de ces enjouements épanouis, de ces joies toujours ouvertes? Et vois-tu rien de plus impertinent que des femmes qui rient à tout propos?

COVIELLE.

Mais, enfin, elle est capricieuse autant que personne du monde.

CLÉONTE.

Oui, elle est capricieuse, j'en demeure d'accord; mais tout sied bien aux belles; on souffre tout des belles.

COVIELLE.

Puisque cela va comme cela, je vois bien que vous avez envie de l'aimer toujours.

CLÉONTE.

Moi! j'aimerois mieux mourir; et je vais la haïr autant que je l'ai aimée.

COVIELLE.

Le moyen, si vous la trouvez si parfaite?

CLÉONTE.

C'est en quoi ma vengeance sera plus éclatante, en quoi je veux faire mieux voir la force de mon cœur à la haïr, à la quitter, toute belle, toute pleine d'attraits, tout aimable que je la trouve. La voici.

SCÈNE X.

LUCILE, CLÉONTE, COVIELLE, NICOLE.

NICOLE, *à Lucile.*
Pour moi, j'en ai été toute scandalisée.

LUCILE.
Ce ne peut être, Nicole, que ce que je dis. Mais le voilà.

CLÉONTE, *à Covielle.*
Je ne veux pas seulement lui parler.

COVIELLE.
Je veux vous imiter.

LUCILE.
Qu'est-ce donc, Cléonte? Qu'avez-vous?

NICOLE.
Qu'as-tu donc, Covielle?

LUCILE.
Quel chagrin vous possède?

NICOLE.
Quelle mauvaise humeur te tient?

LUCILE.
Êtes-vous muet, Cléonte?

NICOLE.
As-tu perdu la parole, Covielle?

CLÉONTE.
Que voilà qui est scélérat!

COVIELLE.
Que cela est Judas!

LUCILE.

Je vois bien que la rencontre de tantôt a troublé votre esprit.

CLÉONTE, *à Covielle.*

Ah, ah! on voit ce qu'on a fait.

NICOLE.

Notre accueil de ce matin t'a fait prendre la chèvre[1].

COVIELLE, *à Cléonte.*

On a deviné l'enclouure.

LUCILE.

N'est-il pas vrai, Cléonte, que c'est là le sujet de votre dépit?

CLÉONTE.

Oui, perfide, ce l'est, puisqu'il faut parler; et j'ai à vous dire que vous ne triompherez pas, comme vous le pensez, de votre infidélité; que je veux être le premier à rompre avec vous, et que vous n'aurez pas l'avantage de me chasser. J'aurai de la peine, sans doute, à vaincre l'amour que j'ai pour vous; cela me causera des chagrins, je souffrirai un temps: mais j'en viendrai à bout, et je me percerai plutôt le cœur, que d'avoir la foiblesse de retourner à vous.

COVIELLE, *à Nicole.*

Queussi, queumi[2]?

LUCILE.

Voilà bien du bruit pour un rien. Je veux vous dire, Cléonte, le sujet qui m'a fait, ce matin, éviter votre abord.

---

[1] *Prendre la chèvre*, pour *se fâcher*.
[2] *Queussi, queumi*, pour *tout de même*.

CLÉONTE, *voulant s'en aller pour éviter Lucile.*

Non, je ne veux rien écouter.

NICOLE, *à Covielle.*

Je te veux apprendre la cause qui nous a fait passer si vite.

COVIELLE, *voulant aussi s'en aller pour éviter Nicole.*

Je ne veux rien entendre.

LUCILE, *suivant Cléonte.*

Sachez que ce matin...

CLÉONTE, *marchant toujours sans regarder Lucile.*

Non, vous dis-je.

NICOLE, *suivant Covielle.*

Apprends que...

COVIELLE, *marchant aussi sans regarder Nicole.*

Non, traîtresse.

LUCILE.

Écoutez.

CLÉONTE.

Point d'affaire.

NICOLE.

Laisse-moi dire.

COVIELLE.

Je suis sourd.

LUCILE.

Cléonte !

CLÉONTE.

Non.

NICOLE.

Covielle !

COVIELLE.

Point.

LUCILE.

Arrêtez.

CLÉONTE.

Chansons!

NICOLE.

Entends-moi.

COVIELLE.

Bagatelle!

LUCILE.

Un moment.

CLÉONTE.

Point du tout.

NICOLE.

Un peu de patience.

COVIELLE.

Tarare!

LUCILE.

Deux paroles.

CLÉONTE.

Non, c'en est fait.

NICOLE.

Un mot.

COVIELLE.

Plus de commerce.

LUCILE, *s'arrêtant*.

Hé bien! puisque vous ne voulez pas m'écouter, demeurez dans votre pensée, et faites ce qu'il vous plaira.

ACTE III, SCÈNE X.

NICOLE, *s'arrêtant aussi.*

Puisque tu fais comme cela, prends-le tout comme tu voudras.

CLÉONTE, *se retournant vers Lucile.*

Sachons donc le sujet d'un si bel accueil.

LUCILE, *s'en allant à son tour pour éviter Cléonte.*

Il ne me plaît plus de le dire.

COVIELLE, *se retournant vers Nicole.*

Apprends-nous un peu cette histoire.

NICOLE, *s'en allant aussi pour éviter Covielle.*

Je ne veux plus, moi, te l'apprendre.

CLÉONTE, *suivant Lucile.*

Dites-moi...

LUCILE, *marchant toujours sans regarder Cléonte.*

Non, je ne veux rien dire.

COVIELLE, *suivant Nicole.*

Conte-moi...

NICOLE, *marchant aussi sans regarder Covielle.*

Non, je ne conte rien.

CLÉONTE.

De grace!

LUCILE.

Non, vous dis-je.

COVIELLE.

Par charité!

NICOLE.

Point d'affaire.

CLÉONTE.

Je vous en prie.

LUCILE.

Laissez-moi.

COVIELLE.

Je t'en conjure.

NICOLE.

Ote-toi de là.

CLÉONTE.

Lucile!

LUCILE.

Non.

COVIELLE.

Nicole!

NICOLE.

Point.

CLÉONTE.

Au nom des dieux!

LUCILE.

Je ne veux pas.

COVIELLE.

Parle-moi.

NICOLE.

Point du tout.

CLÉONTE.

Éclaircissez mes doutes.

LUCILE.

Non; je n'en ferai rien.

COVIELLE.

Guéris-moi l'esprit.

NICOLE.

Non; il ne me plaît pas.

CLÉONTE.

Hé bien! puisque vous vous souciez si peu de me tirer de peine, et de vous justifier du traitement indigne que vous avez fait à ma flamme, vous me voyez, ingrate, pour la dernière fois; et je vais, loin de vous, mourir de douleur et d'amour.

COVIELLE, *à Nicole.*

Et moi, je vais suivre ses pas.

LUCILE, *à Cléonte, qui veut sortir.*

Cléonte!

NICOLE, *à Covielle, qui suit son maître.*

Covielle!

CLÉONTE, *s'arrêtant.*

Hé?

COVIELLE, *s'arrêtant aussi.*

Plaît-il?

LUCILE.

Où allez-vous?

CLÉONTE.

Où je vous ai dit.

COVIELLE.

Nous allons mourir.

LUCILE.

Vous allez mourir, Cléonte?

CLÉONTE.

Oui, cruelle, puisque vous le voulez.

LUCILE.

Moi, je veux que vous mouriez?

CLÉONTE.

Oui, vous le voulez.

LUCILE.

Qui vous le dit?

CLÉONTE, *s'approchant de Lucile.*

N'est-ce pas le vouloir, que de ne vouloir pas éclaircir mes soupçons?

LUCILE.

Est-ce ma faute? et si vous aviez voulu m'écouter, ne vous aurois-je pas dit que l'aventure dont vous vous plaignez a été causée ce matin par la présence d'une vieille tante qui veut, à toute force, que la seule approche d'un homme déshonore une fille; qui perpétuellement nous sermonne sur ce chapitre, et nous figure tous les hommes comme des diables qu'il faut fuir.

NICOLE, *à Covielle.*

Voilà le secret de l'affaire.

CLÉONTE.

Ne me trompez-vous point, Lucile?

COVIELLE, *à Nicole.*

Ne m'en donnes-tu point à garder?

LUCILE, *à Cléonte.*

Il n'est rien de plus vrai.

NICOLE, *à Covielle.*

C'est la chose comme elle est.

COVIELLE, *à Cléonte.*

Nous rendrons-nous à cela?

CLÉONTE.

Ah, Lucile! qu'avec un mot de votre bouche vous savez apaiser de choses dans mon cœur! et que facilement on se laisse persuader aux personnes qu'on aime.

COVIELLE.

Qu'on est aisément amadoué par ces diantres d'animaux-là !

SCÈNE XI.

MADAME JOURDAIN, CLÉONTE, LUCILE, COVIELLE, NICOLE.

MADAME JOURDAIN.

Je suis bien aise de vous voir, Cléonte; et vous voilà tout à propos. Mon mari vient, prenez vite votre temps pour lui demander Lucile en mariage.

CLÉONTE.

Ah, madame! que cette parole m'est douce, et qu'elle flatte mes désirs! Pouvois-je recevoir un ordre plus charmant, une faveur plus précieuse?

SCÈNE XII.

CLÉONTE, M. JOURDAIN, MADAME JOURDAIN, LUCILE, COVIELLE, NICOLE.

CLÉONTE.

Monsieur, je n'ai voulu prendre personne pour vous faire une demande que je médite il y a long-temps. Elle me touche assez pour m'en charger moi-même; et, sans autre détour, je vous dirai que l'honneur d'être votre gendre est une faveur glorieuse que je vous prie de m'accorder.

M. JOURDAIN.

Avant que de vous rendre réponse, monsieur, je vous prie de me dire si vous êtes gentilhomme.

CLÉONTE.

Monsieur, la plupart des gens sur cette question n'hésitent pas beaucoup : on tranche le mot aisément. Ce nom ne fait aucun scrupule à prendre; et l'usage, aujourd'hui, semble en autoriser le vol. Pour moi, je vous l'avoue, j'ai les sentiments sur cette matière un peu plus délicats. Je trouve que toute imposture est indigne d'un honnête homme, et qu'il y a de la lâcheté à déguiser ce que le ciel nous a fait naître, à se parer aux yeux du monde d'un titre dérobé, à se vouloir donner pour ce qu'on n'est pas. Je suis né de parents, sans doute, qui ont tenu des charges honorables; je me suis acquis dans les armes l'honneur de six ans de service, et je me trouve assez de bien pour tenir dans le monde un rang assez passable; mais, avec tout cela, je ne veux pas me donner un nom où d'autres, en ma place, croiroient pouvoir prétendre; je vous dirai franchement que je ne suis point gentilhomme.

M. JOURDAIN.

Touchez là, monsieur : ma fille n'est pas pour vous.

CLÉONTE.

Comment?

M. JOURDAIN.

Vous n'êtes point gentilhomme, vous n'aurez point ma fille.

MADAME JOURDAIN.

Que voulez-vous donc dire avec votre gentilhomme? Est-ce que nous sommes, nous autres, de la côte de saint Louis?

M. JOURDAIN.

Taisez-vous, ma femme; je vous vois venir.

MADAME JOURDAIN.

Descendons-nous tous deux que de bonne bourgeoisie?

M. JOURDAIN.

Voilà pas le coup de langue?

MADAME JOURDAIN.

Et votre père n'étoit-il pas marchand aussi bien que le mien?

M. JOURDAIN.

Peste soit de la femme! elle n'y a jamais manqué. Si votre père a été marchand, tant pis pour lui; mais, pour le mien, ce sont des malavisés qui disent cela. Tout ce que j'ai à vous dire, moi, c'est que je veux avoir un gendre gentilhomme.

MADAME JOURDAIN.

Il faut à votre fille un mari qui lui soit propre; et il vaut mieux pour elle un honnête homme riche et bien fait, qu'un gentilhomme gueux et mal bâti.

NICOLE.

Cela est vrai. Nous avons le fils du gentilhomme de notre village qui est le plus grand malitorne et le plus sot dadais que j'aie jamais vu.

M. JOURDAIN, *à Nicole.*

Taisez-vous, impertinente : vous vous fourrez toujours dans la conversation. J'ai du bien assez pour ma fille : je n'ai besoin que d'honneurs, et je la veux faire marquise.

MADAME JOURDAIN.

Marquise?

M. JOURDAIN.

Oui, marquise.

MADAME JOURDAIN.

Hélas, Dieu m'en garde!

M. JOURDAIN.

C'est une chose que j'ai résolue.

MADAME JOURDAIN.

C'est une chose, moi, où je ne consentirai point. Les alliances avec plus grand que soi sont sujettes toujours à de fâcheux inconvénients. Je ne veux point qu'un gendre puisse à ma fille reprocher ses parents, et qu'elle ait des enfants qui aient honte de m'appeler leur grand'maman. S'il falloit qu'elle me vînt visiter en équipage de grand'dame, et qu'elle manquât par mégarde à saluer quelqu'un du quartier, on ne manqueroit pas aussitôt de dire cent sottises. « Voyez-« vous, diroit-on, cette madame la marquise qui fait « tant la glorieuse? c'est la fille de M. Jourdain, qui « étoit trop heureuse, étant petite, de jouer à la ma-« dame[1] avec nous. Elle n'a pas toujours été si relevée « que la voilà, et ses deux grands-pères vendoient du « drap auprès de la porte Saint-Innocent. Ils ont

[1] *Jouer à la madame*, expression employée par les petites filles, qui dans leurs jeux s'amusent à contrefaire les dames, à s'adresser des compliments, à se rendre des visites, etc.

« amassé du bien à leurs enfants, qu'ils paient main-
« tenant peut-être bien cher en l'autre monde; et l'on
« ne devient guère si riche à être honnêtes gens. » Je
ne veux point tous ces caquets; et je veux un homme,
en un mot, qui m'ait obligation de ma fille, et à qui
je puisse dire : Mettez-vous là, mon gendre, et dînez
avec moi.

M. JOURDAIN.

Voilà bien les sentiments d'un petit esprit, de
vouloir toujours demeurer dans la bassesse. Ne me
répliquez pas davantage : ma fille sera marquise en
dépit de tout le monde; et, si vous me mettez en colère, je la ferai duchesse.

SCÈNE XIII.

MADAME JOURDAIN, LUCILE, CLÉONTE,
NICOLE, COVIELLE.

MADAME JOURDAIN.

Cléonte, ne perdez point courage encore. (*à Lucile.*)
Suivez-moi, ma fille; et venez dire résolument à
votre père que, si vous ne l'avez, vous ne voulez
épouser personne.

SCÈNE XIV.

CLÉONTE, COVIELLE.

COVIELLE.

Vous avez fait de belles affaires avec vos beaux sentiments !

CLÉONTE.

Que veux-tu ? j'ai un scrupule là dessus que l'exemple ne sauroit vaincre.

COVIELLE.

Vous moquez-vous de le prendre sérieusement avec un homme comme cela ? Ne voyez-vous pas qu'il est fou ? Et vous coûtoit-il quelque chose de vous accommoder à ses chimères ?

CLÉONTE.

Tu as raison ; mais je ne croyois pas qu'il fallût faire ses preuves de noblesse pour être gendre de M. Jourdain.

COVIELLE, *riant.*

Ha, ha, ha !

CLÉONTE.

De quoi ris-tu ?

COVIELLE.

D'une pensée qui me vient pour jouer notre homme, et vous faire obtenir ce que vous souhaitez.

CLÉONTE.

Comment ?

COVIELLE.

L'idée est tout-à-fait plaisante.

CLÉONTE.

Quoi donc?

COVIELLE.

Il s'est fait depuis peu une certaine mascarade qui vient le mieux du monde ici, et que je prétends faire entrer dans une bourde [1] que je veux faire à notre ridicule. Tout cela sent un peu sa comédie; mais, avec lui, on peut hasarder toute chose, il n'y faut point chercher tant de façons : il est homme à jouer son rôle à merveille, et à donner aisément dans toutes les fariboles qu'on s'avisera de lui dire. J'ai les acteurs, j'ai les habits tout prêts; laissez-moi faire seulement.

CLÉONTE.

Mais apprends-moi...

COVIELLE.

Je vais vous instruire de tout. Retirons-nous; le voilà qui revient.

SCÈNE XV.

M. JOURDAIN.

Que diable est-ce là? Ils n'ont rien que les grands seigneurs à me reprocher; et moi, je ne vois rien de si beau que de hanter les grands seigneurs : il n'y a

---

[1] *Bourde.* Selon Ménage, ce mot vient de ces combats qui se faisoient aux tournois, où l'on se jouoit, bien qu'en apparence il semblât qu'on se battît tout de bon; et cela s'appeloit vulgairement *burdare.* Nos anciens François appeloient cela *behourd* et *behourder,* dont on fait *bourde* et *bourder.*

qu'honneur et civilité avec eux; et je voudrois qu'il m'eût coûté deux doigts de la main, et être né comte ou marquis.

SCÈNE XVI.

M. JOURDAIN, UN LAQUAIS.

LE LAQUAIS.
Monsieur, voici monsieur le comte, et une dame qu'il mène par la main.

M. JOURDAIN.
Hé, mon Dieu! j'ai quelques ordres à donner. Dis-leur que je vais venir ici tout-à-l'heure.

SCÈNE XVII.

DORIMÈNE, DORANTE, UN LAQUAIS.

LE LAQUAIS.
Monsieur dit comme cela qu'il va venir ici tout-à-l'heure.

DORANTE.
Voilà qui est bien.

SCÈNE XVIII.

DORIMÈNE, DORANTE.

DORIMÈNE.
Je ne sais pas, Dorante, je fais encore ici une

ACTE III, SCÈNE XVIII.

étrange démarche, de me laisser amener par vous dans une maison où je ne connois personne.

DORANTE.

Quel lieu voulez-vous donc, madame, que mon amour choisisse pour vous régaler, puisque, pour fuir l'éclat, vous ne voulez ni votre maison ni la mienne.

DORIMÈNE.

Mais vous ne dites pas que je m'engage insensiblement chaque jour à recevoir de trop grands témoignages de votre passion. J'ai beau me défendre des choses, vous fatiguez ma résistance, et vous avez une civile opiniâtreté qui me fait venir doucement à tout ce qu'il vous plaît. Les visites fréquentes ont commencé; les déclarations sont venues ensuite, qui, après elles, ont traîné les sérénades et les cadeaux, que les présents ont suivis. Je me suis opposée à tout cela; mais vous ne vous rebutez point, et, pied à pied, vous gagnez mes résolutions. Pour moi, je ne puis plus répondre de rien; et je crois qu'à la fin vous me ferez venir au mariage, dont je me suis tant éloignée.

DORANTE.

Ma foi, madame, vous y devriez déja être. Vous êtes veuve, et ne dépendez que de vous. Je suis maître de moi, et vous aime plus que ma vie. A quoi tient-il que, dès aujourd'hui, vous ne fassiez tout mon bonheur?

DORIMÈNE.

Mon dieu! Dorante, il faut des deux parts bien

des qualités pour vivre heureusement ensemble ; et les deux plus raisonnables personnes du monde ont souvent peine à composer une union dont ils soient satisfaits.

DORANTE.

Vous vous moquez, madame, de vous y figurer tant de difficultés ; et l'expérience que vous avez faite ne conclut rien pour tous les autres.

DORIMÈNE.

Enfin, j'en reviens toujours là. Les dépenses que je vous vois faire pour moi m'inquiètent par deux raisons : l'une, qu'elles m'engagent plus que je ne voudrois ; et l'autre, que je suis sûre, sans vous déplaire, que vous ne les faites point que vous ne vous incommodiez : et je ne veux point cela.

DORANTE.

Ah, madame ! ce sont des bagatelles ; et ce n'est pas par là...

DORIMÈNE.

Je sais ce que je dis ; et, entre autres, le diamant que vous m'avez forcée à prendre est d'un prix...

DORANTE.

Hé, madame ! de grace ! ne faites pas tant valoir une chose que mon amour trouve indigne de vous, et souffrez... Voici le maître du logis.

SCÈNE XIX.

M. JOURDAIN, DORIMÈNE, DORANTE.

M. JOURDAIN, *après avoir fait deux révérences, se trouvant trop près de Dorimène.*

Un peu plus loin, madame.

DORIMÈNE.

Comment?

M. JOURDAIN.

Un pas, s'il vous plaît.

DORIMÈNE.

Quoi donc?

M. JOURDAIN.

Reculez un peu pour la troisième.

DORANTE.

Madame, M. Jourdain sait son monde.

M. JOURDAIN.

Madame, ce m'est une gloire bien grande de me voir assez fortuné pour être si heureux que d'avoir le bonheur que vous ayez eu la bonté de m'accorder la grace de me faire l'honneur de m'honorer de la faveur de votre présence; et, si j'avois aussi le mérite pour mériter un mérite comme le vôtre, et que le ciel... envieux de mon bien... m'eût accordé... l'avantage de me voir digne... des...

DORANTE.

M. Jourdain, en voilà assez. Madame n'aime pas les grands compliments, et elle sait que vous êtes homme d'esprit. (*bas à Dorimène.*) C'est un bon bourgeois assez ridicule, comme vous voyez, dans toutes ses manières.

DORIMÈNE, *bas, à Dorante.*

Il n'est pas malaisé de s'en apercevoir.

DORANTE.

Madame, voilà le meilleur de mes amis.

M. JOURDAIN.

C'est trop d'honneur que vous me faites.

DORANTE.

Galant homme tout-à-fait.

DORIMÈNE.

J'ai beaucoup d'estime pour lui.

M. JOURDAIN.

Je n'ai rien fait encore, madame, pour mériter cette grace.

DORANTE, *bas, à M. Jourdain.*

Prenez bien garde, au moins, à ne lui point parler du diamant que vous lui avez donné.

M. JOURDAIN, *bas, à Dorante.*

Ne pourrai-je pas seulement lui demander comment elle le trouve?

DORANTE, *bas, à M. Jourdain.*

Comment! gardez-vous-en bien. Cela seroit vilain à vous; et, pour agir en galant homme, il faut que vous fassiez comme si ce n'étoit pas vous qui lui eussiez fait ce présent. (*haut.*) M. Jourdain, madame, dit qu'il est ravi de vous voir chez lui.

DORIMÈNE.

Il m'honore beaucoup.

M. JOURDAIN, *bas, à Dorante.*

Que je vous suis obligé, monsieur, de lui parler ainsi pour moi!

DORANTE, *bas, à M. Jourdain.*

J'ai eu une peine effroyable à la faire venir ici.

M. JOURDAIN, *bas, à Dorante.*

Je ne sais quelles graces vous en rendre.

DORANTE.

Il dit, madame, qu'il vous trouve la plus belle personne du monde.

DORIMÈNE.

C'est bien de la grace qu'il me fait.

M. JOURDAIN.

Madame, c'est vous qui faites les graces, et...

DORANTE.

Songeons à manger.

SCÈNE XX.

M. JOURDAIN, DORIMÈNE, DORANTE; UN LAQUAIS.

LE LAQUAIS, *à M. Jourdain.*

Tout est prêt, monsieur.

DORANTE.

Allons donc nous mettre à table, et qu'on fasse venir les musiciens.

SCÈNE XXI.

ENTRÉE DE BALLET.

Six cuisiniers, qui ont préparé le festin, dansent ensemble, après quoi ils apportent une table couverte de plusieurs mets.

FIN DU TROISIÈME ACTE.

ACTE QUATRIÈME.

SCÈNE I.

DORIMÈNE, M. JOURDAIN, DORANTE; TROIS MUSICIENS, UN LAQUAIS.

DORIMÈNE.

Comment, Dorante! voilà un repas tout-à-fait magnifique.

M. JOURDAIN.

Vous vous moquez, madame; et je voudrois qu'il fût plus digne de vous être offert.

(Dorimène, M. Jourdain, Dorante, et les trois musiciens se mettent à table.)

DORANTE.

M. Jourdain a raison, madame, de parler de la sorte, et il m'oblige de vous faire si bien les honneurs de chez lui. Je demeure d'accord avec lui que le repas n'est pas digne de vous. Comme c'est moi qui l'ai ordonné, et que je n'ai pas sur cette matière les lumières de nos amis, vous n'avez pas ici un repas fort savant, et vous y trouverez des incongruités de bonne chère et des barbarismes de bon goût. Si Damis s'en étoit mêlé, tout seroit dans les règles; il y auroit partout de l'élégance et de l'érudition, et il ne manqueroit pas de vous exagérer lui-même toutes les pièces du repas qu'il vous donneroit, et de vous faire tomber d'accord de sa haute capacité dans la science des bons morceaux ; de vous parler d'un pain de rive à biseau doré, relevé de croûte partout, croquant tendrement sous la dent ; d'un vin à sève veloutée, armé d'un vert qui n'est point trop commandant ; d'un carré de mouton gourmandé de persil ; d'une longe de veau de rivière, longue comme cela, blanche, délicate, et qui, sous les dents, est une vraie pâte d'amande ; de perdrix relevées d'un fumet surprenant ; et, pour son opéra, d'une soupe à bouillon perlé, soutenue d'un jeune gros dindon, cantonnée de pigeonneaux, et couronnée d'oignons blancs mariés avec la chicorée. Mais, pour moi, je vous avoue mon ignorance ; et, comme M. Jourdain a fort bien dit, je voudrois que le repas fût plus digne de vous être offert.

DORIMÈNE.

Je ne réponds à ce compliment qu'en mangeant comme je fais.

M. JOURDAIN.

Ah ! que voilà de belles mains !

DORIMÈNE.

Les mains sont médiocres, M. Jourdain ; mais vous voulez parler du diamant, qui est fort beau.

M. JOURDAIN.

Moi, madame ? Dieu me garde d'en vouloir parler ! Ce ne seroit pas agir en galant homme ; et le diamant est fort peu de chose.

DORIMÈNE.

Vous êtes bien dégoûté.

M. JOURDAIN.

Vous avez trop de bonté...

DORANTE, *après avoir fait signe à M. Jourdain.*

Allons, qu'on donne du vin à M. Jourdain, et à ces messieurs, qui nous feront la grace de nous chanter un air à boire.

DORIMÈNE.

C'est merveilleusement assaisonner la bonne chère que d'y mêler la musique; et je me vois ici admirablement régalée.

M. JOURDAIN.

Madame, ce n'est pas...

DORANTE.

M. Jourdain, prêtons silence à ces messieurs; ce qu'ils nous diront vaudra mieux que tout ce que nous pourrions dire.

PREMIER ET SECOND MUSICIEN, ENSEMBLE, *un verre à la main.*

Un petit doigt, Philis, pour commencer le tour.
Ah! qu'un verre en vos mains a d'agréables charmes!
    Vous et le vin, vous vous prêtez des armes,
Et je sens pour tous deux redoubler mon amour.
Entre lui, vous et moi, jurons, jurons, ma belle,
    Une ardeur éternelle.

Qu'en mouillant votre bouche il en reçoit d'attraits!
Et que l'on voit par lui votre bouche embellie!
    Ah! l'un de l'autre ils me donnent envie,
Et de vous et de lui je m'enivre à longs traits.

Entre lui, vous et moi, jurons, jurons, ma belle,
Une ardeur éternelle.

SECOND ET TROISIÈME MUSICIEN, ENSEMBLE.

Buvons, chers amis, buvons ;
Le temps qui fuit nous y convie.
Profitons de la vie
Autant que nous pouvons.

Quand on a passé l'onde noire,
Adieu le bon vin, nos amours.
Dépêchons-nous de boire,
On ne boit pas toujours.

Laissons raisonner les sots
Sur le vrai bonheur de la vie,
Notre philosophie
Le met parmi les pots.

Les biens, le savoir et la gloire
N'ôtent point les soucis fâcheux ;
Et ce n'est qu'à bien boire
Que l'on peut être heureux.

TOUS TROIS ENSEMBLE.

Sus, sus, du vin partout ; versez, garçon, versez ;
Versez, versez toujours, tant qu'on vous dise assez.

DORIMÈNE.

Je ne crois pas qu'on puisse mieux chanter ; et cela est tout-à-fait beau.

M. JOURDAIN.

Je vois encore ici, madame, quelque chose de plus beau.

DORIMÈNE.

Ouais! M. Jourdain est galant plus que je ne pensois.

DORANTE.

Comment, madame! pour qui prenez-vous M. Jourdain?

M. JOURDAIN.

Je voudrois bien qu'elle me prît pour ce que je dirois.

DORIMÈNE.

Encore!

DORANTE, *à Dorimène.*

Vous ne le connoissez pas.

M. JOURDAIN.

Elle me connoîtra quand il lui plaira.

DORIMÈNE.

Oh! je le quitte.

DORANTE.

Il est homme qui a toujours la riposte en main. Mais vous ne voyez pas que M. Jourdain, madame, mange tous les morceaux que vous avez touchés.

DORIMÈNE.

M. Jourdain est un homme qui me ravit.

M. JOURDAIN.

Si je pouvois ravir votre cœur, je serois...

SCÈNE II.

MADAME JOURDAIN, M. JOURDAIN, DORIMÈNE, DORANTE, MUSICIENS, LAQUAIS.

MADAME JOURDAIN.

Ah, ah! je trouve ici bonne compagnie, et je vois bien qu'on ne m'y attendoit pas. C'est donc pour cette belle affaire-ci, monsieur mon mari, que vous avez eu tant d'empressement à m'envoyer dîner chez ma sœur? Je viens de voir un théâtre là-bas, et je vois ici un banquet à faire noces. Voilà comme vous dépensez votre bien! C'est ainsi que vous festinez les dames en mon absence, et que vous leur donnez la musique et la comédie, tandis que vous m'envoyez promener!

DORANTE.

Que voulez-vous dire, madame Jourdain? et quelles fantaisies sont les vôtres, de vous aller mettre en tête que votre mari dépense son bien, et que c'est lui qui donne ce régal à madame? Apprenez que c'est moi, je vous prie; qu'il ne fait seulement que me prêter sa maison, et que vous devriez un peu mieux regarder aux choses que vous dites.

M. JOURDAIN.

Oui, impertinente, c'est monsieur le comte qui donne tout ceci à madame, qui est une personne de qualité. Il me fait l'honneur de prendre ma maison, et de vouloir que je sois avec lui.

ACTE IV, SCENE II.

MADAME JOURDAIN.

Ce sont des chansons que cela ; je sais ce que je sais.

DORANTE.

Prenez, madame Jourdain, prenez de meilleures lunettes.

MADAME JOURDAIN.

Je n'ai que faire de lunettes, monsieur, et je vois assez clair ; il y a long-temps que je sens les choses, et je ne suis pas une bête. Cela est fort vilain à vous, pour un grand seigneur, de prêter la main, comme vous faites, aux sottises de mon mari. Et vous, madame, pour une grande dame, cela n'est ni beau ni honnête à vous de mettre la dissension dans un ménage, et de souffrir que mon mari soit amoureux de vous.

DORIMÈNE.

Que veut donc dire tout ceci ? Allez, Dorante, vous vous moquez de m'exposer aux sottes visions de cette extravagante.

DORANTE, *suivant Dorimène qui sort.*

Madame, holà ! madame, où courez-vous ?

M. JOURDAIN.

Madame... Monsieur le comte, faites-lui mes excuses, et tâchez de la ramener.

SCÈNE III.

Madame JOURDAIN, M. JOURDAIN, LAQUAIS.

M. JOURDAIN.

Ah, impertinente que vous êtes! voilà de vos beaux faits! vous me venez faire des affronts devant tout le monde, et vous chassez de chez moi des personnes de qualité.

MADAME JOURDAIN.

Je me moque de leur qualité.

M. JOURDAIN.

Je ne sais qui me tient, maudite, que je ne vous fende la tête avec les pièces du repas que vous êtes venue troubler.

(*Les laquais emportent la table.*)

MADAME JOURDAIN, *sortant.*

Je me moque de cela : ce sont mes droits que je défends ; et j'aurai pour moi toutes les femmes.

M. JOURDAIN.

Vous faites bien d'éviter ma colère.

SCÈNE IV.

M. JOURDAIN.

Elle est arrivée là bien malheureusement! J'étois en humeur de dire de jolies choses, et jamais je ne m'étois senti tant d'esprit... Qu'est-ce que c'est que cela ?

SCÈNE V.

M. JOURDAIN; COVIELLE, *déguisé*.

COVIELLE.

Monsieur, je ne sais pas si j'ai l'honneur d'être connu de vous.

M. JOURDAIN.

Non, monsieur.

COVIELLE, *étendant la main à un pied de terre*.

Je vous ai vu que vous n'étiez pas plus grand que cela.

M. JOURDAIN.

Moi?

COVIELLE.

Oui. Vous étiez le plus bel enfant du monde, et toutes les dames vous prenoient dans leurs bras pour vous baiser.

M. JOURDAIN.

Pour me baiser?

COVIELLE.

Oui. J'étois grand ami de feu monsieur votre père.

M. JOURDAIN.

De feu monsieur mon père?

COVIELLE.

Oui. C'étoit un fort honnête gentilhomme.

M. JOURDAIN.

Comment dites-vous?

COVIELLE.

Je dis que c'étoit un fort honnête gentilhomme.

M. JOURDAIN.

Mon père?

COVIELLE.

Oui.

M. JOURDAIN.

Vous l'avez fort connu?

COVIELLE.

Assurément.

M. JOURDAIN.

Et vous l'avez connu pour gentilhomme?

COVIELLE.

Sans doute.

M. JOURDAIN.

Je ne sais donc pas comment le monde est fait.

COVIELLE.

Comment?

M. JOURDAIN.

Il y a de sottes gens qui me veulent dire qu'il a été marchand.

COVIELLE.

Lui, marchand! C'est pure médisance; il ne l'a jamais été. Tout ce qu'il faisoit, c'est qu'il étoit fort obligeant, fort officieux; et, comme il se connoissoit fort bien en étoffes, il en alloit choisir de tous les côtés, les faisoit apporter chez lui, et en donnoit à ses amis pour de l'argent.

M. JOURDAIN.

Je suis ravi de vous connoître, afin que vous rendiez ce témoignage-là, que mon père étoit gentilhomme.

ACTE IV, SCÈNE V.

COVIELLE.
Je le soutiendrai devant tout le monde.

M. JOURDAIN.
Vous m'obligerez. Quel sujet vous amène?

COVIELLE.
Depuis avoir connu feu monsieur votre père, honnête gentilhomme, comme je vous l'ai dit, j'ai voyagé par tout le monde.

M. JOURDAIN.
Par tout le monde?

COVIELLE.
Oui.

M. JOURDAIN.
Je pense qu'il y a bien loin en ce pays-là.

COVIELLE.
Assurément. Je ne suis revenu de tous mes longs voyages que depuis quatre jours; et, par l'intérêt que je prends à tout ce qui vous touche, je viens vous annoncer la meilleure nouvelle du monde.

M. JOURDAIN.
Quelle?

COVIELLE.
Vous savez que le fils du Grand-Turc est ici?

M. JOURDAIN.
Moi? non.

COVIELLE.
Comment! il a un train tout-à-fait magnifique : tout le monde le va voir; et il a été reçu en ce pays comme un seigneur d'importance.

M. JOURDAIN.

Par ma foi, je ne savois pas cela.

COVIELLE.

Ce qu'il y a d'avantageux pour vous, c'est qu'il est amoureux de votre fille.

M. JOURDAIN.

Le fils du Grand-Turc?

COVIELLE.

Oui; et il veut être votre gendre.

M. JOURDAIN.

Mon gendre, le fils du Grand-Turc?

COVIELLE.

Le fils du Grand-Turc votre gendre. Comme je le fus voir, et que j'entends parfaitement sa langue, il s'entretint avec moi; et, après quelques autres discours, il me dit : *Acciam croc soler onch alla moustaphgidélum amanahem varahini oussere carbulath?* c'est-à-dire : N'as-tu point vu une jeune et belle personne, qui est la fille de M. Jourdain, gentilhomme parisien?

M. JOURDAIN.

Le fils du Grand-Turc a dit cela de moi?

COVIELLE.

Oui. Comme je lui eus répondu que je vous connoissois particulièrement, et que j'avois vu votre fille : *Ah!* me dit-il, *marababa sahem!* c'est-à-dire : Ah, que je suis amoureux d'elle!

M. JOURDAIN.

Marababa sahem! veut dire : Ah, que je suis amoureux d'elle?

COVIELLE.

Oui.

M. JOURDAIN.

Par ma foi, vous faites bien de me le dire; car pour moi, je n'aurois jamais cru que *marababa sahem!* eût voulu dire : Ah! que je suis amoureux d'elle! Voilà une langue admirable que ce turc!

COVIELLE.

Plus admirable qu'on ne peut croire. Savez-vous bien ce que veut dire *cacaracamouchen?*

M. JOURDAIN.

Cacaracamouchen? Non.

COVIELLE.

C'est-à-dire, ma chère ame.

M. JOURDAIN.

Cacaracamouchen veut dire ma chère ame?

COVIELLE.

Oui.

M. JOURDAIN.

Voilà qui est merveilleux! *Cacaracamouchen,* ma chère ame! Diroit-on jamais cela? Voilà qui me confond.

COVIELLE.

Enfin, pour achever mon ambassade, il vient vous demander votre fille en mariage; et, pour avoir un beau-père qui soit digne de lui, il veut vous faire *mamamouchi,* qui est une certaine grande dignité de son pays.

M. JOURDAIN.

Mamamouchi?

COVIELLE.

Oui, *mamamouchi* : c'est-à-dire, en notre langue, paladin. Paladin, ce sont de ces anciens... Paladin enfin. Il n'y a rien de plus noble que cela dans le monde; et vous irez de pair avec les plus grands seigneurs de la terre.

M. JOURDAIN.

Le fils du Grand-Turc m'honore beaucoup; et je vous prie de me mener chez lui pour lui en faire mes remerciements.

COVIELLE.

Comment, le voilà qui va venir ici!

M. JOURDAIN.

Il va venir ici?

COVIELLE.

Oui; et il amène toutes choses pour la cérémonie de votre dignité.

M. JOURDAIN.

Voilà qui est bien prompt.

COVIELLE.

Son amour ne peut souffrir aucun retardement.

M. JOURDAIN.

Tout ce qui m'embarrasse ici, c'est que ma fille est une opiniâtre, qui s'est allée mettre dans la tête un certain Cléonte; et elle jure de n'épouser personne que celui-là.

COVIELLE.

Elle changera de sentiment quand elle verra le fils du Grand-Turc; et puis il se rencontre ici une aventure merveilleuse, c'est que le fils du Grand-Turc ressemble à ce Cléonte, à peu de chose près. Je viens de le voir, on me l'a montré; et l'amour qu'elle a pour l'un pourra passer aisément à l'autre; et... Je l'entends venir; le voilà.

SCÈNE VI.

CLÉONTE, *en Turc*; TROIS PAGES *portant la veste de Cléonte*; M. JOURDAIN, COVIELLE.

CLÉONTE.

Ambousahi moqui boraf, Giourdina, salamalequi!

COVIELLE, *à M. Jourdain.*

C'est-à-dire : M. Jourdain, votre cœur soit toute l'année comme un rosier fleuri! Ce sont façons de parler obligeantes de ces pays-là.

M. JOURDAIN.

Je suis très humble serviteur de son altesse turque.

COVIELLE.

Carigar camboto oustin moraf.

CLÉONTE.

Oustin yoc catamalequi basum base alla moran!

COVIELLE.

Il dit : Que le ciel vous donne la force des lions et la prudence des serpents.

M. JOURDAIN.

Son altesse turque m'honore trop; et je lui souhaite toutes sortes de prospérités.

COVIELLE.

Ossa binamen sadoc baballi oracaf ouram.

CLÉONTE.

Bel-men.

COVIELLE.

Il dit que vous alliez vite avec lui vous préparer pour la cérémonie, afin de voir ensuite votre fille, et de conclure le mariage.

M. JOURDAIN.

Tant de choses en deux mots?

COVIELLE.

Oui. La langue turque est comme cela; elle dit beaucoup en peu de paroles. Allez vite où il souhaite.

SCÈNE VII.

COVIELLE.

Ha, ha, ha! ma foi, cela est tout-à-fait drôle. Quelle dupe! Quand il auroit appris son rôle par cœur, il ne pourroit pas le mieux jouer. Ha, ha!

SCÈNE VIII.

DORANTE, COVIELLE.

COVIELLE.

Je vous prie, monsieur, de nous vouloir aider céans dans une affaire qui s'y passe.

DORANTE.

Ha, ha, Covielle! qui t'auroit reconnu? comme te voilà ajusté!

COVIELLE.
Vous voyez. Ha, ha, ha!
DORANTE.
De quoi ris-tu?
COVIELLE.
D'une chose, monsieur, qui le mérite bien.
DORANTE.
Comment?
COVIELLE.
Je vous le donnerois en bien des fois, monsieur, à deviner le stratagème dont nous nous servons auprès de M. Jourdain, pour porter son esprit à donner sa fille à mon maître.
DORANTE.
Je ne devine point le stratagème; mais je devine qu'il ne manquera pas de faire son effet, puisque tu l'entreprends.
COVIELLE.
Je sais, monsieur, que la bête vous est connue.
DORANTE.
Apprends-moi ce que c'est.
COVIELLE.
Prenez la peine de vous tirer un peu plus loin, pour faire place à ce que j'aperçois venir. Vous pourrez voir une partie de l'histoire, tandis que je vous conterai le reste.

SCÈNE IX.

CÉRÉMONIE TURQUE.

LE MUPHTI; DERVIS, TURCS ASSISTANTS DU MUPHTI, CHANTANTS ET DANSANTS.

PREMIÈRE ENTRÉE DE BALLET.

Six Turcs entrent gravement, deux à deux, au son des instruments. Ils portent trois tapis, qu'ils lèvent fort haut, après en avoir fait, en dansant, plusieurs figures. Les Turcs chantants passent par dessous ces tapis, pour s'aller ranger aux deux côtés du théâtre. Le Muphti, accompagné des Dervis, ferme cette marche.

Alors les Turcs étendent les tapis par terre, et se mettent dessus à genoux. Le Muphti et les Dervis restent debout au milieu d'eux; et pendant que le Muphti invoque Mahomet en faisant beaucoup de contorsions et de grimaces sans proférer une seule parole, les Turcs assistants se prosternent jusqu'à terre, chantant *Alla*, lèvent les bras au ciel, chantant *Alla*, ce qu'ils continuent jusqu'à la fin de l'invocation, après laquelle ils se lèvent tous, chantant *Alla, ekber;* et deux Dervis vont chercher M. Jourdain.

SCÈNE X.

LE MUPHTI; DERVIS, TURCS CHANTANTS ET DANSANTS; M. JOURDAIN, *vêtu à la turque, la tête rasée, sans turban et sans sabre.*

LE MUPHTI, *à M. Jourdain.*
Se ti sabir,
Ti respondir;
Se non sabir,
Tazir, tazir.

ACTE IV, SCÈNE XI.

Mi star muphti ;
Ti qui star si ?
Non intendir ;
Tazir, tazir [1].

(*Deux dervis font retirer M. Jourdain.*)

SCÈNE XI.

LE MUPHTI; DERVIS, TURCS CHANTANTS ET DANSANTS.

LE MUPHTI.

Dice, Turque, qui star quista ?
Anabatista ? Anabatista ?

LES TURCS.

Ioc.

LE MUPHTI.

Zuinglista ?

LES TURCS.

Ioc.

LE MUPHTI.

Coffita [2] ?

LES TURCS.

Ioc.

---

[1] Ces deux petits couplets chantés par le Muphti sont en langue franque, mélange corrompu d'italien, d'espagnol, de portugais, et dans lequel les verbes sont employés à l'infinitif seulement. Voici la traduction de ces deux couplets. « Si tu sais, réponds : si tu ne sais pas, tais-toi. Je suis le Muphti. Toi, qui es-tu ? tu ne comprends pas ? tais-toi. » Tout ce qui se dit dans la suite de l'acte est également en langue franque, à l'exception de quelques mots turcs.

[2] *Coffita*, Cophte.

LE MUPHTI.

Ussita ? Morista ? Fronista [1] ?

LES TURCS.

Ioc, ioc, ioc.

LE MUPHTI.

Ioc, ioc, ioc. Star pagana [2] ?

LES TURCS.

Ioc.

LE MUPHTI.

Luterana [3] ?

LES TURCS.

Ioc.

LE MUPHTI.

Puritana [4] ?

LES TURCS.

Ioc.

LE MUPHTI.

Bramina ? Moffina ? Zurina [5] ?

LES TURCS.

Ioc, ioc, ioc.

LE MUPHTI.

Ioc, ioc, ioc. Mahametana ? Mahametana [6] ?

LES TURCS.

Hi valla. Hi valla [7].

---

[1] *Ussita, Morista, Fronista*, Hussite, More, Phrontiste.

[2] *Star Pagana*, être païen.

[3] *Luterana*, Luthérien.

[4] *Puritana*, Puritain.

[5] *Bramina, Moffina, Zurina*, Bramine, Moffiniste, Zuriniste.

[6] *Mahametana*, Mahométan.

[7] *Hi valla*, qui devroit être ainsi écrit *Ei wallah*, est de l'idiome turc, et signifie, oui par dieu.

LE MUPHTI.

Como chamara ? Como chamara ?

LES TURCS.

Giourdina, Giourdina [1].

LE MUPHTI, *sautant.*

Giourdina, Giourdina.

LES TURCS.

Giourdina, Giourdina.

LE MUPHTI.

Mahameta, per Giourdina,
Mi pregar sera e matina.
Voler far un Paladina
De Giourdina, de Giourdina;
Dar turbanta e dar scarrina,
Con galera e brigantina,
Per deffender Palestina.
Mahameta, per Giourdina,
Mi pregar, sera e matina.
(aux Turcs).
Star bon Turca Giourdina [2] ?

LES TURCS.

Hi valla. Hi valla.

LE MUPHTI, *chantant et dansant.*

Ha la ba, ba la chou, ba la ba, ba la da.

LES TURCS.

Ha la ba, ba la chou, ba la ba, ba la da.

---

[1] *Giourdina*, Jourdain.

[2] « Mahomet, pour Jourdain, moi prier le soir et le matin. Vouloir changer en un paladin Jourdain, Jourdain. Lui donner un turban et un sabre avec galère et brigantin pour aller défendre la Palestine. Être bon Turc Jourdain ? »

SCÈNE XII.

TURCS CHANTANTS ET DANSANTS.

DEUXIÈME ENTRÉE DE BALLET.

SCÈNE XIII.

LE MUPHTI, DERVIS, M. JOURDAIN; TURCS CHANTANTS ET DANSANTS.

Le Muphti revient coiffé avec son turban de cérémonie, qui est d'une grosseur démesurée, et garni de bougies allumées à quatre ou cinq rangs; il est accompagné de deux Dervis qui portent l'Alcoran, et qui ont des bonnets pointus, garnis aussi de bougies allumées.

Les deux autres Dervis amènent M. Jourdain, et le font mettre à genoux les mains par terre; de façon que son dos, sur lequel est mis l'Alcoran, sert de pupitre au Muphti, qui fait une seconde invocation burlesque, fronçant le sourcil, frappant de temps en temps sur l'Alcoran, et tournant les feuillets avec précipitation; après quoi, en levant les bras au ciel le Muphti crie à haute voix : *Hou.*

Pendant cette seconde invocation, les Turcs assistants, s'inclinant et se relevant alternativement, chantent aussi *Hou, hou, hou.*

M. JOURDAIN, *après qu'on lui a ôté l'Alcoran de dessus le dos.*

Ouf!

LE MUPHTI, *à M. Jourdain.*

Ti non star furba[1]?

LES TURCS.

No, no, no[2].

---

[1] *Ti non star furba*, toi n'être pas fourbe?
[2] *No*, non.

ACTE IV, SCÈNE XIII.

LE MUPHTI.

Non star forfanta[1].

LES TURCS.

No, no, no.

LE MUPHTI, *aux Turcs.*

Donar turbanta.

LES TURCS.

Ti non star furba?

No, no, no.

Non star forfanta?

No, no, no.

Donar turbata.

TROISIÈME ENTRÉE DE BALLET.

Les Turcs dansants mettent le turban sur la tête de M. Jourdain au son des instruments.

LE MUPHTI, *donnant le sabre à M. Jourdain.*

Ti star nobile, non star fabbola :

Pigliar sciabbola[2].

LES TURCS, *mettant le sabre à la main.*

Ti star nobile, non star fabbola :

Pigliar sciabbola.

QUATRIÈME ENTRÉE DE BALLET.

Les Turcs dansants donnent, en cadence, plusieurs coups de sabre à M. Jourdain.

---

[1] *Non star forfanta*, n'être pas un menteur.
[2] « Toi être noble, ce n'est pas un mensonge : saisir le sabre. »

LE MUPHTI.

Dara, dara

Bastonara[1].

LES TURCS.

Dara, dara

Bastonara.

CINQUIÈME ENTRÉE DE BALLET.

Les Turcs dansants donnent à M. Jourdain des coups de bâton en cadence.

LE MUPHTI.

Non tener onta,

Questa star l'ultima affronta[2].

LES TURCS.

Non tener onta,

Questa star l'ultima affronta.

Le Muphti commence une troisième invocation. Les Dervis le soutiennent par dessous les bras avec respect; après quoi les Turcs chantants et dansants, sautant autour du Muphti, se retirent avec lui et emmènent M. Jourdain.

[1] « Donner, donner la bastonnade. »
[2] « N'avoir pas honte, cela être le dernier affront. »

FIN DU QUATRIÈME ACTE.

ACTE CINQUIÈME.

SCÈNE I.

MADAME JOURDAIN, M. JOURDAIN.

MADAME JOURDAIN.

Ah, mon dieu ! miséricorde ! Qu'est-ce que c'est donc que cela ? quelle figure ! Est-ce un momon[1] que vous allez porter ? et est-il temps d'aller en masque ? Parlez donc, et qu'est-ce que c'est que ceci ? Qui vous a fagoté comme cela ?

M. JOURDAIN.

Voyez l'impertinente, de parler de la sorte à un *mamamouchi* !

MADAME JOURDAIN.

Comment donc ?

M. JOURDAIN.

Oui, il me faut porter du respect maintenant, et l'on vient de me faire *mamamouchi*.

MADAME JOURDAIN.

Que voulez-vous dire avec votre *mamamouchi* ?

M. JOURDAIN.

Mamamouchi, vous dis-je. Je suis *mamamouchi*.

MADAME JOURDAIN.

Quelle bête est-ce là ?

---

[1] *Momon*, pour *momerie*, mascarade.

M. JOURDAIN.

Mamamouchi, c'est-à-dire en notre langue, *paladin.*

MADAME JOURDAIN.

Baladin? Êtes-vous en âge de danser dans des ballets?

M. JOURDAIN.

Quelle ignorante! je dis paladin; c'est une dignité dont on vient de me faire la cérémonie.

MADAME JOURDAIN.

Quelle cérémonie donc?

M. JOURDAIN.

Mahameta per Giourdina?

MADAME JOURDAIN.

Qu'est-ce que cela veut dire?

M. JOURDAIN.

Giourdina, c'est-à-dire Jourdain.

MADAME JOURDAIN.

Hé bien, quoi, Jourdain?

M. JOURDAIN.

Voler far un paladina de Giourdina.

MADAME JOURDAIN.

Comment?

M. JOURDAIN.

Dar turbanta con galera.

MADAME JOURDAIN.

Qu'est-ce à dire cela?

M. JOURDAIN.

Per deffender Palestina.

MADAME JOURDAIN.

Que voulez-vous donc dire?

ACTE V, SCÈNE II.

M. JOURDAIN.

Dara, dara bastonara.

MADAME JOURDAIN.

Qu'est-ce donc que ce jargon-là?

M. JOURDAIN.

Non tener onta, questa stara l'ultima affronta.

MADAME JOURDAIN.

Qu'est-ce donc que tout cela?

M. JOURDAIN, *chantant et dansant.*

Hou la ba, ba la chou, ba la ba, ba la da.
(*Il tombe par terre.*)

MADAME JOURDAIN.

Hélas, mon dieu! mon mari est devenu fou.

M. JOURDAIN, *se relevant et s'en allant.*

Paix, insolente! Portez respect à monsieur le *mamamouchi.*

MADAME JOURDAIN, *seule.*

Où est-ce donc qu'il a perdu l'esprit? Courons l'empêcher de sortir. (*apercevant Dorimène et Dorante.*) Ah, ah! voici justement le reste de notre écu. Je ne vois que chagrins de tous côtés.

SCÈNE II.

DORANTE, DORIMÈNE.

DORANTE.

Oui, madame, vous verrez la plus plaisante chose qu'on puisse voir; et je ne crois pas que dans tout le monde il soit possible de trouver encore un homme aussi fou que celui-là. Et puis, madame, il faut tâcher de servir l'amour de Cléonte, et d'appuyer toute sa mascarade. C'est un fort galant homme, et qui mérite que l'on s'intéresse pour lui.

DORIMÈNE.

J'en fais beaucoup de cas, et il est digne d'une bonne fortune.

DORANTE.

Outre cela, nous avons ici, madame, un ballet qui nous revient, que nous ne devons pas laisser perdre; et il faut bien voir si mon idée pourra réussir.

DORIMÈNE.

J'ai vu là des apprêts magnifiques; et ce sont des choses, Dorante, que je ne puis plus souffrir. Oui, je veux enfin vous empêcher vos profusions; et, pour rompre le cours à toutes les dépenses que je vous vois faire pour moi, j'ai résolu de me marier promptement avec vous. C'en est le vrai secret; et toutes ces choses finissent avec le mariage.

DORANTE.

Ah, madame! est-il possible que vous ayez pu prendre pour moi une si douce résolution?

DORIMÈNE.

Ce n'est que pour vous empêcher de vous ruiner; et, sans cela, je vois bien qu'avant qu'il fût peu vous n'auriez pas un sou.

DORANTE.

Que j'ai d'obligation, madame, aux soins que vous avez de conserver mon bien! il est entièrement à vous, aussi bien que mon cœur, et vous en userez de la façon qu'il vous plaira.

DORIMÈNE.

J'userai bien de tous les deux. Mais voici votre homme; la figure en est admirable.

SCÈNE III.

M. JOURDAIN, DORIMÈNE, DORANTE.

DORANTE.

Monsieur, nous venons rendre hommage, madame et moi, à votre nouvelle dignité, et nous réjouir avec vous du mariage que vous faites de votre fille avec le fils du Grand-Turc.

M. JOURDAIN, *après avoir fait les révérences à la turque.*

Monsieur, je vous souhaite la force des serpents et la prudence des lions.

DORIMÈNE.

J'ai été bien aise d'être des premières, monsieur, à venir vous féliciter du haut degré de gloire où vous êtes monté.

M. JOURDAIN.

Madame, je vous souhaite toute l'année votre rosier fleuri. Je vous suis infiniment obligé de prendre part aux honneurs qui m'arrivent; et j'ai beaucoup de joie de vous voir revenue ici, pour vous faire les très humbles excuses de l'extravagance de ma femme.

DORIMÈNE.

Cela n'est rien : j'excuse en elle un pareil mouvement. Votre cœur lui doit être précieux; et il n'est pas étrange que la possession d'un homme comme vous puisse inspirer quelques alarmes.

M. JOURDAIN.

La possession de mon cœur est une chose qui vous est tout acquise.

DORANTE.

Vous voyez, madame, que M. Jourdain n'est pas de ces gens que les prospérités aveuglent, et qu'il sait, dans sa grandeur, connoître encore ses amis.

DORIMÈNE.

C'est la marque d'une ame tout-à-fait généreuse.

DORANTE.

Où est donc son altesse turque? Nous voudrions bien, comme vos amis, lui rendre nos devoirs.

M. JOURDAIN.

Le voilà qui vient; et j'ai envoyé querir ma fille pour lui donner la main.

SCÈNE IV.

M. JOURDAIN, DORIMÈNE, DORANTE; CLÉONTE, *habillé en Turc.*

DORANTE, *à Cléonte.*

Monsieur, nous venons faire la révérence à votre altesse, comme amis de monsieur votre beau-père, et l'assurer avec respect de nos très humbles services.

M. JOURDAIN.

Où est le truchement, pour lui dire qui vous êtes,

ACTE V, SCÈNE V.

et lui faire entendre ce que vous dites ? Vous verrez qu'il vous répondra ; et il parle turc à merveille. Holà! Où diantre est-il allé? *(à Cléonte.) Strouf, strif, strof, straf;* monsieur est un *grande segnore, grande segnore, grande segnore;* et madame, une *granda dama, granda dama. (voyant qu'il ne se fait point entendre.)* Ah! *(à Cléonte, montrant Dorante.)* Monsieur, lui, *mamamouchi* françois; et madame, *mamamouchie* françoise. Je ne puis pas parler plus clairement. Bon, voici l'interprète.

SCÈNE V.

M. JOURDAIN, DORIMÈNE, DORANTE; CLÉONTE, *habillé en Turc;* **COVIELLE,** *déguisé.*

M. JOURDAIN.

Où allez-vous donc? Nous ne saurions rien dire sans vous. *(montrant Cléonte.)* Dites-lui un peu que monsieur et madame sont des personnes de grande qualité, qui lui viennent faire la révérence, comme mes amis, et l'assurer de leurs services. *(à Dorimène et à Dorante.)* Vous allez voir comme il va répondre.

COVIELLE.

Alabala crociam acci boram alabamen.

CLÉONTE.

Catalequi tubal ourin soter amalouchan!

M. JOURDAIN, *à Dorimène et à Dorante.*

Voyez-vous?

COVIELLE.

Il dit : Que la pluie des prospérités arrose en tout temps le jardin de votre famille.

M. JOURDAIN.

Je vous l'avois bien dit qu'il parle turc.

DORANTE.

Cela est admirable!

SCÈNE VI.

LUCILE, CLÉONTE, M. JOURDAIN, DORIMÈNE, DORANTE, COVIELLE.

M. JOURDAIN.

Venez, ma fille, approchez-vous, et venez donner la main à monsieur, qui vous fait l'honneur de vous demander en mariage.

LUCILE.

Comment, mon père! comme vous voilà fait! Est-ce une comédie que vous jouez?

M. JOURDAIN.

Non, non; ce n'est pas une comédie; c'est une affaire fort sérieuse, et la plus pleine d'honneur pour vous qui se peut souhaiter. (*montrant Cléonte.*) Voilà le mari que je vous donne.

LUCILE.

A moi, mon père?

M. JOURDAIN.

Oui, à vous. Allons, touchez-lui dans la main, et rendez grace au ciel de votre bonheur.

LUCILE.

Je ne veux point me marier.

M. JOURDAIN.

Je le veux, moi, qui suis votre père.

LUCILE.

Je n'en ferai rien.

M. JOURDAIN.

Ah, que de bruit! Allons, vous dis-je; çà, votre main.

LUCILE.

Non, mon père, je vous l'ai dit, il n'est point de pouvoir qui me puisse obliger à prendre un autre mari que Cléonte, et je me résoudrai plutôt à toutes les extrémités que de... (*reconnoissant Cléonte.*) Il est vrai que vous êtes mon père, je vous dois entièrement obéissance, et c'est à vous à disposer de moi selon vos volontés.

M. JOURDAIN.

Ah! je suis ravi de vous voir si promptement revenue dans votre devoir; et voilà qui me plaît d'avoir une fille obéissante.

SCÈNE VII.

Madame JOURDAIN, CLÉONTE, M. JOURDAIN, LUCILE, DORANTE, DORIMÈNE, COVIELLE.

MADAME JOURDAIN.

Comment donc! qu'est-ce que c'est que ceci? On dit que vous voulez donner votre fille en mariage à un carême-prenant?

M. JOURDAIN.

Voulez-vous vous taire, impertinente? Vous venez toujours mêler vos extravagances à toutes choses, et il n'y a pas moyen de vous apprendre à être raisonnable.

MADAME JOURDAIN.

C'est vous qu'il n'y a pas moyen de rendre sage, et vous allez de folie en folie. Quel est votre dessein? et qué voulez-vous faire avec cet assemblage?

M. JOURDAIN.

Je veux marier notre fille avec le fils du Grand-Turc.

MADAME JOURDAIN.

Avec le fils du Grand-Turc?

M. JOURDAIN.

Oui. (*montrant Covielle.*) Faites-lui faire vos compliments par le truchement que voilà.

MADAME JOURDAIN.

Je n'ai que faire du truchement; et je lui dirai bien moi-même, à son nez, qu'il n'aura point ma fille.

M. JOURDAIN.

Voulez-vous vous taire, encore une fois?

DORANTE.

Comment, madame Jourdain! vous vous opposez à un bonheur comme celui-là? Vous refusez son altesse turque pour gendre?

MADAME JOURDAIN.

Mon dieu, monsieur, mêlez-vous de vos affaires.

DORIMÈNE.

C'est une grande gloire qui n'est pas à rejeter.

ACTE V, SCÈNE VII.

MADAME JOURDAIN.

Madame, je vous prie aussi de ne vous point embarrasser de ce qui ne vous touche pas.

DORANTE.

C'est l'amitié que nous avons pour vous qui nous fait intéresser dans vos avantages.

MADAME JOURDAIN.

Je me passerai bien de votre amitié.

DORANTE.

Voilà votre fille qui consent aux volontés de son père.

MADAME JOURDAIN.

Ma fille consent à épouser un Turc?

DORANTE.

Sans doute.

MADAME JOURDAIN.

Elle peut oublier Cléonte?

DORANTE.

Que ne fait-on pas pour être grande dame!

MADAME JOURDAIN.

Je l'étranglerois de mes mains, si elle avoit fait un coup comme celui-là.

M. JOURDAIN.

Voilà bien du caquet. Je vous dis que ce mariage-là se fera.

MADAME JOURDAIN.

Je vous dis, moi, qu'il ne se fera point.

M. JOURDAIN.

Ah, que de bruit!

LUCILE.

Ma mère...

MADAME JOURDAIN.

Allez, vous êtes une coquine.

M. JOURDAIN, *à madame Jourdain.*

Quoi! vous la querellez de ce qu'elle m'obéit?

MADAME JOURDAIN.

Oui. Elle est à moi aussi bien qu'à vous.

COVIELLE, *à madame Jourdain.*

Madame...

MADAME JOURDAIN.

Que me voulez-vous conter, vous?

COVIELLE.

Un mot.

MADAME JOURDAIN.

Je n'ai que faire de votre mot.

COVIELLE, *à M. Jourdain.*

Monsieur, si elle veut écouter une parole en particulier, je vous promets de la faire consentir à ce que vous voulez.

MADAME JOURDAIN.

Je n'y consentirai point.

COVIELLE.

Écoutez-moi seulement.

MADAME JOURDAIN.

Non.

M. JOURDAIN, *à madame Jourdain.*

Écoutez-le.

MADAME JOURDAIN.

Non; je ne veux pas l'écouter.

M. JOURDAIN.

Il vous dira...

MADAME JOURDAIN.

Je ne veux point qu'il me dise rien.

M. JOURDAIN.

Voilà une grande obstination de femme! Cela vous fera-t-il mal de l'entendre?

COVIELLE.

Ne faites que m'écouter; vous ferez après ce qu'il vous plaira.

MADAME JOURDAIN.

Hé bien! quoi?

COVIELLE, *bas, à madame Jourdain.*

Il y a une heure, madame, que nous vous faisons signe. Ne voyez-vous pas bien que tout ceci n'est fait que pour nous ajuster aux visions de votre mari, que nous l'abusons sous ce déguisement, et que c'est Cléonte lui-même qui est le fils du Grand-Turc?

MADAME JOURDAIN, *bas, à Covielle.*

Ah, ah!

COVIELLE, *bas, à madame Jourdain.*

Et moi Covielle, qui suis le truchement?

MADAME JOURDAIN, *bas, à Covielle.*

Ah! comme cela, je me rends.

COVIELLE, *bas, à madame Jourdain.*

Ne faites pas semblant de rien.

MADAME JOURDAIN, *haut.*

Oui, voilà qui est fait; je consens au mariage.

M. JOURDAIN.

Ah! voilà tout le monde raisonnable. (*à madame Jourdain.*) Vous ne vouliez pas l'écouter. Je savois bien qu'il vous expliqueroit ce que c'est que le fils du Grand-Turc.

MADAME JOURDAIN.

Il me l'a expliqué comme il faut, et j'en suis satisfaite. Envoyons querir un notaire.

DORANTE.

C'est fort bien dit. Et afin, madame Jourdain, que vous puissiez avoir l'esprit tout-à-fait content, et que vous perdiez aujourd'hui toute la jalousie que vous pourriez avoir conçue de monsieur votre mari, c'est que nous nous servirons du même notaire pour nous marier, madame et moi.

MADAME JOURDAIN.

Je consens aussi à cela.

M. JOURDAIN, *bas, à Dorante.*

C'est pour lui faire accroire?

DORANTE, *bas, à M. Jourdain.*

Il faut bien l'amuser avec cette feinte.

M. JOURDAIN, *bas.*

Bon, bon. (*haut.*) Qu'on aille querir le notaire.

DORANTE.

Tandis qu'il viendra et qu'il dressera les contrats, voyons notre ballet, et donnons-en le divertissement à son altesse turque.

M. JOURDAIN.

Fort bien avisé. Allons prendre nos places.

MADAME JOURDAIN.

Et Nicole?

M. JOURDAIN.

Je la donne au truchement; et ma femme à qui la voudra.

COVIELLE.

Monsieur, je vous remercie. (*à part.*) Si l'on en peut voir un plus fou, je l'irai dire à Rome.

FIN DU CINQUIÈME ACTE.

BALLET DES NATIONS.

PREMIÈRE ENTRÉE.

UN DONNEUR DE LIVRES dansant; IMPORTUNS dansants; DEUX HOMMES DU BEL AIR, DEUX FEMMES DU BEL AIR, DEUX GASCONS, UN SUISSE, UN VIEUX BOURGEOIS BABILLARD, UNE VIEILLE BOURGEOISE BABILLARDE; TROUPE DE SPECTATEURS chantants.

CHOEUR DE SPECTATEURS, *au donneur de livres.*
A moi, monsieur, à moi; de grace, à moi, monsieur!
Un livre, s'il vous plaît, à votre serviteur.
PREMIER HOMME DU BEL AIR.
Monsieur, distinguez-nous parmi les gens qui crient:
Quelques livres ici; les dames vous en prient.
SECOND HOMME DU BEL AIR.
Holà, monsieur! monsieur, ayez la charité
    D'en jeter de notre côté!
PREMIÈRE FEMME DU BEL AIR.
Mon dieu! qu'aux personnes bien faites
On sait peu rendre honneur céans!
SECONDE FEMME DU BEL AIR.
Ils n'ont des livres et des bancs
Que pour mesdames les grisettes.

PREMIER GASCON.

Ah! l'homme aux libres, qu'on m'en vaille;
J'ai déja le poumon usé.
Bous boyez qué chacun mé raille,
Et jé suis escandalisé
Dé boir ès mains dé la canaille
Cé qui m'est par bous réfusé.

SECOND GASCON.

Hé! cadédis, monsu, boyez qui l'on put être.
Un libret, jé bous prie, au varon d'Asbarat.
Jé pensé, mordi, qué lé fat
N'a pas l'honneur dé mé connoître.

UN SUISSE.

Montsir le donnair de papieir,
Que vuel dir' sti façon de fifre?
Moi, l'écorchair tout mon gosier
A crier,
Sans que je pouvre afoir ein liffre:
Pardi, mon foi, montsir, je pense fous l'être ifre?

Le donneur de livres, fatigué par les importuns qu'il trouve toujours sur ses pas, se retire en colère.

UN VIEUX BOURGEOIS BABILLARD.

De tout ceci, franc et net,
Je suis mal satisfait.
Et cela, sans doute, est laid
Que notre fille,
Si bien faite et si gentille,
De tant d'amoureux l'objet,
N'ait pas à son souhait

Un livre de ballet,
Pour lire le sujet
Du divertissement qu'on fait;
Et que toute notre famille
Si proprement s'habille
Pour être placée au sommet
De la salle, où l'on met
Les gens de l'intriguet.
De tout ceci, franc et net,
Je suis mal satisfait;
Et cela, sans doute, est laid.

UNE VIEILLE BOURGEOISE BABILLARDE.

Il est vrai que c'est une honte,
Le sang au visage me monte,
Et ce jeteur de vers, qui manque au capital,
L'entend fort mal.
C'est un brutal,
Un vrai cheval,
Franc animal,
De faire si peu de compte
D'une fille qui fait l'ornement principal
Du quartier du Palais-Royal,
Et que ces jours passés un comte
Fut prendre la première au bal.
Il l'entend mal:
C'est un brutal,
Un vrai cheval,
Franc animal.

HOMME DU BEL AIR.

Ah, quel bruit!

BALLET DES NATIONS.

FEMMES DU BEL AIR.

Quel fracas! quel chaos! quel mélange!

HOMMES DU BEL AIR.

Quelle confusion! quelle cohue étrange!
Quel désordre! quel embarras!

PREMIÈRE FEMME DU BEL AIR.

On y sèche.

SECONDE FEMME DU BEL AIR.

L'on n'y tient pas.

PREMIER GASCON.

Bentré, jé suis à vout.

SECOND GASCON.

J'enragé, Diou mé damne!

LE SUISSE.

Ah! que li faire saif dans sti sal' de cians!

PREMIER GASCON.

Jé murs.

SECOND GASCON.

Jé perds la tramontane.

LE SUISSE.

Mon foi, moi, le foudrois être hors de dedans.

LE VIEUX BOURGEOIS BABILLARD.

Allons, ma mie,
Suivez mes pas,
Je vous en prie,
Et ne me quittez pas :
On fait de nous trop peu de cas,
Et je suis las
De ce tracas.

Tout ce fracas,
Cet embarras,
Me pèse par trop sur les bras.
S'il me prend jamais envie
De retourner de ma vie
A ballet ni comédie,
Je veux bien qu'on m'estropie.

Allons, ma mie,
Suivez mes pas,
Je vous en prie,
Et ne me quittez pas :
On fait de nous trop peu de cas.

LA VIEILLE BOURGEOISE BABILLARDE

Allons, mon mignon, mon fils,
Regagnons notre logis,
Et sortons de ce taudis
Où l'on ne peut être assis.

Ils seront bien ébaubis
Quand ils nous verront partis.
Trop de confusion règne dans cette salle,
Et j'aimerois mieux être au milieu de la halle.
Si jamais je reviens à semblable régale,
Je veux bien recevoir des soufflets plus de six.

Allons, mon mignon, mon fils,
Regagnons notre logis,
Et sortons de ce taudis
Où l'on ne peut être assis.

Le donneur de livres revient avec les importuns qui l'ont suivi.

BALLET DES NATIONS.

CHŒUR DE SPECTATEURS.

A moi, monsieur, à moi! de grace, à moi, monsieur!
Un livre, s'il vous plaît, à votre serviteur.

Les importuns, ayant pris des livres des mains de celui qui les donne, les distribuent aux spectateurs, pendant que le donneur de livres danse; après quoi ils se joignent à lui, et forment la première entrée.

~~~~~~~~~~~~~~~~~~~~~~~~~~~~~~~~~~~~

DEUXIÈME ENTRÉE.

ESPAGNOLS.

TROIS ESPAGNOLS chantants, ESPAGNOLS dansants.

PREMIER ESPAGNOL.

Sé que me muero de amor,
Y solicito el dolor.

Aun muriendo de querer,
De tan buen ayre adolezco,
Que es mas de lo que padezco;
Lo que quiero padecer;
Y no pudiendo exceder
A mi deseo el rigor.

Sé que me muero de amor,
Y solicito el dolor.

Lisonjea me la suerte
Con piedad tan advertida,
Que me asegura la vida
En el riesgo de la muerte.
Vivir del glope fuerte
Es de mi salud primor.

Sé que me muero amor,
Y solicito el dolor [1].

Danse de six Espagnols, après laquelle deux autres Espagnols dansent ensemble.

PREMIER ESPAGNOL.

Ay! que locura, con tanto rigor
Quejarse de Amor,
Del niño bonito
Que todo es dulzura!
Ay! que locura!
Ay! que locura [2]!

SECOND ESPAGNOL.

El dolor solicita
Él que al dolor se da :

---

[1] « Je sais bien que je me meurs d'amour, et je recherche la douleur.

« Quoique mourant à force de désirer, je dépéris de si bonne grace, que ce que je souffre n'égale pas ce que je voudrois souffrir; et l'excès de mon mal ne peut satisfaire mes désirs.

« Le sort me protége avec une bonté si constante, qu'il m'assure la vie au moment de la mort. Vivre ayant reçu une blessure si profonde est le prodige de ma conservation. »

[2] « Ah! quelle folie de se plaindre de l'Amour avec tant d'amertume, de cet aimable enfant qui est la douceur même! Ah, quelle folie! ah, quelle folie! »

Y nadie de amor muere,
Sino quien no sabe amar [1].

PREMIER ET SECOND ESPAGNOLS.
Dulce muerte es el amor
Con correspondencia igual;
Y si esta gozamos hoy,
Porque la quieres turbar [2]?

TROISIÈME ESPAGNOL.
Alegrese enamorado,
Y tome mi parecer,
Que en aquesto de querer
Todo es hallar el vado [3].

TOUS TROIS ENSEMBLE.
Vaya, vaya de fiesta!
 Vaya de bayle!
Alegria, alegria, alegria!
Que esto de dolor es fantasia [4].

---

[1] « La douleur tourmente celui qui cède à la douleur : et personne ne meurt d'amour, si ce n'est celui qui ne sait pas aimer. »

[2] « L'amour payé d'une tendre réciprocité est une douce mort : si nous goûtons cette mort aujourd'hui, pourquoi troubler cette jouissance ? »

[3] « Que notre amoureux se réjouisse en adoptant mon avis ; lorsqu'on en est à désirer, le tout est de trouver le moyen. »

[4] « Allons, allons, des fêtes! de la danse! gai, gai, gai. Le chagrin n'est qu'un caprice. »

TROISIÈME ENTRÉE.

ITALIENS.

UNE ITALIENNE chantante, UN ITALIEN chantant; ARLEQUIN, TRIVELINS et SCARAMOUCHES dansants.

L'ITALIENNE.

Di rigori armata il seno
Contro Amor mi ribellai;
Ma fui vinta in un baleno.
Al mirar due vaghi rai.
Ahi! che resiste poco
Cor di gelo a stral di fuoco [1]!

Ma sì caro è 'l mio tormento,
Dolce è sì la piaga mia,
Che 'l penare è mio contento,
E 'l sanarmi è tirannia;
Ahi! che più giova e piace,
Quanto Amor è più vivace [2]!

---

[1] « Le sein armé de rigueur, je me révoltai contre l'Amour; mais je fus vaincue bientôt par l'éclat de deux beaux yeux. Ah! quel cœur de glace résisteroit à un trait enflammé! »

[2] « Mais mon tourment m'est si cher, ma blessure m'est si douce, que ma peine fait mon bonheur, et que me guérir seroit une tyran-

BALLET DES NATIONS.

Deux scaramouches et deux trivelins représentent avec arlequin une nuit, à la manière des comédiens italiens.

L'ITALIEN.

Bel tempo che vola
Rapisce il contento :
D'Amor nella scuola
Si coglie il momento [1].

L'ITALIENNE.

Insin che florida
  Ride l'età,
Che pur tropp' orrida,
  Da noi sen va [2].

TOUS DEUX ENSEMBLE.

Sù cantiamo,
Sù godiamo,
Ne' bei dì di gioventù :
Perduto ben non si racquista più [3].

L'ITALIEN.

Pupilla ch' è vaga
Mille alme incatena,
Fà dolce la piaga,
Felice la pena [4].

nie. Ah! l'Amour plaît et charme d'autant plus qu'il a plus de force! »

[1] « L'heureux temps qui s'envole emmène les plaisirs; c'est à l'école de l'Amour que l'on apprend à profiter de l'occasion. »

[2] « Tant que fleurit pour nous le printemps de la vie, qui bientôt, hélas! va s'éloigner de nous, »

[3] « Chantons, jouissons des beaux jours de la jeunesse : le bien perdu ne se recouvre jamais. »

[4] « Le charme de deux beaux yeux captive mille cœurs; il verse du baume sur la plaie; il fait un bien de la douleur. »

L'ITALIENNE.

Ma poichè frigida
　　Langue l'età,
Più l'alma rigida
　　Fiamme non ha [1].

TOUS DEUX ENSEMBLE.

Sù cantiamo,
Sù godiamo,
Ne' bei dì di gioventù :
Perduto ben non si racquista più [2].

Les scaramouches et les trivelins finissent l'entrée par une danse.

QUATRIÈME ENTRÉE.

FRANÇOIS.

DEUX POITEVINS CHANTANTS ET DANSANTS ;
POITEVINS ET **POITEVINES** DANSANTS.

PREMIER POITEVIN.

Ah, qu'il fait beau dans ces bocages !
Ah, que le ciel donne un beau jour !

---

[1] « Mais aussitôt que les glaces de l'âge sont venues la refroidir, l'ame engourdie voit s'éteindre tous ses feux. »

[2] « Chantons donc, etc. »

BALLET DES NATIONS.

SECOND POITEVIN.

Le rossignol, sous ces tendres feuillages,
Chante aux échos son doux retour.
Ce beau séjour,
Ces doux ramages,
Ce beau séjour
Nous invite à l'amour.

TOUS DEUX ENSEMBLE.

Vois, ma Climène,
Vois, sous ce chêne,
S'entre-baiser ces oiseaux amoureux;
Ils n'ont rien dans leurs vœux
Qui les gêne;
De leurs doux feux
Leur ame est pleine;
Qu'ils sont heureux!
Nous pouvons tous deux,
Si tu le veux,
Être comme eux.

Trois Poitevins et trois Poitevines dansent ensemble.

CINQUIÈME ET DERNIÈRE ENTRÉE.

Les Espagnols, les Italiens et les François se mêlent ensemble et forment la dernière entrée.

CHOEUR DE SPECTATEURS.

Quels spectacles charmants! quels plaisirs goûtons-nous!
Les dieux mêmes, les dieux n'en ont pas de plus doux!

FIN DU BOURGEOIS GENTILHOMME.

LES
FOURBERIES DE SCAPIN,

COMÉDIE EN TROIS ACTES

ET EN PROSE,

Représentée à Paris, sur le théâtre du Palais-Royal, le 4 mai 1671.

PERSONNAGES.

ARGANTE, père d'Octave et de Zerbinette [1].
GÉRONTE, père de Léandre et d'Hyacinthe [2].
OCTAVE, fils d'Argante et amant d'Hyacinthe [3].
LÉANDRE, fils de Géronte et amant de Zerbinette.
ZERBINETTE, crue Égyptienne, et reconnue fille d'Argante, amante de Léandre [4].
HYACINTHE, fille de Géronte et amante d'Octave [5].
SCAPIN, valet de Léandre [6].
SILVESTRE, valet d'Octave [7].
NÉRINE, nourrice d'Hyacinthe [8].
CARLE, ami de Scapin.
DEUX PORTEURS.

ACTEURS.

[1] Béjart cadet.— [2] Molière. — [3] La Grange. — [4] Mademoiselle Bauval. — [5] Mademoiselle De Brie. — [6] De Brie. — [7] Brécourt. — [8] Mademoiselle Hervé (Geneviève).

La scène est à Naples.

LES FOURBERIES DE SCAPIN.

ACTE PREMIER.

SCÈNE I.

OCTAVE, SILVESTRE.

OCTAVE.

Ah, fâcheuses nouvelles pour un cœur amoureux! dures extrémités où je me vois réduit! Tu viens, Silvestre, d'apprendre au port que mon père revient?

SILVESTRE.

Oui.

OCTAVE.

Qu'il arrive ce matin même?

SILVESTRE.

Ce matin même.

OCTAVE.

Et qu'il revient dans la résolution de me marier?

SILVESTRE.

Oui.

OCTAVE.

Avec une fille du seigneur Géronte?

SILVESTRE.

Du seigneur Géronte.

OCTAVE.

Et que cette fille est mandée de Tarente ici pour cela?

SILVESTRE.

Oui.

OCTAVE.

Et tu tiens ces nouvelles de mon oncle?

SILVESTRE.

De votre oncle.

OCTAVE.

A qui mon père les a mandées par une lettre?

SILVESTRE.

Par une lettre.

OCTAVE.

Et cet oncle, dis-tu, sait toutes nos affaires?

SILVESTRE.

Toutes nos affaires.

OCTAVE.

Ah! parle si tu veux, et ne te fais point de la sorte arracher les mots de la bouche.

SILVESTRE.

Qu'ai-je à parler davantage? vous n'oubliez aucune circonstance, et vous dites les choses tout justement comme elles sont.

OCTAVE.

Conseille-moi du moins, et me dis ce que je dois faire dans ces cruelles conjonctures.

SILVESTRE.

Ma foi, je m'y trouve autant embarrassé que vous; et j'aurois bon besoin que l'on me conseillât moi-même.

OCTAVE.

Je suis assassiné par ce maudit retour.

SILVESTRE.

Je ne le suis pas moins.

OCTAVE.

Lorsque mon père apprendra les choses, je vais voir fondre sur moi un orage soudain d'impétueuses réprimandes.

SILVESTRE.

Les réprimandes ne sont rien; et plût au ciel que j'en fusse quitte à ce prix! Mais j'ai bien la mine, pour moi, de payer plus cher vos folies; et je vois se former de loin un nuage de coups de bâton qui crèvera sur mes épaules.

OCTAVE.

O ciel! par où sortir de l'embarras où je me trouve?

SILVESTRE.

C'est à quoi vous deviez songer avant que de vous y jeter.

OCTAVE.

Ah! tu me fais mourir par tes leçons hors de saison.

SILVESTRE.

Vous me faites bien plus mourir par vos actions étourdies.

OCTAVE.

Que dois-je faire? quelle résolution prendre? à quel remède recourir?

SCÈNE II.

OCTAVE, SCAPIN, SILVESTRE.

SCAPIN.

Qu'est-ce, seigneur Octave? qu'avez-vous? qu'y a-t-il? Quel désordre est-ce là? je vous vois tout troublé.

OCTAVE.

Ah, mon pauvre Scapin! je suis perdu, je suis désespéré, je suis le plus infortuné de tous les hommes.

SCAPIN.

Comment?

OCTAVE.

N'as-tu rien appris de ce qui me regarde?

SCAPIN.

Non.

OCTAVE.

Mon père arrive avec le seigneur Géronte, et ils me veulent marier.

SCAPIN.

Hé bien, qu'y a-t-il là de si funeste?

OCTAVE.

Hélas! tu ne sais pas la cause de mon inquiétude?

SCAPIN.

Non; mais il ne tiendra qu'à vous que je la sache

bientôt; et je suis homme consolatif, homme à m'intéresser aux affaires des jeunes gens.

OCTAVE.

Ah, Scapin! si tu pouvois trouver quelque invention, forger quelque machine pour me tirer de la peine où je suis, je croirois t'être redevable de plus que de la vie.

SCAPIN.

A vous dire la vérité, il y a peu de choses qui me soient impossibles, quand je m'en veux mêler. J'ai sans doute reçu du ciel un génie assez beau pour toutes les fabriques de ces gentillesses d'esprit, de ces galanteries ingénieuses, à qui le vulgaire ignorant donne le nom de *fourberies;* et je puis dire, sans vanité, qu'on n'a guère vu d'homme qui fût plus habile ouvrier de ressorts et d'intrigues, qui ait acquis plus de gloire que moi dans ce noble métier. Mais, ma foi, le mérite est trop maltraité aujourd'hui; et j'ai renoncé à toutes choses, depuis certain chagrin d'une affaire qui m'arriva.

OCTAVE.

Comment? quelle affaire, Scapin?

SCAPIN.

Une aventure où je me brouillai avec la justice.

OCTAVE.

La justice?

SCAPIN.

Oui; nous eûmes un petit démêlé ensemble.

SILVESTRE.

Toi et la justice?

SCAPIN.

Oui. Elle en usa fort mal avec moi ; et je me dépitai de telle sorte contre l'ingratitude du siècle, que je résolus de ne plus rien faire. Baste ! ne laissez pas de me conter votre aventure.

OCTAVE.

Tu sais, Scapin, qu'il y a deux mois que le seigneur Géronte et mon père s'embarquèrent ensemble pour un voyage qui regarde certain commerce où leurs intérêts sont mêlés.

SCAPIN.

Je sais cela.

OCTAVE.

Et que Léandre et moi nous fûmes laissés par nos pères, moi sous la conduite de Silvestre, et Léandre sous ta direction.

SCAPIN.

Oui. Je me suis fort bien acquitté de ma charge.

OCTAVE.

Quelque temps après, Léandre fit rencontre d'une jeune Égyptienne, dont il devint amoureux.

SCAPIN.

Je sais cela encore.

OCTAVE.

Comme nous sommes grands amis, il me fit aussitôt confidence de son amour, et me mena voir cette fille, que je trouvai belle, à la vérité, mais non pas tant qu'il vouloit que je la trouvasse. Il ne m'entretenoit que d'elle chaque jour, m'exagéroit à tous moments sa beauté et sa grace, me louoit son esprit, et me parloit avec transport des charmes de son entretien, dont il me rapportoit jusqu'aux moindres paroles, qu'il s'efforçoit toujours de me faire trouver les plus spirituelles du monde. Il me querelloit quelquefois de n'être pas assez sensible aux choses qu'il me venoit dire, et me blâmoit sans cesse de l'indifférence où j'étois pour les feux de l'amour.

SCAPIN.

Je ne vois pas encore où ceci veut aller.

OCTAVE.

Un jour que je l'accompagnois pour aller chez les gens qui gardent l'objet de ses vœux, nous entendîmes, dans une petite maison d'une rue écartée, quelques plaintes mêlées de beaucoup de sanglots. Nous demandons ce que c'est. Une femme nous dit en soupirant que nous pouvions voir là quelque chose de pitoyable en des personnes étrangères, et qu'à moins d'être insensibles nous en serions touchés.

SCAPIN.

Où est-ce que cela nous mène?

OCTAVE.

La curiosité me fit presser Léandre de voir ce que c'étoit. Nous entrons dans une salle, où nous voyons une vieille femme mourante, assistée d'une servante qui faisoit des regrets, et d'une jeune fille toute fondante en larmes, la plus belle et la plus touchante qu'on puisse jamais voir.

SCAPIN.

Ah, ah!

OCTAVE.

Une autre auroit paru effroyable en l'état où elle étoit ; car elle n'avoit pour habillement qu'une méchante petite jupe, avec des brassières de nuit, qui étoient de simple futaine ; et sa coiffure étoit une cornette jaune, retroussée au haut de sa tête, qui laissoit tomber en désordre ses cheveux sur ses épaules : et cependant, faite comme cela, elle brilloit de mille attraits, et ce n'étoit qu'agréments et que charmes que toute sa personne.

SCAPIN.

Je sens venir les choses.

OCTAVE.

Si tu l'avois vue, Scapin, en l'état que je te dis, tu l'aurois trouvée admirable.

SCAPIN.

Oh! je n'en doute point; et sans l'avoir vue, je vois bien qu'elle étoit tout-à-fait charmante.

OCTAVE.

Ses larmes n'étoient point de ces larmes désagréables qui défigurent un visage : elle avoit à pleurer une grace touchante, et sa douleur étoit la plus belle du monde.

SCAPIN.

Je vois tout cela.

OCTAVE.

Elle faisoit fondre chacun en larmes, en se jetant amoureusement sur le corps de cette mourante, qu'elle appeloit sa chère mère; et il n'y avoit personne qui n'eût l'ame percée de voir un si bon naturel.

ACTE I, SCÈNE II.

SCAPIN.

En effet, cela est touchant; et je vois bien que ce bon naturel-là vous la fit aimer.

OCTAVE.

Ah, Scapin! un barbare l'auroit aimée!

SCAPIN.

Assurément. Le moyen de s'en empêcher!

OCTAVE.

Après quelques paroles, dont je tâchai d'adoucir la douleur de cette charmante affligée, nous sortîmes de là; et, demandant à Léandre ce qu'il lui sembloit de cette personne, il me répondit froidement qu'il la trouvoit assez jolie. Je fus piqué de la froideur avec laquelle il m'en parloit, et je ne voulus point lui découvrir l'effet que ses beautés avoient fait sur mon ame.

SILVESTRE, *à Octave*.

Si vous n'abrégez ce récit, nous en voilà pour jusqu'à demain. Laissez-le-moi finir en deux mots. (*à Scapin*.) Son cœur prend feu dès ce moment; il ne sauroit plus vivre qu'il n'aille consoler son aimable affligée. Ses fréquentes visites sont rejetées de la servante, devenue la gouvernante par le trépas de la mère. Voilà mon homme au désespoir. Il presse, supplie, conjure : point d'affaire. On lui dit que la fille, quoique sans bien et sans appui, est de famille honnête, et qu'à moins que de l'épouser on ne peut souffrir ses poursuites. Voilà son amour augmenté par les difficultés. Il consulte dans sa tête, agite, raisonne, balance, prend sa résolution. Le voilà marié avec elle depuis trois jours.

SCAPIN.

J'entends.

SILVESTRE.

Maintenant, mets avec cela le retour imprévu du père, qu'on n'attendoit que dans deux mois; la découverte que l'oncle a faite du secret de notre mariage, et l'autre mariage qu'on veut faire de lui avec la fille que le seigneur Géronte a eue d'une seconde femme qu'on dit qu'il a épousée à Tarente.

OCTAVE.

Et, par dessus tout cela, mets encore l'indigence où se trouve cette aimable personne, et l'impuissance où je me vois d'avoir de quoi la secourir.

SCAPIN.

Est-ce là tout? Vous voilà bien embarrassés tous deux pour une bagatelle! C'est bien là de quoi se tant alarmer! N'as-tu point de honte, toi, de demeurer court à si peu de chose? Que diable! te voilà grand et gros comme père et mère, et tu ne saurois trouver dans ta tête, forger dans ton esprit quelque ruse galante, quelque honnête petit stratagème, pour ajuster vos affaires! Fi! Peste soit du butor! Je voudrois bien que l'on m'eût donné autrefois nos vieillards à duper, je les aurois joués tous deux par dessous la jambe; et je n'étois pas plus grand que cela que je me signalois déja par cent tours d'adresse jolis.

SILVESTRE.

J'avoue que le ciel ne m'a pas donné tes talents, et que je n'ai pas l'esprit, comme toi, de me brouiller avec la justice.

OCTAVE.

Voici mon aimable Hyacinthe.

SCÈNE III.

HYACINTHE, OCTAVE, SCAPIN, SILVESTRE.

HYACINTHE.

Ah, Octave! est-il vrai ce que Silvestre vient de dire à Nérine que votre père est de retour, et qu'il veut vous marier?

OCTAVE.

Oui, belle Hyacinthe; et ces nouvelles m'ont donné une atteinte cruelle. Mais que vois-je? vous pleurez! Pourquoi ces larmes? Me soupçonnez-vous, dites-moi, de quelque infidélité? et n'êtes-vous pas assurée de l'amour que j'ai pour vous?

HYACINTHE.

Oui, Octave, je suis sûre que vous m'aimez; mais je ne le suis pas que vous m'aimiez toujours.

OCTAVE.

Hé! peut-on vous aimer qu'on ne vous aime toute sa vie?

HYACINTHE.

J'ai ouï dire, Octave, que votre sexe aime moins long-temps que le nôtre, et que les ardeurs que les hommes font voir sont des feux qui s'éteignent aussi facilement qu'ils naissent.

OCTAVE.

Ah, ma chère Hyacinthe! mon cœur n'est donc pas fait comme celui des autres hommes; et je sens bien, pour moi, que je vous aimerai jusqu'au tombeau.

HYACINTHE.

Je veux croire que vous sentez ce que vous dites, et je ne doute point que vos paroles ne soient sincères; mais je crains un pouvoir qui combattra dans votre cœur les tendres sentiments que vous pouvez avoir pour moi. Vous dépendez d'un père qui veut vous marier à une autre personne; et je suis sûre que je mourrai si ce malheur m'arrive.

OCTAVE.

Non, belle Hyacinthe, il n'y a point de père qui puisse me contraindre à vous manquer de foi; et je me résoudrai à quitter mon pays, et le jour même, s'il est besoin, plutôt qu'à vous quitter. J'ai déja pris, sans l'avoir vue, une aversion effroyable pour celle que l'on me destine; et, sans être cruel, je souhaiterois que la mer l'écartât d'ici pour jamais. Ne pleurez donc point, je vous prie, mon aimable Hyacinthe, car vos larmes me tuent, et je ne les puis voir sans me sentir percer le cœur.

HYACINTHE.

Puisque vous le voulez, je veux bien essuyer mes pleurs; et j'attendrai, d'un œil constant, ce qu'il plaira au ciel de résoudre de moi.

OCTAVE.

Le ciel nous sera favorable.

ACTE I, SCÈNE III.

HYACINTHE.

Il ne sauroit m'être contraire, si vous m'êtes fidèle.

OCTAVE.

Je le serai assurément.

HYACINTHE.

Je serai donc heureuse!

SCAPIN, *à part*.

Elle n'est point tant sotte, ma foi; et je la trouve assez passable.

OCTAVE, *montrant Scapin*.

Voici un homme qui pourroit bien, s'il le vouloit, nous être, dans tous nos besoins, d'un secours merveilleux.

SCAPIN.

J'ai fait de grands serments de ne me mêler plus du monde; mais, si vous m'en priez bien fort tous deux, peut-être...

OCTAVE.

Ah! s'il ne tient qu'à te prier bien fort pour obtenir ton aide, je te conjure de tout mon cœur de prendre la conduite de notre barque.

SCAPIN, *à Hyacinthe*.

Et vous, ne dites-vous rien?

HYACINTHE.

Je vous conjure, à son exemple, par tout ce qui vous est le plus cher au monde, de vouloir servir notre amour.

SCAPIN.

Il faut se laisser vaincre, et avoir de l'humanité. Allez, je veux m'employer pour vous.

OCTAVE.

Crois que...

SCAPIN, à Octave.

Chut! (à Hyacinthe.) Allez-vous-en, vous; et soyez en repos.

SCÈNE IV.

OCTAVE, SCAPIN, SILVESTRE.

SCAPIN, à Octave.

Et vous, préparez-vous à soutenir avec fermeté l'abord de votre père.

OCTAVE.

Je t'avoue que cet abord me fait trembler par avance; et j'ai une timidité naturelle que je ne saurois vaincre.

SCAPIN.

Il faut pourtant paroître ferme au premier choc, de peur que, sur votre foiblesse, il ne prenne le pied de vous mener comme un enfant. La, tâchez de vous composer par étude. Un peu de hardiesse; et songez à répondre résolument sur tout ce qu'il pourra vous dire.

OCTAVE.

Je ferai du mieux que je pourrai.

SCAPIN.

Çà, essayons un peu, pour vous accoutumer. Répétons un peu votre rôle, et voyons si vous ferez bien. Allons, la mine résolue, la tête haute, les regards assurés.

OCTAVE.

Comme cela ?

SCAPIN.

Encore un peu davantage.

OCTAVE.

Ainsi ?

SCAPIN.

Bon. Imaginez-vous que je suis votre père qui arrive, et répondez-moi fermement, comme si c'étoit à lui-même... Comment, pendard, vaurien, infame, fils indigne d'un père comme moi, oses-tu bien paroître devant mes yeux, après tes bons déportements, après le lâche tour que tu m'as joué pendant mon absence ? Est-ce là le fruit de mes soins, maraud ? est-ce là le fruit de mes soins, le respect qui m'est dû, le respect que tu me conserves ?... Allons donc... Tu as l'insolence, fripon, de t'engager sans le consentement de ton père! de contracter un mariage clandestin! Réponds-moi, coquin ; réponds-moi. Voyons un peu tes belles raisons... Oh, que diable! vous demeurez interdit.

OCTAVE.

C'est que je m'imagine que c'est mon père que j'entends.

SCAPIN.

Hé, oui! c'est par cette raison qu'il ne faut pas être comme un innocent.

OCTAVE.

Je m'en vais prendre plus de résolution, et je répondrai fermement.

SCAPIN.

Assurément?

OCTAVE.

Assurément.

SILVESTRE.

Voilà votre père qui vient.

OCTAVE.

O ciel! je suis perdu.

SCÈNE V.

SCAPIN, SILVESTRE.

SCAPIN.

Holà, Octave! Demeurez, Octave! Le voilà enfui. Quelle pauvre espèce d'homme! Ne laissons pas d'attendre le vieillard.

SILVESTRE.

Que lui dirai-je?

SCAPIN.

Laisse-moi dire, moi; et ne fais que me suivre.

SCÈNE VI.

ARGANTE; SCAPIN et SILVESTRE, *dans le fond du théâtre.*

ARGANTE, *se croyant seul.*

A-t-on jamais ouï parler d'une action pareille à celle-là?

SCAPIN, *à Silvestre.*

Il a déja appris l'affaire; et elle lui tient si fort en tête, que, tout seul, il en parle haut.

ARGANTE, *se croyant seul.*

Voilà une témérité bien grande!

SCAPIN, *à Silvestre.*

Écoutons-le un peu.

ARGANTE, *se croyant seul.*

Je voudrois bien savoir ce qu'ils me pourront dire sur ce beau mariage.

SCAPIN, *à part.*

Nous y avons songé.

ARGANTE, *se croyant seul.*

Tâcheront-ils de nier la chose?

SCAPIN, *à part.*

Non; nous n'y pensons pas.

ARGANTE, *se croyant seul.*

Ou s'ils entreprendront de l'excuser?

SCAPIN, *à part.*

Celui-là se pourra faire.

ARGANTE, *se croyant seul.*

Prétendront-ils m'amuser par des contes en l'air?

SCAPIN, *à part.*

Peut-être.

ARGANTE, *se croyant seul.*

Tous leurs discours seront inutiles.

SCAPIN, *à part.*

Nous allons voir.

ARGANTE, *se croyant seul.*

Ils ne m'en donneront point à garder.

SCAPIN, *à part.*

Ne jurons de rien.

ARGANTE, *se croyant seul.*

Je saurai mettre mon pendard de fils en lieu de sûreté.

SCAPIN, *à part.*

Nous y pourvoirons.

ARGANTE, *se croyant seul.*

Et pour le coquin de Silvestre, je le rouerai de coups.

SILVESTRE, *à Scapin.*

J'étois bien étonné s'il m'oublioit.

ARGANTE, *apercevant Silvestre.*

Ah, ah! vous voilà donc, sage gouverneur de famille, beau directeur de jeunes gens!

SCAPIN.

Monsieur, je suis ravi de vous voir de retour.

ARGANTE.

Bonjour, Scapin. (*à Silvestre.*) Vous avez suivi mes ordres, vraiment, d'une belle manière! et mon fils s'est comporté fort sagement pendant mon absence!

SCAPIN.

Vous vous portez bien, à ce que je vois.

ARGANTE.

Assez bien. (*à Silvestre.*) Tu ne dis mot, coquin, tu ne dis mot!

SCAPIN.

Votre voyage a-t-il été bon?

ARGANTE.

Mon dieu! fort bon. Laisse-moi un peu quereller en repos.

ACTE I, SCÈNE VI.

SCAPIN.

Vous voulez quereller ?

ARGANTE.

Oui, je veux quereller.

SCAPIN.

Et qui, monsieur ?

ARGANTE, *montrant Silvestre.*

Ce maraud-là.

SCAPIN.

Pourquoi ?

ARGANTE.

Tu n'as pas ouï parler de ce qui s'est passé dans mon absence ?

SCAPIN.

J'ai bien ouï parler de quelque petite chose.

ARGANTE.

Comment ! quelque petite chose ! une action de cette nature !

SCAPIN.

Vous avez quelque raison.

ARGANTE.

Une hardiesse pareille à celle-là !

SCAPIN.

Cela est vrai.

ARGANTE.

Un fils qui se marie sans le consentement de son père !

SCAPIN.

Oui, il y a quelque chose à dire à cela. Mais je serois d'avis que vous ne fissiez point de bruit.

ARGANTE.

Je ne suis pas de cet avis, moi; et je veux faire du bruit tout mon soûl. Quoi! tu ne trouves pas que j'aie tous les sujets du monde d'être en colère?

SCAPIN.

Si fait. J'y ai d'abord été, moi, lorsque j'ai su la chose; et je me suis intéressé pour vous, jusqu'à quereller votre fils. Demandez-lui un peu quelles belles réprimandes je lui ai faites, et comme je l'ai chapitré sur le peu de respect qu'il gardoit à un père dont il devoit baiser les pas. On ne peut pas lui mieux parler, quand ce seroit vous-même. Mais quoi! je me suis rendu à la raison; et j'ai considéré que, dans le fond, il n'a pas tant de tort qu'on pourroit croire.

ARGANTE.

Que me viens-tu conter? il n'a pas tant de tort de s'aller marier de but en blanc avec une inconnue?

SCAPIN.

Que voulez-vous? Il y a été poussé par sa destinée.

ARGANTE.

Ah, ah! voici une raison la plus belle du monde. On n'a plus qu'à commettre tous les crimes imaginables, tromper, voler, assassiner, et dire pour excuse qu'on y a été poussé par sa destinée.

SCAPIN.

Mon dieu! vous prenez mes paroles trop en philosophe. Je veux dire qu'il s'est trouvé fatalement engagé dans cette affaire.

ARGANTE.

Et pourquoi s'y engageoit-il?

SCAPIN.

Voulez-vous qu'il soit aussi sage que vous? Les jeunes gens sont jeunes, et n'ont pas toute la prudence qu'il leur faudroit pour ne rien faire que de raisonnable : témoin notre Léandre, qui, malgré toutes mes leçons, malgré toutes mes remontrances, est allé faire, de son côté, pis encore que votre fils. Je voudrois bien savoir si vous-même n'avez pas été jeune, et n'avez pas, dans votre temps, fait des fredaines comme les autres. J'ai ouï dire, moi, que vous avez été autrefois un bon compagnon parmi les femmes; que vous faisiez de votre drôle [1] avec les plus galantes de ce temps-là, et que vous n'en approchiez point que vous ne poussassiez à bout.

ARGANTE.

Cela est vrai, j'en demeure d'accord ; mais je m'en suis toujours tenu à la galanterie, et je n'ai point été jusqu'à faire ce qu'il a fait.

SCAPIN.

Que vouliez-vous qu'il fît? Il voit une jeune personne qui lui veut du bien (car il tient cela de vous, d'être aimé de toutes les femmes); il la trouve charmante, il lui rend des visites, lui conte des douceurs, soupire galamment, fait le passionné. Elle se rend à sa poursuite. Il pousse sa fortune. Le voilà surpris

---

[1] *Vous faisiez de votre drôle*, vieille locution qui n'est plus en usage.

avec elle par ses parents, qui, la force à la main, le contraignent de l'épouser.

SILVESTRE, *à part.*

L'habile fourbe que voilà!

SCAPIN.

Eussiez-vous voulu qu'il se fût laissé tuer? Il vaut mieux encore être marié qu'être mort.

ARGANTE.

On ne m'a pas dit que l'affaire se soit ainsi passée.

SCAPIN, *montrant Silvestre.*

Demandez-lui plutôt; il ne vous dira pas le contraire.

ARGANTE, *à Silvestre.*

C'est par force qu'il a été marié?

SILVESTRE.

Oui, monsieur.

SCAPIN.

Voudrois-je vous mentir?

ARGANTE.

Il devoit donc aller tout aussitôt protester de violence chez un notaire.

SCAPIN.

C'est ce qu'il n'a pas voulu faire.

ARGANTE.

Cela m'auroit donné plus de facilité pour rompre ce mariage.

SCAPIN.

Rompre ce mariage?

ARGANTE.

Oui.

SCAPIN.
Vous ne le romprez point.
ARGANTE.
Je ne le romprai point?
SCAPIN.
Non.
ARGANTE.
Quoi! je n'aurai pas pour moi les droits de père, et la raison de la violence qu'on a faite à mon fils?
SCAPIN.
C'est une chose dont il ne demeurera pas d'accord.
ARGANTE.
Il n'en demeurera pas d'accord?
SCAPIN.
Non.
ARGANTE.
Mon fils?
SCAPIN.
Votre fils. Voulez-vous qu'il confesse qu'il ait été capable de crainte, et que ce soit par force qu'on lui ait fait faire les choses? Il n'a garde d'aller avouer cela; ce seroit se faire tort, et se montrer indigne d'un père comme vous.
ARGANTE.
Je me moque de cela.
SCAPIN.
Il faut, pour son honneur et pour le vôtre, qu'il dise dans le monde que c'est de bon gré qu'il l'a épousée.

ARGANTE.

Et je veux, moi, pour mon honneur et pour le sien, qu'il dise le contraire.

SCAPIN.

Non, je suis sûr qu'il ne le fera pas.

ARGANTE.

Je l'y forcerai bien.

SCAPIN.

Il ne le fera pas, vous dis-je.

ARGANTE.

Il le fera, ou je le déshériterai.

SCAPIN.

Vous?

ARGANTE.

Moi.

SCAPIN.

Bon!

ARGANTE.

Comment, bon?

SCAPIN.

Vous ne le déshériterez point.

ARGANTE.

Je ne le déshériterai point?

SCAPIN.

Non.

ARGANTE.

Non?

SCAPIN.

Non.

ACTE I, SCÈNE VI.

ARGANTE.

Ouais, voici qui est plaisant! Je ne déshériterai point mon fils?

SCAPIN.

Non, vous dis-je.

ARGANTE.

Qui m'en empêchera?

SCAPIN.

Vous-même.

ARGANTE.

Moi?

SCAPIN.

Oui; vous n'aurez pas ce cœur-là.

ARGANTE.

Je l'aurai.

SCAPIN.

Vous vous moquez.

ARGANTE.

Je ne me moque point.

SCAPIN.

La tendresse paternelle fera son office.

ARGANTE.

Elle ne fera rien.

SCAPIN.

Oui, oui.

ARGANTE.

Je vous dis que cela sera.

SCAPIN.

Bagatelles!

ARGANTE.

Il ne faut point dire, Bagatelles.

SCAPIN.

Mon dieu, je vous connois! vous êtes bon naturellement.

ARGANTE.

Je ne suis point bon, et je suis méchant quand je veux. Finissons ce discours qui m'échauffe la bile. (*à Silvestre.*) Va-t'en, pendard, va-t'en me chercher mon fripon, tandis que j'irai rejoindre le seigneur Géronte pour lui conter ma disgrace.

SCAPIN.

Monsieur, si je vous puis être utile en quelque chose, vous n'avez qu'à me commander.

ARGANTE.

Je vous remercie. (*à part.*) Ah, pourquoi faut-il qu'il soit fils unique! et que n'ai-je à cette heure la fille que le ciel m'a ôtée, pour la faire mon héritière.

SCÈNE VII.

SCAPIN, SILVESTRE.

SILVESTRE.

J'avoue que tu es un grand homme, et voilà l'affaire en bon train : mais l'argent, d'autre part, nous presse pour notre subsistance; et nous avons de tous côtés des gens qui aboient après nous.

SCAPIN.

Laisse-moi faire : la machine est trouvée. Je cherche

seulement dans ma tête un homme qui nous soit affidé, pour jouer un personnage dont j'ai besoin... Attends. Tiens-toi un peu; enfonce ton bonnet en méchant garçon; campe-toi sur un pied, mets la main au côté, fais les yeux furibonds, marche un peu en roi de théâtre... Voilà qui est bien. Suis-moi. J'ai des secrets pour déguiser ton visage et ta voix.

SILVESTRE.

Je te conjure, au moins, de ne m'aller point brouiller avec la justice.

SCAPIN.

Va, va, nous partagerons les périls en frères; et trois ans de galères de plus ou de moins ne sont pas pour arrêter un noble cœur.

FIN DU PREMIER ACTE.

ACTE SECOND.

SCÈNE I.

GÉRONTE, ARGANTE.

GÉRONTE.

Oui, sans doute, par le temps qu'il fait, nous aurons ici nos gens aujourd'hui; et un matelot qui vient de Tarente m'a assuré qu'il avoit vu mon homme qui étoit prêt de s'embarquer. Mais l'arrivée de ma fille trouvera les choses mal disposées à ce que nous nous proposions; et ce que vous venez de m'apprendre de votre fils rompt étrangement les mesures que nous avions prises ensemble.

ARGANTE.

Ne vous mettez pas en peine; je vous réponds de renverser tout cet obstacle, et j'y vais travailler de ce pas.

GÉRONTE.

Ma foi, seigneur Argante, voulez-vous que je vous dise? l'éducation des enfants est une chose à quoi il faut s'attacher fortement.

ARGANTE.

Sans doute. A quel propos cela?

GÉRONTE.

A propos de ce que les mauvais déportements des

jeunes gens viennent le plus souvent de la mauvaise éducation que leurs pères leur donnent.

ARGANTE.

Cela arrive parfois. Mais que voulez-vous dire par là?

GÉRONTE.

Ce que je veux dire par là?

ARGANTE.

Oui.

GÉRONTE.

Que si vous aviez, en brave père, bien morigéné votre fils, il ne vous auroit pas joué le tour qu'il vous a fait.

ARGANTE.

Fort bien. De sorte donc que vous avez bien mieux morigéné le vôtre?

GÉRONTE.

Sans doute; et je serois bien fâché qu'il m'eût rien fait approchant de cela.

ARGANTE.

Et si ce fils, que vous avez, en brave père, si bien morigéné, avoit fait pis encore que le mien? Hé?

GÉRONTE.

Comment?

ARGANTE.

Comment?

GÉRONTE.

Qu'est-ce que cela veut dire?

ARGANTE.

Cela veut dire, seigneur Géronte, qu'il ne faut pas

être si prompt à condamner la conduite des autres, et que ceux qui veulent gloser doivent bien regarder chez eux s'il n'y a rien qui cloche.

GÉRONTE.

Je n'entends point cette énigme.

ARGANTE.

On vous l'expliquera.

GÉRONTE.

Est-ce que vous auriez ouï dire quelque chose de mon fils?

ARGANTE.

Cela se peut faire.

GÉRONTE.

Et quoi encore?

ARGANTE.

Votre Scapin, dans mon dépit, ne m'a dit la chose qu'en gros; et vous pourrez de lui, ou de quelque autre, être instruit du détail. Pour moi, je vais vite consulter un avocat, et aviser des biais que j'ai à prendre. Jusqu'au revoir.

SCÈNE II.

GÉRONTE.

Que pourroit-ce être que cette affaire-ci? Pis encore que le sien! Pour moi, je ne vois pas ce que l'on peut faire de pis; et je trouve que se marier sans le consentement de son père est une action qui passe tout ce qu'on peut s'imaginer.

SCÈNE III.

GÉRONTE, LÉANDRE.

GÉRONTE.

Ah, vous voilà !

LÉANDRE, *courant à Géronte pour l'embrasser.*

Ah, mon père! que j'ai de joie de vous voir de retour !

GÉRONTE, *refusant d'embrasser Léandre.*

Doucement. Parlons un peu d'affaire.

LÉANDRE.

Souffrez que je vous embrasse, et que...

GÉRONTE, *le repoussant encore.*

Doucement, vous dis-je.

LÉANDRE.

Quoi ! vous me refusez, mon père, de vous exprimer mon transport par mes embrassements ?

GÉRONTE.

Oui. Nous avons quelque chose à démêler ensemble.

LÉANDRE.

Et quoi ?

GÉRONTE.

Tenez-vous, que je vous voie en face.

LÉANDRE.

Comment ?

GÉRONTE.

Regardez-moi entre deux yeux.

LÉANDRE.

Hé bien?

GÉRONTE.

Qu'est-ce donc qui s'est passé ici?

LÉANDRE.

Ce qui s'est passé?

GÉRONTE.

Oui. Qu'avez-vous fait pendant mon absence?

LÉANDRE.

Que voulez-vous, mon père, que j'aie fait?

GÉRONTE.

Ce n'est pas moi qui veux que vous ayez fait, mais qui demande ce que c'est que vous avez fait.

LÉANDRE.

Moi je n'ai fait aucune chose dont vous ayez lieu de vous plaindre.

GÉRONTE.

Aucune chose?

LÉANDRE.

Non.

GÉRONTE.

Vous êtes bien résolu.

LÉANDRE.

C'est que je suis sûr de mon innocence.

GÉRONTE.

Scapin pourtant a dit de vos nouvelles.

LÉANDRE.

Scapin?

GÉRONTE.

Ah, ah! Ce mot vous fait rougir.

LÉANDRE.

Il vous a dit quelque chose de moi ?

GÉRONTE.

Ce lieu n'est pas tout-à-fait propre à vider cette affaire, et nous allons l'examiner ailleurs. Qu'on se rende au logis : j'y vais revenir tout-à-l'heure. Ah, traître ! s'il faut que tu me déshonores, je te renonce pour mon fils, et tu peux bien, pour jamais, te résoudre à fuir de ma présence.

SCÈNE IV.

LÉANDRE.

Me trahir de cette manière ! Un coquin qui doit, par cent raisons, être le premier à cacher les choses que je lui confie, est le premier à les aller découvrir à mon père ! Ah ! je jure le ciel que cette trahison ne demeurera pas impunie.

SCÈNE V.

OCTAVE, LÉANDRE, SCAPIN.

OCTAVE.

Mon cher Scapin, que ne dois-je point à tes soins ! Que tu es un homme admirable ! et que le ciel m'est favorable de t'envoyer à mon secours !

LÉANDRE.

Ah, ah ! vous voilà ! Je suis ravi de vous trouver, monsieur le coquin.

SCAPIN.

Monsieur, votre serviteur. C'est trop d'honneur que vous me faites.

LÉANDRE, *mettant l'épée à la main.*

Vous faites le méchant plaisant. Ah! je vous apprendrai...

SCAPIN, *se mettant à genoux.*

Monsieur!

OCTAVE, *se mettant entre deux, pour empêcher Léandre de frapper Scapin.*

Ah, Léandre!

LÉANDRE.

Non, Octave, ne me retenez point, je vous prie.

SCAPIN, *à Léandre.*

Hé, monsieur!

OCTAVE, *retenant Léandre.*

De grace!

LÉANDRE, *voulant frapper Scapin.*

Laissez-moi contenter mon ressentiment.

OCTAVE.

Au nom de l'amitié, Léandre, ne le maltraitez point!

SCAPIN.

Monsieur, que vous ai-je fait?

LÉANDRE, *voulant frapper Scapin.*

Ce que tu m'as fait, traître?

OCTAVE, *retenant encore Léandre.*

Hé! doucement.

LÉANDRE.

Non, Octave; je veux qu'il me confesse lui-même

tout-à-l'heure la perfidie qu'il m'a faite. Oui, coquin, je sais le trait que tu m'as joué, on vient de me l'apprendre, et tu ne croyois pas peut-être que l'on me dût révéler ce secret; mais je veux en avoir la confession de ta propre bouche, ou je vais te passer cette épée au travers du corps.

SCAPIN.

Ah, monsieur! auriez-vous bien ce cœur-là?

LÉANDRE.

Parle donc.

SCAPIN.

Je vous ai fait quelque chose, monsieur?

LÉANDRE.

Oui, coquin; et ta conscience ne te dit que trop ce que c'est.

SCAPIN.

Je vous assure que je l'ignore.

LÉANDRE, *s'avançant pour frapper Scapin.*

Tu l'ignores!

OCTAVE, *retenant Léandre.*

Léandre!

SCAPIN.

Hé bien, monsieur, puisque vous le voulez, je vous confesse que j'ai bu, avec mes amis, ce petit quartaut de vin d'Espagne dont on vous fit présent il y a quelques jours, et que c'est moi qui fis une fente au tonneau, et répandis de l'eau autour, pour faire croire que le vin s'était échappé.

LÉANDRE.

C'est toi, pendard, qui m'as bu mon vin d'Espagne, et qui as été cause que j'ai tant querellé la servante, croyant que c'étoit elle qui m'avoit fait le tour?

SCAPIN.

Oui, monsieur. Je vous en demande pardon.

LÉANDRE.

Je suis bien aise d'apprendre cela. Mais ce n'est pas l'affaire dont il est question maintenant.

SCAPIN.

Ce n'est pas cela, monsieur?

LÉANDRE.

Non; c'est une autre affaire qui me touche bien plus; et je veux que tu me la dises.

SCAPIN.

Monsieur, je ne me souviens pas d'avoir fait autre chose.

LÉANDRE, *voulant frapper Scapin.*

Tu ne veux pas parler?

SCAPIN.

Hé!

OCTAVE, *arrêtant Léandre.*

Tout doux!

SCAPIN.

Oui, monsieur, il est vrai qu'il y a trois semaines que vous m'envoyâtes porter le soir une petite montre à la jeune Égyptienne que vous aimez, je revins au logis, mes habits tout couverts de boue, et le visage plein de sang, et vous dis que j'avois trouvé des voleurs qui m'avoient bien battu, et m'avoient dérobé la montre : c'étoit moi, monsieur, qui l'avois retenue.

ACTE II, SCÈNE V.

LÉANDRE.

C'est toi qui as retenu ma montre ?

SCAPIN.

Oui, monsieur, afin de voir quelle heure il est..

LÉANDRE.

Ah, ah ! j'apprends ici de jolies choses, et j'ai un serviteur fort fidèle vraiment ! Mais ce n'est pas encore cela que je demande.

SCAPIN.

Ce n'est pas cela ?

LÉANDRE.

Non, infame ; c'est autre chose encore que je veux que tu me confesses.

SCAPIN, *à part*.

Peste !

LÉANDRE.

Parle vite, j'ai hâte.

SCAPIN.

Monsieur, voilà tout ce que j'ai fait.

LÉANDRE, *voulant frapper*.

Voilà tout ?

OCTAVE, *se mettant au devant de Léandre*.

Hé !

SCAPIN.

Hé bien, oui, monsieur : vous vous souvenez de ce loup-garou, il y a six mois, qui vous donna tant de coups de bâton la nuit, et vous pensa faire rompre le cou dans une cave où vous tombâtes en fuyant ?

LÉANDRE.

Hé bien ?

SCAPIN.

C'étoit moi, monsieur, qui faisois le loup-garou.

LÉANDRE.

C'étoit toi, traître, qui faisois le loup-garou?

SCAPIN.

Oui, monsieur, seulement pour vous faire peur, et vous ôter l'envie de nous faire courir toutes les nuits comme vous aviez coutume.

LÉANDRE.

Je saurai me souvenir, en temps et lieu, de tout ce que je viens d'apprendre. Mais je veux venir au fait, et que tu me confesses ce que tu as dit à mon père.

SCAPIN.

A votre père?

LÉANDRE.

Oui, fripon, à mon père.

SCAPIN.

Je ne l'ai pas seulement vu depuis son retour.

LÉANDRE.

Tu ne l'as pas vu?

SCAPIN.

Non, monsieur.

LÉANDRE.

Assurément?

SCAPIN.

Assurément. C'est une chose que je vais vous faire dire par lui-même.

LÉANDRE.

C'est de sa bouche que je le tiens pourtant.

SCAPIN.
Avec votre permission, il n'a pas dit la vérité.

SCÈNE VI.

LÉANDRE, OCTAVE, CARLE, SCAPIN.

CARLE.
Monsieur, je vous apporte une nouvelle qui est fâcheuse pour votre amour.
LÉANDRE.
Comment?
CARLE.
Vos Égyptiens sont sur le point de vous enlever Zerbinette ; et elle-même, les larmes aux yeux, m'a chargé de venir promptement vous dire que, si, dans deux heures, vous ne songez à leur porter l'argent qu'ils vous ont demandé pour elle, vous l'allez perdre pour jamais.
LÉANDRE.
Dans deux heures?
CARLE.
Dans deux heures.

SCÈNE VII.

LÉANDRE, OCTAVE, SCAPIN.

LÉANDRE.
Ah, mon pauvre Scapin ! j'implore ton secours.

SCAPIN, *se levant, et passant fièrement devant Léandre.*

Ah, mon pauvre Scapin! Je suis mon pauvre Scapin, à cette heure qu'on a besoin de moi.

LÉANDRE.

Va, je te pardonne tout ce que tu viens de me dire, et pis encore, si tu me l'as fait.

SCAPIN.

Non, non, ne me pardonnez rien. Passez-moi votre épée au travers du corps. Je serai ravi que vous me tuiez.

LÉANDRE.

Non. Je te conjure plutôt de me donner la vie en servant mon amour.

SCAPIN.

Point, point; vous feriez mieux de me tuer.

LÉANDRE.

Tu m'es trop précieux; et je te prie de vouloir employer pour moi ce génie admirable qui vient à bout de toutes choses.

SCAPIN.

Non; tuez-moi, vous dis-je.

LÉANDRE.

Ah, de grace! ne songe plus à tout cela, et pense à me donner le secours que je te demande.

OCTAVE.

Scapin, il faut faire quelque chose pour lui.

SCAPIN.

Le moyen, après une avanie de la sorte?

LÉANDRE.

Je te conjure d'oublier mon emportement, et de me prêter ton adresse.

OCTAVE.

Je joins mes prières aux siennes.

SCAPIN.

J'ai cette insulte-là sur le cœur.

OCTAVE.

Il faut quitter ton ressentiment.

LÉANDRE.

Voudrois-tu m'abandonner, Scapin, dans la cruelle extrémité où se voit mon amour?

SCAPIN.

Me venir faire, à l'improviste, un affront comme celui-là!

LÉANDRE.

J'ai tort, je le confesse.

SCAPIN.

Me traiter de coquin, de fripon, de pendard, d'infame!

LÉANDRE.

J'en ai tous les regrets du monde.

SCAPIN.

Me vouloir passer son épée au travers du corps!

LÉANDRE.

Je t'en demande pardon de tout mon cœur; et, s'il ne tient qu'à me jeter à tes genoux, tu m'y vois, Scapin, pour te conjurer encore une fois de ne me point abandonner.

OCTAVE.

Ah, ma foi, Scapin! il faut se rendre à cela.

SCAPIN.

Levez-vous. Une autre fois ne soyez point si prompt.

LÉANDRE.

Me promets-tu de travailler pour moi?

SCAPIN.

On y songera.

LÉANDRE.

Mais tu sais que le temps presse.

SCAPIN.

Ne vous mettez pas en peine. Combien est-ce qu'il vous faut?

LÉANDRE.

Cinq cents écus.

SCAPIN.

Et à vous?

OCTAVE.

Deux cents pistoles.

SCAPIN.

Je veux tirer cet argent de vos pères. (*à Octave.*) Pour ce qui est du vôtre, la machine est déja toute trouvée. (*à Léandre.*) Et quant au vôtre, bien qu'avare au dernier degré, il faudra moins de façon encore : car vous savez que pour l'esprit il n'en a pas, grace à Dieu, grande provision; et je le livre pour une espèce d'homme à qui l'on fera toujours croire tout ce que l'on voudra. Cela ne vous offense point;

il ne tombe entre lui et vous aucun soupçon de ressemblance; et vous savez assez l'opinion de tout le monde, qui veut qu'il ne soit votre père que pour la forme.

LÉANDRE.

Tout beau, Scapin!

SCAPIN.

Bon, bon, on fait bien scrupule de cela! Vous moquez-vous? Mais j'aperçois venir le père d'Octave. Commençons par lui, puisqu'il se présente. Allez-vous-en tous deux. (*à Octave.*) Et vous, avertissez votre Silvestre de venir vite jouer son rôle.

SCÈNE VIII.

ARGANTE, SCAPIN.

SCAPIN, *à part.*

Le voilà qui rumine.

ARGANTE, *se croyant seul.*

Avoir si peu de conduite et de considération! S'aller jeter dans un engagement comme celui-là! Ah, ah, jeunesse impertinente!

SCAPIN.

Monsieur, votre serviteur.

ARGANTE.

Bonjour, Scapin.

SCAPIN.

Vous rêvez à l'affaire de votre fils?

ARGANTE.

Je t'avoue que cela me donne un furieux chagrin.

SCAPIN.

Monsieur, la vie est mêlée de traverses : il est bon de s'y tenir sans cesse préparé; et j'ai ouï dire, il y a long-temps, une parole d'un ancien, que j'ai toujours retenue.

ARGANTE.

Quoi?

SCAPIN.

Que, pour peu qu'un père de famille ait été absent de chez lui, il doit promener son esprit sur tous les fâcheux accidents que son retour peut rencontrer; se figurer sa maison brûlée, son argent dérobé, sa femme morte, son fils estropié, sa fille subornée; et ce qu'il trouve qui ne lui est point arrivé, l'imputer à bonne fortune. Pour moi, j'ai pratiqué toujours cette leçon dans ma petite philosophie; et je ne suis jamais revenu au logis que je ne me sois tenu prêt à la colère de mes maîtres, aux réprimandes, aux injures, aux coups de pied au cul, aux bastonnades, aux étrivières; et ce qui a manqué à m'arriver, j'en ai rendu grace à mon destin.

ARGANTE.

Voilà qui est bien. Mais ce mariage impertinent qui trouble celui que nous voulons faire est une chose que je ne puis souffrir, et je viens de consulter des avocats pour le faire casser.

SCAPIN.

Ma foi, monsieur, si vous m'en croyez, vous tâcherez, par quelque autre voie, d'accommoder l'affaire. Vous savez ce que c'est que les procès en ce pays-ci, et vous allez vous enfoncer dans d'étranges épines.

ARGANTE.

Tu as raison, je le vois bien; mais quelle autre voie?

SCAPIN.

Je pense que j'en ai trouvé une. La compassion que m'a donnée tantôt votre chagrin m'a obligé à chercher dans ma tête quelque moyen pour vous tirer d'inquiétude; car je ne saurois voir d'honnêtes pères chagrinés par leurs enfants, que cela ne m'émeuve; et, de tout temps, je me suis senti pour votre personne une inclination particulière.

ARGANTE.

Je te suis obligé.

SCAPIN.

J'ai donc été trouver le frère de cette fille qui a été épousée. C'est un de ces braves de profession, de ces gens qui sont tout coups d'épée, qui ne parlent que d'échiner, et ne font non plus de conscience de tuer un homme que d'avaler un verre de vin. Je l'ai mis sur ce mariage, lui ai fait voir quelle facilité offroit la raison de la violence pour le faire casser, vos prérogatives du nom de père, et l'appui que vous donneroient, auprès de la justice, et votre droit, et votre argent, et vos amis. Enfin je l'ai tant tourné de tous les côtés, qu'il a prêté l'oreille aux propositions que je lui ai faites d'ajuster l'affaire pour quelque somme; et il donnera son consentement à rompre le mariage, pourvu que vous lui donniez de l'argent.

ARGANTE.

Et qu'a-t-il demandé?

SCAPIN.

Oh, d'abord des choses par dessus les maisons!

ARGANTE.

Hé quoi?

SCAPIN.

Des choses extravagantes.

ARGANTE.

Mais encore?

SCAPIN.

Il ne parloit pas moins que de cinq ou six cents pistoles.

ARGANTE.

Cinq ou six cents fièvres quartaines qui le puissent serrer! Se moque-t-il des gens?

SCAPIN.

C'est ce que je lui ai dit. J'ai rejeté bien loin de pareilles propositions, et je lui ai bien fait entendre que vous n'étiez point une dupe, pour vous demander des cinq ou six cents pistoles. Enfin, après plusieurs discours, voici où s'est réduit le résultat de notre conférence. Nous voilà au temps, m'a-t-il dit, que je dois partir pour l'armée; je suis après à m'équiper, et le besoin que j'ai de quelque argent me fait consentir, malgré moi, à ce qu'on me propose. Il me faut un cheval de service; et je n'en saurois avoir un qui soit tant soit peu raisonnable, à moins de soixante pistoles.

ARGANTE.
Hé bien, pour soixante pistoles, je les donne.
SCAPIN.
Il faudra le harnois et les pistolets ; et cela ira bien à vingt pistoles encore.
ARGANTE.
Vingt pistoles, et soixante, ce seroit quatre-vingts.
SCAPIN.
Justement.
ARGANTE.
C'est beaucoup ; mais soit. Je consens à cela.
SCAPIN.
Il me faut aussi un cheval pour monter mon valet, qui coûtera bien trente pistoles.
ARGANTE.
Comment diantre ! Qu'il se promène ! il n'aura rien du tout.
SCAPIN.
Monsieur...
ARGANTE.
Non. C'est un impertinent.
SCAPIN.
Voulez-vous que son valet aille à pied?
ARGANTE.
Qu'il aille comme il lui plaira, et le maître aussi.
SCAPIN.
Mon dieu ! monsieur, ne vous arrêtez point à peu de chose. N'allez point plaider, je vous prie, et donnez tout pour vous sauver des mains de la justice.

ARGANTE.

Hé bien, soit. Je me résous à donner encore ces trente pistoles.

SCAPIN.

Il me faut encore, a-t-il dit, un mulet pour porter...

ARGANTE.

Oh, qu'il aille au diable avec son mulet! C'en est trop, et nous irons devant les juges.

SCAPIN.

De grace, monsieur...

ARGANTE.

Non; je n'en ferai rien.

SCAPIN.

Monsieur, un petit mulet.

ARGANTE.

Je ne lui donnerois pas seulement un âne!

SCAPIN.

Considérez...

ARGANTE.

Non, j'aime mieux plaider.

SCAPIN.

Hé, monsieur! de quoi parlez-vous là, et à quoi vous résolvez-vous! Jetez les yeux sur les détours de la justice; voyez combien d'appels et de degrés de juridiction, combien de procédures embarrassantes, combien d'animaux ravissants par les griffes desquels il vous faudra passer; sergents, procureurs, avocats, greffiers, substituts, rapporteurs, juges, et leurs clercs. Il n'y a pas un de tous ces gens-là qui, pour la moindre chose, ne soit capable de donner un soufflet au meilleur droit du monde. Un sergent baillera de faux exploits, sur quoi vous serez condamné sans que vous le sachiez; votre procureur s'entendra avec votre partie, et vous vendra à beaux deniers comptants. Votre avocat, gagné de même, ne se trouvera point lorsqu'on plaidera votre cause, ou dira des raisons qui ne feront que battre la campagne, et n'iront point au fait. Le greffier délivrera par contumace des sentences et arrêts contre vous. Le clerc du rapporteur soustraira des pièces, ou le rapporteur même ne dira pas ce qu'il a vu. Et quand, par les plus grandes précautions du monde, vous aurez paré tout cela, vous serez ébahi que vos juges auront été sollicités contre vous ou par des gens dévots, ou par des femmes qu'ils aimeront. Hé, monsieur! si vous le pouvez, sauvez-vous de cet enfer-là. C'est être damné dès ce monde que d'avoir à plaider; et la seule pensée d'un procès seroit capable de me faire fuir jusqu'aux Indes.

ARGANTE.

A combien est-ce qu'il fait monter le mulet?

SCAPIN.

Monsieur, pour le mulet, pour son cheval et celui de son homme, pour le harnois et les pistolets, et pour payer quelque petite chose qu'il doit à son hôtesse, il demande en tout deux cents pistoles.

ARGANTE.

Deux cents pistoles!

SCAPIN.

Oui.

ARGANTE, *se promenant en colère.*

Allons, allons, nous plaiderons.

SCAPIN.

Faites réflexion...

ARGANTE.

Je plaiderai.

SCAPIN.

Ne vous allez point jeter...

ARGANTE.

Je veux plaider.

SCAPIN.

Mais, pour plaider, il vous faudra de l'argent ; il vous en faudra pour l'exploit ; il vous en faudra pour le contrôle ; il vous en faudra pour la procuration, pour la présentation, conseils, productions, et journées de procureur ; il vous en faudra pour les consultations et plaidoiries des avocats, pour le droit de retirer le sac, et pour les grosses d'écritures ; il vous en faudra pour le rapport des substituts, pour les épices de conclusion, pour l'enregistrement du greffier, façon d'appointement, sentences et arrêts, contrôles, signatures, et expéditions de leurs clercs, sans parler de tous les présents qu'il vous faudra faire. Donnez cet argent-là à cet homme-ci, vous voilà hors d'affaire.

ARGANTE.

Comment, deux cents pistoles !

SCAPIN.

Oui. Vous y gagnerez. J'ai fait un petit calcul en moi-même de tous les frais de la justice, et j'ai trouvé qu'en donnant deux cents pistoles à votre homme, vous en aurez de reste, pour le moins, cent cinquante, sans compter les soins, les pas et les chagrins que vous épargnerez. Quand il n'y auroit à essuyer que les sottises que disent devant tout le monde de méchants plaisants d'avocats, j'aimerois mieux donner trois cents pistoles que de plaider.

ARGANTE.

Je me moque de cela! et je défie les avocats de rien dire de moi.

SCAPIN.

Vous ferez ce qu'il vous plaira; mais, si j'étois que de vous, je fuirois les procès.

ARGANTE.

Je ne donnerai point deux cents pistoles.

SCAPIN.

Voici l'homme dont il s'agit.

SCÈNE IX.

ARGANTE, SCAPIN; SILVESTRE, *déguisé en spadassin.*

SILVESTRE.

Scapin, fais-moi connoître un peu cet Argante qui est père d'Octave.

SCAPIN.

Pourquoi, monsieur?

SILVESTRE.

Je viens d'apprendre qu'il veut me mettre en procès, et faire rompre par justice le mariage de ma sœur.

SCAPIN.

Je ne sais pas s'il a cette pensée ; mais il ne veut point consentir aux deux cents pistoles que vous voulez, et il dit que c'est trop.

SILVESTRE.

Par la mort! par la tête! par le ventre! si je le trouve, je le veux échiner, dussé-je être roué tout vif. (*Argante, pour n'être point vu, se tient en tremblant derrière Scapin.*)

SCAPIN.

Monsieur, ce père d'Octave a du cœur ; et peut-être ne vous craindra-t-il point.

SILVESTRE.

Lui, lui! Par le sang! par la tête! s'il étoit là, je lui donnerois tout-à-l'heure de l'épée dans le ventre, (*apercevant Argante.*) Qui est cet homme-là?

SCAPIN.

Ce n'est pas lui, monsieur, ce n'est pas lui.

SILVESTRE.

N'est-ce point quelqu'un de ses amis?

SCAPIN.

Non, monsieur, au contraire : c'est son ennemi capital.

SILVESTRE.

Son ennemi capital?

SCAPIN.

Oui.

SILVESTRE.

Ah, parbleu! j'en suis ravi. (*à Argante.*) Vous êtes

ennemi, monsieur, de ce faquin d'Argante? Hé?

SCAPIN.

Oui, oui, je vous en réponds.

SILVESTRE, *secouant rudement la main d'Argante.*

Touchez là; touchez. Je vous donne ma parole, et vous jure, sur mon honneur, par l'épée que je porte, par tous les sermens que je saurois faire, qu'avant la fin du jour je vous déferai de ce maraud fieffé, de ce faquin d'Argante. Reposez-vous sur moi.

SCAPIN.

Monsieur, les violences, en ce pays-ci, ne sont guère souffertes.

SILVESTRE.

Je me moque de tout; et je n'ai rien à perdre.

SCAPIN.

Il se tiendra sur ses gardes assurément; et il a des parens, des amis et des domestiques, dont il se fera un secours contre votre ressentiment.

SILVESTRE.

C'est ce que je demande, morbleu; c'est ce que je demande. (*mettant l'épée à la main.*) Ah, tête! ah, ventre! Que ne le trouvé-je à cette heure avec tout son secours! Que ne paroît-il à mes yeux au milieu de trente personnes! Que ne le vois-je fondre sur moi les armes à la main! (*se mettant en garde.*) Comment, marauds, vous avez la hardiesse de vous attaquer à moi! allons, morbleu, tue! (*poussant de tous les côtés, comme s'il avoit plusieurs personnes à combattre.*) Point de quartier! Donnons. Ferme. Poussons. Bon pied, bon œil. Ah, coquins! Ah, canaille! vous en voulez par là; je vous en ferai tâter votre soûl. Soutenez, marauds, soutenez. Allons. A cette botte; à cette autre. (*se tournant du côté d'Argante et de Scapin.*) A celle-ci; à celle-là. Comment, vous reculez! Pied ferme, morbleu, pied ferme.

SCAPIN.

Hé, hé, hé, monsieur! nous n'en sommes pas.

SILVESTRE.

Voilà qui vous apprendra à vous oser jouer à moi.

SCÈNE X.

ARGANTE, SCAPIN.

SCAPIN.

Hé bien, vous voyez combien de personnes tuées pour deux cents pistoles. Or sus, je vous souhaite une bonne fortune.

ARGANTE, *tout tremblant.*

Scapin!

SCAPIN.

Plaît-il?

ARGANTE.

Je me résous à donner les deux cents pistoles.

SCAPIN.

J'en suis ravi pour l'amour de vous.

ARGANTE.

Allons le trouver; je les ai sur moi.

SCAPIN.

Vous n'avez qu'à me les donner. Il ne faut pas,

pour votre honneur, que vous paroissiez là après avoir passé ici pour un autre que ce que vous êtes; et, de plus, je craindrois qu'en vous faisant connoître il n'allât s'aviser de vous demander davantage.

ARGANTE.

Oui; mais j'aurois été bien aise de voir comme je donne mon argent.

SCAPIN.

Est-ce que vous vous défiez de moi?

ARGANTE.

Non pas; mais...

SCAPIN.

Parbleu, monsieur, je suis un fourbe, ou je suis un honnête homme : c'est l'un des deux. Est-ce que je voudrois vous tromper, et que, dans tout ceci, j'ai d'autre intérêt que le vôtre et celui de mon maître, à qui vous voulez vous allier? Si je vous suis suspect, je ne me mêle plus de rien, et vous n'avez qu'à chercher, dès cette heure, qui accommodera vos affaires.

ARGANTE.

Tiens donc.

SCAPIN.

Non, monsieur, ne me confiez point votre argent. Je serai bien aise que vous vous serviez de quelque autre.

ARGANTE.

Mon dieu! tiens.

SCAPIN.

Non, vous dis-je; ne vous fiez point à moi. Que sait-on si je ne veux point vous attraper votre argent?

ARGANTE.

Tiens, te dis-je; ne me fais point contester davantage. Mais songe à bien prendre tes sûretés avec lui.

SCAPIN.

Laissez-moi faire; il n'a pas affaire à un sot.

ARGANTE.

Je vais t'attendre chez moi.

SCAPIN.

Je ne manquerai pas d'y aller. (*seul.*) Et un. Je n'ai qu'à chercher l'autre. Ah, ma foi! le voici. Il semble que le ciel, l'un après l'autre, les amène dans mes filets.

SCÈNE XI.

SCAPIN, GÉRONTE.

SCAPIN, *faisant semblant de ne pas voir Géronte.*

O ciel! ô disgrace imprévue! ô misérable père! Pauvre Géronte, que feras-tu?

GÉRONTE, *à part.*

Que dit-il là de moi, avec ce visage affligé?

SCAPIN.

N'y a-t-il personne qui puisse me dire où est le seigneur Géronte?

GÉRONTE.

Qu'y a-t-il, Scapin?

SCAPIN, *courant sur le théâtre, sans vouloir entendre ni voir Géronte.*

Où pourrai-je le rencontrer, pour lui dire cette infortune?

ACTE II, SCÈNE XI.

GÉRONTE, *courant après Scapin.*

Qu'est-ce que c'est donc?

SCAPIN.

En vain je cours, de tous côtés, pour le pouvoir trouver.

GÉRONTE.

Me voici.

SCAPIN.

Il faut qu'il soit caché dans quelque endroit qu'on ne puisse point deviner.

GÉRONTE, *arrêtant Scapin.*

Holà! Es-tu aveugle, que tu ne me vois pas?

SCAPIN.

Ah, monsieur! il n'y a pas moyen de vous rencontrer.

GÉRONTE.

Il y a une heure que je suis devant toi. Qu'est-ce que c'est donc qu'il y a?

SCAPIN.

Monsieur...

GÉRONTE.

Quoi?

SCAPIN.

Monsieur, votre fils...

GÉRONTE.

Hé bien, mon fils...

SCAPIN.

Est tombé dans une disgrace la plus étrange du monde.

GÉRONTE.

Et quelle?

SCAPIN.

Je l'ai trouvé tantôt tout triste de je ne sais quoi que vous lui avez dit, où vous m'avez mêlé assez mal à propos; et, cherchant à divertir cette tristesse, nous nous sommes allés promener sur le port. Là, entre autres plusieurs choses, nous avons arrêté nos yeux sur une galère turque, assez bien équipée. Un jeune Turc de bonne mine nous a invités d'y entrer, et nous a présenté la main. Nous y avons passé. Il nous a fait mille civilités, nous a donné la collation, où nous avons mangé des fruits les plus excellents qui se puissent voir, et bu du vin, que nous avons trouvé le meilleur du monde.

GÉRONTE.

Qu'y a-t-il de si affligeant à tout cela?

SCAPIN.

Attendez, monsieur, nous y voici. Pendant que nous mangions, il a fait mettre la galère en mer; et, se voyant éloigné du port, il m'a fait mettre dans un esquif, et m'envoie vous dire que, si vous ne lui envoyez par moi, tout-à-l'heure, cinq cents écus, il va vous emmener votre fils en Alger.

GÉRONTE.

Comment diantre, cinq cents écus!

SCAPIN.

Oui, monsieur; et, de plus, il ne m'a donné, pour cela, que deux heures.

ACTE II, SCENE XI.

GÉRONTE.

Ah, le pendard de Turc! m'assassiner de la façon!

SCAPIN.

C'est à vous, monsieur, d'aviser promptement aux moyens de sauver des fers un fils que vous aimez avec tant de tendresse.

GÉRONTE.

Que diable alloit-il faire dans cette galère?

SCAPIN.

Il ne songeoit pas à ce qui est arrivé.

GÉRONTE.

Va-t'en, Scapin, va-t'en vite dire à ce Turc que je vais envoyer la justice après lui.

SCAPIN.

La justice en pleine mer! vous moquez-vous des gens?

GÉRONTE.

Que diable alloit-il faire dans cette galère?

SCAPIN.

Une méchante destinée conduit quelquefois les personnes.

GÉRONTE.

Il faut, Scapin, il faut que tu fasses ici l'action d'un serviteur fidèle.

SCAPIN.

Quoi, monsieur?

GÉRONTE.

Que tu ailles dire à ce Turc qu'il me renvoie mon fils, et que tu te mets à sa place, jusqu'à ce que j'aie amassé la somme qu'il demande.

SCAPIN.

Hé, monsieur! songez-vous à ce que vous dites? et vous figurez-vous que ce Turc ait si peu de sens, que d'aller recevoir un misérable comme moi à la place de votre fils?

GÉRONTE.

Que diable alloit-il faire dans cette galère?

SCAPIN.

Il ne devinoit pas ce malheur. Songez, monsieur, qu'il ne m'a donné que deux heures.

GÉRONTE.

Tu dis qu'il demande...

SCAPIN.

Cinq cents écus.

GÉRONTE.

Cinq cents écus! N'a-t-il point de conscience?

SCAPIN.

Vraiment oui, de la conscience à un Turc!

GÉRONTE.

Sait-il bien ce que c'est que cinq cents écus?

SCAPIN.

Oui, monsieur; il sait que c'est mille cinq cents livres.

GÉRONTE.

Croit-il, le traître, que mille cinq cents livres se trouvent dans le pas d'un cheval?

SCAPIN.

Ce sont des gens qui n'entendent point de raison.

GÉRONTE.

Mais que diable alloit-il faire dans cette galère?

ACTE II, SCÈNE XI.

SCAPIN.

Il est vrai; mais quoi! on ne prévoyoit pas les choses. De grace, monsieur, dépêchez.

GÉRONTE.

Tiens, voilà la clef de mon armoire.

SCAPIN.

Bon.

GÉRONTE.

Tu l'ouvriras.

SCAPIN.

Fort bien.

GÉRONTE.

Tu trouveras une grosse clef du côté gauche, qui est celle de mon grenier.

SCAPIN.

Oui.

GÉRONTE.

Tu iras prendre toutes les hardes qui sont dans cette grande manne, et tu les vendras aux fripiers, pour aller racheter mon fils.

SCAPIN, *en lui rendant la clef.*

Hé monsieur, rêvez-vous? Je n'aurois pas cent francs de tout ce que vous dites; et, de plus, vous savez le peu de temps qu'on m'a donné.

GÉRONTE.

Mais que diable alloit-il faire dans cette galère?

SCAPIN.

Oh, que de paroles perdues! Laissez là cette galère, et songez que le temps presse, et que vous courez risque de perdre votre fils. Hélas! mon pauvre maître, peut-être que je ne te verrai de ma vie, et qu'à l'heure que je parle on t'emmène esclave en Alger! Mais le ciel me sera témoin que j'ai fait pour toi tout ce que j'ai pu, et que, si tu manques à être racheté, il n'en faut accuser que le peu d'amitié d'un père.

GÉRONTE.

Attends, Scapin, je m'en vais querir cette somme.

SCAPIN.

Dépêchez donc vite, monsieur; je tremble que l'heure ne sonne.

GÉRONTE.

N'est-ce pas quatre cents écus que tu dis?

SCAPIN.

Non; cinq cents écus.

GÉRONTE.

Cinq cents écus!

SCAPIN.

Oui.

GÉRONTE.

Que diable alloit-il faire dans cette galère?

SCAPIN.

Vous avez raison. Mais hâtez-vous.

GÉRONTE.

N'y avoit-il point d'autre promenade?

SCAPIN.

Cela est vrai; mais faites promptement.

GÉRONTE.

Ah, maudite galère!

ACTE II, SCÈNE XI.

SCAPIN, *à part.*

Cette galère lui tient au cœur.

GÉRONTE.

Tiens, Scapin : je ne me souvenois pas que je viens justement de recevoir cette somme en or; et je ne croyois pas qu'elle dût m'être sitôt ravie. (*tirant sa bourse de sa poche, et la présentant à Scapin.*) Tiens, va-t'en racheter mon fils.

SCAPIN, *tendant la main.*

Oui, monsieur.

GÉRONTE, *retenant sa bourse, qu'il fait semblant de vouloir donner à Scapin.*

Mais dis à ce Turc que c'est un scélérat.

SCAPIN, *tendant encore la main.*

Oui.

GÉRONTE, *recommençant la même action.*

Un infame.

SCAPIN, *tendant toujours la main.*

Oui.

GÉRONTE, *de même.*

Un homme sans foi, un voleur.

SCAPIN.

Laissez-moi faire.

GÉRONTE, *de même.*

Qu'il me tire cinq cents écus contre toute sorte de droit.

SCAPIN.

Oui.

GÉRONTE, *de même.*

Que je ne les lui donne ni à la mort, ni à la vie.

SCAPIN.

Fort bien.

GÉRONTE, *de même.*

Et que si jamais je l'attrape, je saurai me venger de lui.

SCAPIN.

Oui.

GÉRONTE, *remettant sa bourse dans sa poche, et s'en allant.*

Va, va vite requérir mon fils.

SCAPIN, *courant après Géronte.*

Holà, monsieur!

GÉRONTE.

Quoi?

SCAPIN.

Où est donc cet argent?

GÉRONTE.

Ne te l'ai-je pas donné?

SCAPIN.

Non vraiment; vous l'avez remis dans votre poche.

GÉRONTE.

Ah, c'est la douleur qui me trouble l'esprit.

SCAPIN.

Je le vois bien.

GÉRONTE.

Que diable alloit-il faire dans cette galère? Ah, maudite galère! Traître de Turc, à tous les diables!

SCAPIN, *seul.*

Il ne peut digérer les cinq cents écus que je lui arrache; mais il n'est pas quitte envers moi, et je veux qu'il me paie, en une autre monnoie, l'imposture qu'il m'a faite auprès de son fils.

SCÈNE XII.

OCTAVE, LÉANDRE, SCAPIN.

OCTAVE.

Hé bien, Scapin! as-tu réussi pour moi dans ton entreprise?

LÉANDRE.

As-tu fait quelque chose pour tirer mon amour de la peine où il est?

SCAPIN, *à Octave*.

Voilà deux cents pistoles que j'ai tirées de votre père.

OCTAVE.

Ah, que tu me donnes de joie!

SCAPIN, *à Léandre*.

Pour vous, je n'ai pu faire rien.

LÉANDRE, *voulant s'en aller*.

Il faut donc que j'aille mourir; et je n'ai que faire de vivre si Zerbinette m'est ôtée.

SCAPIN.

Holà, holà, doucement! Comme, diantre, vous allez vite!

LÉANDRE, *se retournant*.

Que veux-tu que je devienne?

SCAPIN.

Allez, j'ai votre affaire ici.

LÉANDRE.

Ah, tu me redonnes la vie!

SCAPIN.

Mais à condition que vous me permettrez, à moi, une petite vengeance contre votre père, pour le tour qu'il m'a fait.

LÉANDRE.

Tout ce que tu voudras.

SCAPIN.

Vous me le promettez devant témoin?

LÉANDRE.

Oui.

SCAPIN.

Tenez, voilà cinq cents écus.

LÉANDRE.

Allons-en promptement acheter celle que j'adore.

FIN DU SECOND ACTE.

ACTE TROISIÈME.

SCÈNE I.

ZERBINETTE, HYACINTHE, SCAPIN, SILVESTRE.

SILVESTRE.

Oui, vos amants ont arrêté entre eux que vous fussiez ensemble; et nous nous acquittons de l'ordre qu'ils nous ont donné.

HYACINTHE, *à Zerbinette.*

Un tel ordre n'a rien qui ne soit fort agréable. Je reçois avec joie une compagne de la sorte; et il ne tiendra pas à moi que l'amitié qui est entre les personnes que nous aimons ne se répande entre nous deux.

ZERBINETTE.

J'accepte la proposition, et ne suis point personne à reculer lorsqu'on m'attaque d'amitié.

SCAPIN.

Et lorsque c'est d'amour qu'on vous attaque?

ZERBINETTE.

Pour l'amour, c'est une autre chose; on y court un peu plus de risque, et je ne suis pas hardie.

SCAPIN.

Vous l'êtes, que je crois, contre mon maître, maintenant; et ce qu'il vient de faire pour vous doit vous donner du cœur pour répondre, comme il faut, à sa passion.

ZERBINETTE.

Je ne me fie encore que de la bonne sorte; et ce n'est pas assez pour m'assurer entièrement que ce qu'il vient de faire. J'ai l'humeur enjouée, et sans sans cesse je ris : mais, tout en riant, je suis sérieuse sur de certains chapitres; et ton maître s'abusera, s'il croit qu'il lui suffise de m'avoir achetée pour me voir toute à lui. Il doit lui en coûter autre chose que de l'argent; et, pour répondre à son amour de la manière qu'il souhaite, il me faut un don de sa foi, qui soit assaisonné de certaines cérémonies qu'on trouve nécessaires.

SCAPIN.

C'est là aussi comme il l'entend. Il ne prétend à vous qu'en tout bien et en tout honneur; et je n'aurois pas été homme à me mêler de cette affaire, s'il avoit une autre pensée.

ZERBINETTE.

C'est ce que je veux croire, puisque vous me le dites; mais, du côté du père, j'y prévois des empêchements.

SCAPIN.

Nous trouverons moyen d'accommoder les choses.

HYACINTHE, *à Zerbinette*.

La ressemblance de nos destins doit contribuer encore à faire naître notre amitié; et nous nous voyons toutes deux dans les mêmes alarmes, toutes deux exposées à la même infortune.

ZERBINETTE.

Vous avez cet avantage, au moins, que vous savez de qui vous êtes née, et que l'appui de vos parents, que vous pouvez faire connoître, est capable d'ajuster tout, peut assurer votre bonheur, et faire donner un consentement au mariage qu'on trouve fait. Mais, pour moi, je ne rencontre aucun secours dans ce que je puis être ; et l'on me voit dans un état qui n'adoucira pas les volontés d'un père qui ne regarde que le bien.

HYACINTHE.

Mais aussi avez-vous cet avantage, que l'on ne tente point, par un autre parti, celui que vous aimez.

ZERBINETTE.

Le changement du cœur d'un amant n'est pas ce qu'on peut le plus craindre. On se peut naturellement croire assez de mérite pour garder sa conquête; et ce que je vois de plus redoutable dans ces sortes d'affaires, c'est la puissance paternelle, auprès de qui tout le mérite ne sert de rien.

HYACINTHE.

Hélas ! pourquoi faut-il que de justes inclinations se trouvent traversées ? La douce chose que d'aimer, lorsqu'on ne voit point d'obstacle à ces aimables chaînes dont deux cœurs se lient ensemble !

SCAPIN.

Vous vous moquez. La tranquillité, en amour, est un calme désagréable : un bonheur tout uni nous devient ennuyeux : il faut du haut et du bas dans la vie;

et les difficultés qui se mêlent aux choses réveillent les alarmes, augmentent les plaisirs.

ZERBINETTE.

Mon dieu, Scapin! fais-nous un peu ce récit, qu'on m'a dit qui est si plaisant, du stratagème dont tu t'es avisé pour tirer de l'argent de ton vieillard avare. Tu sais qu'on ne perd point sa peine lorsqu'on me fait un conte, et que je le paye assez bien par la joie qu'on m'y voit prendre.

SCAPIN.

Voilà Silvestre qui s'en acquittera aussi bien que moi. J'ai dans la tête certaine petite vengeance, dont je vais goûter le plaisir.

SILVESTRE.

Pourquoi, de gaieté de cœur, veux-tu chercher à t'attirer de méchantes affaires?

SCAPIN.

Je me plais à tenter des entreprises hasardeuses.

SILVESTRE.

Je te l'ai déja dit, tu quitterois le dessein que tu as, si tu m'en voulois croire.

SCAPIN.

Oui; mais c'est moi que j'en croirai.

SILVESTRE.

A quoi diable te vas-tu amuser?

SCAPIN.

De quoi diable te mets-tu en peine?

SILVESTRE.

C'est que je vois que, sans nécessité, tu vas courir risque de t'attirer une venue de coups de bâton.

SCAPIN.

Hé bien, c'est aux dépens de mon dos, et non pas du tien.

SILVESTRE.

Il est vrai que tu es maître de tes épaules, et tu en disposeras comme il te plaira.

SCAPIN.

Ces sortes de périls ne m'ont jamais arrêté ; et je hais ces cœurs pusillanimes qui, pour trop prévoir les suites des choses, n'osent rien entreprendre.

ZERBINETTE, *à Scapin.*

Nous aurons besoin de tes soins.

SCAPIN.

Allez. Je vous irai bientôt rejoindre. Il ne sera pas dit qu'impunément on m'a mis en état de me trahir moi-même, et de découvrir des secrets qu'il étoit bon qu'on ne sût pas.

SCÈNE II.

GÉRONTE, SCAPIN.

GÉRONTE.

Hé bien, Scapin ! comment va l'affaire de mon fils ?

SCAPIN.

Votre fils, monsieur, est en lieu de sûreté. Mais vous courez maintenant, vous, le péril le plus grand du monde, et je voudrois, pour beaucoup, que vous fussiez dans votre logis.

GÉRONTE.

Comment donc?

SCAPIN.

A l'heure que je parle, on vous cherche de toutes parts pour vous tuer.

GÉRONTE.

Moi?

SCAPIN.

Oui.

GÉRONTE.

Et qui?

SCAPIN.

Le frère de cette personne qu'Octave a épousée. Il croit que le dessein que vous avez de mettre votre fille à la place que tient sa sœur, est ce qui pousse le plus fort à faire rompre leur mariage; et, dans cette pensée, il a résolu hautement de décharger son désespoir sur vous, et de vous ôter la vie pour venger son honneur. Tous ses amis, gens d'épée comme lui, vous cherchent de tous les côtés, et demandent de vos nouvelles. J'ai vu même, de çà et de là, des soldats de sa compagnie qui interrogent ceux qu'ils trouvent, et occupent par pelotons toutes les avenues de votre maison, de sorte que vous ne sauriez aller chez vous, vous ne sauriez faire un pas ni à droite, ni à gauche, que vous ne tombiez dans leurs mains.

GÉRONTE.

Que ferai-je, mon pauvre Scapin?

SCAPIN.

Je ne sais pas, monsieur, et voici une étrange af-

ACTE III, SCÈNE II.

faire. Je tremble pour vous depuis les pieds jusqu'à la tête; et... Attendez. (*Scapin faisant semblant d'aller voir au fond du théâtre s'il n'y a personne.*)

GÉRONTE, *en tremblant.*

Hé?

SCAPIN.

Non, non, non; ce n'est rien.

GÉRONTE.

Ne saurois-tu trouver quelque moyen pour me tirer de peine?

SCAPIN.

J'en imagine bien un; mais je courrois risque, moi, de me faire assommer.

GÉRONTE.

Hé, Scapin! montre-toi serviteur zélé. Ne m'abandonne pas, je te prie.

SCAPIN.

Je le veux bien. J'ai une tendresse pour vous qui ne sauroit souffrir que je vous laisse sans secours.

GÉRONTE.

Tu en seras récompensé, je t'assure; et je te promets cet habit-ci, quand je l'aurai un peu usé.

SCAPIN.

Attendez. Voici une affaire que j'ai trouvée fort à propos pour vous sauver. Il faut que vous vous mettiez dans ce sac, et que...

GÉRONTE, *croyant voir quelqu'un.*

Ah!

SCAPIN.

Non, non, non, non; ce n'est personne. Il faut,

dis-je, que vous vous mettiez là dedans, et que vous vous gardiez de remuer en aucune façon. Je vous chargerai sur mon dos, comme un paquet de quelque chose; et je vous porterai ainsi, au travers de vos ennemis, jusque dans votre maison, où, quand nous serons une fois, nous pourrons nous barricader, et envoyer querir main-forte contre la violence.

GÉRONTE.

L'invention est bonne.

SCAPIN.

La meilleure du monde. Vous allez voir. (*à part.*) Tu me paieras l'imposture.

GÉRONTE.

Hé?

SCAPIN.

Je dis que vos ennemis seront bien attrapés. Mettez-vous bien jusqu'au fond; et surtout prenez garde de ne vous point montrer, et de ne branler pas, quelque chose qui puisse arriver.

GÉRONTE.

Laisse-moi faire; je saurai me tenir.

SCAPIN.

Cachez-vous. Voici un spadassin qui vous cherche. (*en contrefaisant sa voix.*) — Quoi! jé n'aurai pas l'abantage dé tué cé Géronte? et quelqu'un, par charité, ne m'enseignera pas où il est? — (*à Géronte, avec sa voix ordinaire.*) Ne branlez pas. — Cadédis! je le troubérai, sé cachât-il au centré dé la terre. —(*à Géronte, avec son ton naturel.*) Ne vous montrez pas. — Oh! l'homme au sac? — Monsieur. — Jé té vaille un louis, et m'enseigne où peut être Géronte.—Vous cherchez le seigneur Géronte! — Oui, mordi, jé lé cherche.—Et pour quelle affaire, monsieur?—Pour quelle affaire? — Oui. — Jé beux, cadédis, lé faire mourir sous les coups dé vaton. — Oh, monsieur! les coups de bâton ne se donnent point à des gens comme lui, et ce n'est pas un homme à être traité de la sorte. — Qui? cé fat dé Géronte, cé maraud, cé vélître? — Le seigneur Géronte, monsieur, n'est ni fat, ni maraud, ni bélître; et vous devriez, s'il vous plaît, parler d'autre façon.—Comment! tu mé traites à moi avec cetté hauteur? — Je défends, comme je dois, un homme d'honneur qu'on offense. — Est-ce que tu es des amis dé cé Géronte! — Oui, monsieur, j'en suis.—Ah, cadédis! tu es dé ses amis; à la vonne hure. (*donnant plusieurs coups de bâton sur le sac.*) Tiens, boilà cé que jé té vaille pour lui. — (*criant comme s'il recevait les coups de bâton.*) Ah, ah, ah, ah, ah, monsieur! Ah, ah, monsieur! tout beau! ah, doucement! Ah, ah, ah, ah!—Va, porté-lui céla dé ma part. Adiusias.—Ah, le diable soit le Gascon! Ah!

GÉRONTE, *mettant la tête hors du sac.*

Ah, Scapin! je n'en puis plus.

SCAPIN.

Ah, monsieur! je suis tout moulu, et les épaules me font un mal épouvantable.

GÉRONTE.

Comment! c'est sur les miennes qu'il a frappé.

SCAPIN.

Nenni, monsieur; c'étoit sur mon dos qu'il frappoit.

GÉRONTE.

Que veux-tu dire? J'ai bien senti les coups, et les sens bien encore.

SCAPIN.

Non, vous dis-je; ce n'est que le bout du bâton qui a été jusque sur vos épaules.

GÉRONTE.

Tu devois donc te retirer un peu plus loin, pour m'épargner...

SCAPIN, *faisant remettre Géronte dans le sac.*

Prenez garde. En voici un autre qui a la mine d'un étranger. — Parti, moi courir comme une Basque, et moi ne poufre point troufair de tout le jour sti tiable de Géronte? — Cachez-vous bien. — Dites un peu moï, fous, monsieur l'homme, s'il ve plaît; fous savoir point où l'est sti Géronte que moi cherchir? — Non, monsieur, je ne sais point où est Géronte. — Dites-moi-le, vous, franchement; moi li fouloir pas grande chose à lui. L'est seulemente pour li donnair une petite régale, sur le dos, d'une douzaine de coups de bâtonne, et de trois ou quatre petites coups d'épée au trafers de son poitrine. — Je vous assure, monsieur, que je ne sais pas où il est. — Il me semble que ji foi remuair quelque chose dans sti sac. — Pardonnez-moi, monsieur. — Li est assurément quelque histoire là tetans. — Point du tout, monsieur. — Moi l'afoir enfie de tonner ain coup d'épée dans sti sac. — Ah, monsieur! gardez-vous-en bien. — Montrez-le-moi un peu, fous, ce que c'estre là. — Tout beau, monsieur! — Quement, tout beau! — Vous n'avez que

ACTE III, SCÈNE II.

faire de vouloir voir ce que je porte. — Et moi je le fouloir voir, moi. —Vous ne le verrez point. — Ah! que de badinemente. — Ce sont hardes qui m'appartiennent. — Montre-moi, fous, te dis-je. — Je n'en ferai rien. —Toi n'en faire rien ? — Non. — Moi pailler de ste bâtonne sur les épaules de toi. — Je me moque de cela. — Ah! toi faire le trôle. — (*donnant des coups de bâton sur le sac, et criant comme s'il les recevoit.*) Ah, ah, ah, ah, monsieur! Ah, ah, ah, ah! — Jusqu'au refoir; l'être là un petit leçon pour li apprendre à toi à parler insolentement. — Ah, peste soit du baragouineux! Ah!

GÉRONTE, *sortant sa tête hors du sac.*

Ah, je suis roué!

SCAPIN.

Ah, je suis mort!

GÉRONTE.

Pourquoi diantre faut-il qu'ils frappent sur mon dos?

SCAPIN, *lui remettant la tête dans le sac.*

Prenez garde! voici une demi-douzaine de soldats tous ensemble. — (*contrefaisant la voix de plusieurs personnes.*) Allons, tâchons à trouver ce Géronte; cherchons partout. N'épargnons point nos pas. Courons toute la ville. N'oublions aucun lieu. Visitons tout. Furetons de tous les côtés. Par où irons-nous? Tournons par là. Non; par ici. A gauche. A droite. Nenni. Si fait.—(*à Géronte, avec sa voix ordinaire.*) Cachez-vous bien. — Ah, camarades! voici son valet. Allons, coquin, il faut que tu nous enseignes où est ton maître.—Hé, messieurs! ne me maltraitez point. —Allons, dis-nous où il est. Parle. Hâte-toi. Expédions. Dépêche vite. Tôt. — Hé, messieurs! doucement! (*Géronte met doucement la tête hors du sac, et aperçoit la fourberie de Scapin.*) — Si tu ne nous fais trouver ton maître tout-à-l'heure, nous allons faire pleuvoir sur toi une ondée de coups de bâton. — J'aime mieux souffrir toute chose que de vous découvrir mon maître. — Nous allons t'assommer. — Faites tout ce qu'il vous plaira. — Tu as envie d'être battu?—Je ne trahirai pas mon maître. — Ah! tu en veux tâter? Voilà... — Oh! (*comme il est près de frapper, Géronte sort du sac, et Scapin s'enfuit.*)

GÉRONTE, *seul.*

Ah, infame! Ah, traître! Ah, scélérat! C'est ainsi que tu m'assassines!

SCÈNE III.

ZERBINETTE, GÉRONTE.

ZERBINETTE, *riant, sans voir Géronte.*

Ha, ha! je veux prendre un peu l'air.

GÉRONTE, *à part, sans voir Zerbinette.*

Tu me le paieras, je te jure.

ZERBINETTE, *sans voir Géronte.*

Ha, ha, ha, ha! la plaisante histoire! et la bonne dupe que ce vieillard.

GÉRONTE.

Il n'y a rien de plaisant à cela, et vous n'avez que faire d'en rire.

ACTE III, SCÈNE III.

ZERBINETTE.

Quoi? que voulez-vous dire, monsieur?

GÉRONTE.

Je veux dire que vous ne devez pas vous moquer de moi.

ZERBINETTE.

De vous?

GÉRONTE.

Oui.

ZERBINETTE.

Comment! Qui songe à se moquer de vous?

GÉRONTE.

Pourquoi venez-vous ici me rire au nez?

ZERBINETTE.

Cela ne vous regarde point; et je ris toute seule d'un conte qu'on vient de me faire, le plus plaisant qu'on puisse entendre. Je ne sais pas si c'est parce que je suis intéressée dans la chose, mais je n'ai jamais trouvé rien de si drôle qu'un tour qui vient d'être joué par un fils à son père pour en attraper de l'argent.

GÉRONTE.

Par un fils à son père pour en attraper de l'argent?

ZERBINETTE.

Oui. Pour peu que vous me pressiez, vous me trouverez assez disposée à vous dire l'affaire; et j'ai une démangeaison naturelle à faire part des contes que je sais.

GÉRONTE.

Je vous prie de me dire cette histoire.

ZERBINETTE.

Je le veux bien. Je ne risquerai pas grand'chose à vous la dire; et c'est une aventure qui n'est pas pour être long-temps secrète. La destinée a voulu que je me trouvasse parmi une bande de ces personnes qu'on appelle *Égyptiens,* et qui, rôdant de province en province, se mêlent de dire la bonne fortune, et quelquefois de beaucoup d'autres choses. En arrivant dans cette ville, un jeune homme me vit, et conçut pour moi de l'amour. Dès ce moment il s'attache à mes pas; et le voilà d'abord comme tous les jeunes gens qui croient qu'il n'y a qu'à parler, et qu'au moindre mot qu'ils nous disent leurs affaires sont faites; mais il trouva une fierté qui lui fit un peu corriger ses premières pensées. Il fit connoître sa passion aux gens qui me tenoient, et il les trouva disposés à me laisser à lui, moyennant quelque somme. Mais le mal de l'affaire étoit que mon amant se trouvoit dans l'état où l'on voit très souvent la plupart des fils de famille, c'est-à-dire qu'il étoit un peu dénué d'argent. Il a un père, qui, quoique riche, est un avaricieux fieffé, le plus vilain homme du monde. Attendez. Ne me saurois-je souvenir de son nom? Ah! aidez-moi un peu. Ne pouvez-vous me nommer quelqu'un de cette ville qui soit connu pour être avare au dernier point?

GÉRONTE.

Non.

ZERBINETTE.

Il y a à son nom du ron... ronte. O... Oronte. Non;

ACTE III, SCENE III.

Gé... Géronte. Oui, Géronte, justement ; voilà mon vilain, je l'ai trouvé, ce ladre-là que je dis. Pour venir à notre conte, nos gens ont voulu aujourd'hui partir de cette ville ; et mon amant m'alloit perdre, faute d'argent, si, pour en tirer de son père, il n'avoit trouvé du secours dans l'industrie d'un serviteur qu'il a. Pour le nom du serviteur, je le sais à merveille ; il s'appelle Scapin ; c'est un homme incomparable ; il mérite toutes les louanges que l'on peut donner.

GÉRONTE, *à part.*

Ah, coquin que tu es!

ZERBINETTE.

Voici le stratagème dont il s'est servi pour attraper sa dupe. Ha, ha, ha, ha! je ne saurois m'en souvenir, que je ne rie de tout mon cœur. Ha, ha, ha! il est allé trouver ce chien d'avare, ha, ha, ha! et lui a dit qu'en se promenant sur le port avec son fils, hi, hi! ils avoient vu une galère turque, où on les avoit invités d'entrer ; qu'un jeune Turc leur avoit donné la collation ; ha, ha! que, tandis qu'ils mangeoient, on avoit mis la galère en mer, et que le Turc l'avoit renvoyé lui seul à terre, dans un esquif, avec ordre de dire au père de son maître qu'il emmenoit son fils en Alger, s'il ne lui envoyoit tout-à-l'heure cinq cents écus. Ha, ha, ha! Voilà mon ladre, mon vilain, dans de furieuses angoisses ; et la tendresse qu'il a pour son fils fait un combat étrange avec son avarice. Cinq cents écus qu'on lui demande sont justement cinq cents coups de poignard qu'on lui donne. Ha, ha, ha!

Il ne peut se résoudre à tirer cette somme de ses entrailles; et la peine qu'il souffre lui fait trouver cent moyens ridicules pour ravoir son fils. Ha, ha, ha! Il veut envoyer la justice en mer après la galère du Turc. Ha, ha, ha! Il sollicite son valet de s'aller offrir à tenir la place de son fils, jusqu'à ce qu'il ait amassé l'argent qu'il n'a pas envie de donner. Ha, ha, ha! Il abandonne, pour faire les cinq cents écus, quatre ou cinq vieux habits, qui n'en valent pas trente. Ha, ha, ha! Le valet lui fait comprendre à tous coups l'impertinence de ses propositions, et chaque réflexion est douloureusement accompagnée d'un : Mais que diable alloit-il faire dans cette galère? Ah, maudite galère! Traître de Turc! Enfin, après plusieurs détours, après avoir long-temps gémi et soupiré... Mais il me semble que vous ne riez pas de mon conte. Qu'en dites-vous?

GÉRONTE.

Je dis que le jeune homme est un pendard, un insolent, qui sera puni par son père du tour qu'il lui a fait : que l'Égyptienne est une malavisée, une impertinente, de dire des injures à un homme d'honneur, qui saura lui apprendre à venir ici débaucher les enfants de famille; et que le valet est un scélérat, qui sera, par Géronte, envoyé au gibet avant qu'il soit demain.

SCÈNE IV.

ZERBINETTE, SILVESTRE.

SILVESTRE.

Où est-ce donc que vous vous échappez? Savez-vous bien que vous venez de parler là au père de votre amant?

ZERBINETTE.

Je viens de m'en douter ; et je me suis adressée à lui-même, sans y penser, pour lui conter son histoire.

SILVESTRE.

Comment, son histoire?

ZERBINETTE.

Oui. J'étois toute remplie du conte, et je brûlois de le redire. Mais qu'importe? Tant pis pour lui! Je ne vois pas que les choses, pour nous, en puissent être ni pis ni mieux.

SILVESTRE.

Vous aviez grande envie de babiller! et c'est avoir bien de la langue que de ne pouvoir se taire de ses propres affaires.

ZERBINETTE.

N'auroit-il pas appris cela de quelque autre?

SCÈNE V.

ARGANTE, ZERBINETTE, SILVESTRE.

ARGANTE, *derrière le théâtre.*

Holà, Silvestre!

SILVESTRE, *à Zerbinette.*

Rentrez dans la maison. Voilà mon maître qui m'appelle.

SCÈNE VI.

ARGANTE, SILVESTRE.

ARGANTE.

Vous vous êtes donc accordés, coquins! Vous vous êtes accordés, Scapin, vous, et mon fils, pour me fourber! et vous croyez que je l'endure?

SILVESTRE.

Ma foi, monsieur, si Scapin vous fourbe, je m'en lave les mains, et vous assure que je n'y trempe en aucune façon.

ARGANTE.

Nous verrons cette affaire, pendard, nous verrons cette affaire, et je ne prétends pas qu'on me fasse passer la plume par le bec.

SCÈNE VII.

GÉRONTE, ARGANTE, SILVESTRE.

GÉRONTE.

Ah, seigneur Argante, vous me voyez accablé de disgrace.

ARGANTE.

Vous me voyez aussi dans un accablement horrible.

GÉRONTE.

Le pendard de Scapin, par une fourberie, m'a attrapé cinq cents écus.

ARGANTE.

Le même pendard de Scapin, par une fourberie aussi, m'a attrapé deux cents pistoles.

GÉRONTE.

Il ne s'est pas contenté de m'attraper cinq cents écus, il m'a traité d'une manière que j'ai honte de dire. Mais il me la paiera.

ARGANTE.

Je veux qu'il me fasse raison de la pièce qu'il m'a jouée.

GÉRONTE.

Et je prétends faire de lui une vengeance exemplaire.

SILVESTRE, *à part.*

Plaise au ciel que, dans tout ceci, je n'aie point ma part!

GÉRONTE.

Mais ce n'est pas encore tout, seigneur Argante; et un malheur nous est toujours l'avant-coureur d'un autre. Je me réjouissois aujourd'hui de l'espérance d'avoir ma fille, dont je faisois toute ma consolation; et je viens d'apprendre de mon homme qu'elle est partie, il y a long-temps, de Tarente, et qu'on y croit qu'elle a péri dans le vaisseau où elle s'embarqua.

ARGANTE.

Mais pourquoi, s'il vous plaît, la tenir à Tarente, et ne vous être pas donné la joie de l'avoir avec vous?

GÉRONTE.

J'ai eu mes raisons pour cela; et des intérêts de famille m'ont obligé jusqu'ici à tenir fort secret ce second mariage. Mais que vois-je?

SCÈNE VIII.

ARGANTE, GÉRONTE, NÉRINE, SILVESTRE.

GÉRONTE.

Ah, te voilà, nourrice!

NÉRINE, *se jetant aux genoux de Géronte.*

Ah, seigneur Pandolfe, que...

GÉRONTE.

Appelle-moi Géronte, et ne te sers plus de ce nom. Les raisons ont cessé qui m'avoient obligé à le prendre, parmi vous, à Tarente.

NÉRINE.

Las, que ce changement de nom nous a causé de

troubles et d'inquiétudes dans les soins que nous avons pris de vous venir chercher ici?

GÉRONTE.

Où est ma fille et sa mère?

NÉRINE.

Votre fille, monsieur, n'est pas loin d'ici; mais, avant que de vous la faire voir, il faut que je vous demande pardon de l'avoir mariée, dans l'abandonnement où, faute de vous rencontrer, je me suis trouvée avec elle.

GÉRONTE.

Ma fille mariée!

NÉRINE.

Oui, monsieur.

GÉRONTE.

Et avec qui?

NÉRINE.

Avec un jeune homme nommé Octave, fils d'un certain seigneur Argante.

GÉRONTE.

O ciel!

ARGANTE.

Quelle rencontre!

GÉRONTE.

Mène-nous, mène-nous promptement où elle est.

NÉRINE.

Vous n'avez qu'à entrer dans ce logis.

GÉRONTE.

Passe devant. Suivez-moi; suivez-moi, seigneur Argante.

SILVESTRE, *seul*.

Voilà une aventure qui est tout-à-fait surprenante!

SCÈNE IX.

SCAPIN, SILVESTRE.

SCAPIN.

Hé bien, Silvestre, que font nos gens?

SILVESTRE.

J'ai deux avis à te donner. L'un, que l'affaire d'Octave est accommodée. Notre Hyacinthe s'est trouvée la fille du seigneur Géronte; et le hasard a fait ce que la prudence des pères avoit délibéré. L'autre avis, c'est que les deux vieillards font contre toi des menaces épouvantables, et surtout le seigneur Géronte.

SCAPIN.

Cela n'est rien. Les menaces ne m'ont jamais fait mal, et ce sont des nuées qui passent bien loin sur nos têtes.

SILVESTRE.

Prends garde à toi! Les fils se pourroient bien raccommoder avec les pères, et toi demeurer dans la nasse.

SCAPIN.

Laisse-moi faire; je trouverai moyen d'apaiser leur courroux; et...

SILVESTRE.

Retire-toi : les voilà qui sortent.

SCÈNE X.

GÉRONTE, ARGANTE, HYACINTHE, ZERBINETTE, NÉRINE, SILVESTRE.

GÉRONTE.

Allons, ma fille, venez chez moi. Ma joie auroit été parfaite, si j'avois pu voir votre mère avec vous.

ARGANTE.

Voici Octave tout à propos.

SCÈNE XI.

ARGANTE, GÉRONTE, OCTAVE, HYACINTHE, ZERBINETTE, NÉRINE, SILVESTRE.

ARGANTE.

Venez, mon fils, venez vous réjouir avec nous de l'heureuse aventure de votre mariage. Le ciel...

OCTAVE.

Non, mon père, toutes vos propositions de mariage ne serviront de rien. Je dois lever le masque avec vous; et l'on vous a dit mon engagement.

ARGANTE.

Oui; mais tu ne sais pas...

OCTAVE.

Je sais tout ce qu'il faut savoir.

ARGANTE.

Je te veux dire que la fille du seigneur Géronte...

OCTAVE.

La fille du seigneur Géronte ne me sera jamais de rien.

GÉRONTE.

C'est elle...

OCTAVE, *à Géronte.*

Non, monsieur; je vous demande pardon : mes résolutions sont prises.

SILVESTRE, *à Octave.*

Écoutez.

OCTAVE.

Non; tais-toi, je n'écoute rien.

ARGANTE, *à Octave.*

Ta femme...

OCTAVE.

Non, vous dis-je, mon père; je mourrai plutôt que de quitter mon aimable Hyacinthe. (*traversant le théâtre pour se mettre à côté d'Hyacinthe.*) Oui, vous avez beau faire, la voilà celle à qui ma foi est engagée; je l'aimerai toute ma vie, et je ne veux point d'autre femme.

ARGANTE.

Hé bien, c'est elle qu'on te donne. Quel diable d'étourdi qui suit toujours sa pointe!

HYACINTHE, *montrant Géronte.*

Oui, Octave, voilà mon père que j'ai trouvé; et nous nous voyons hors de peine.

GÉRONTE.

Allons chez moi; nous serons mieux qu'ici pour nous entretenir.

HYACINTHE, *montrant Zerbinette.*

Ah, mon père! je vous demande par grace que je ne sois point séparée de l'aimable personne que vous voyez. Elle a un mérite qui vous fera concevoir de l'estime pour elle quand il sera connu de vous.

GÉRONTE.

Tu veux que je tienne chez moi une personne qui est aimée de ton frère, et qui m'a dit tantôt au nez mille sottises de moi-même?

ZERBINETTE.

Monsieur, je vous prie de m'excuser. Je n'aurois pas parlé de la sorte si j'avois su que c'étoit vous; et je ne vous connoissois que de réputation.

GÉRONTE.

Comment! que de réputation?

HYACINTHE.

Mon père, la passion que mon frère a pour elle n'a rien de criminel, et je réponds de sa vertu.

GÉRONTE.

Voilà qui est fort bien. Ne voudroit-on point que je mariasse mon fils avec elle? une fille inconnue, qui fait le métier de coureuse.

SCÈNE XII.

ARGANTE, GÉRONTE, LÉANDRE, OCTAVE, HYACINTHE, ZERBINETTE, NÉRINE, SILVESTRE.

LÉANDRE.

Mon père, ne vous plaignez point que j'aime une inconnue sans naissance et sans bien. Ceux de qui je l'ai rachetée viennent de me découvrir qu'elle est de cette ville et d'honnête famille ; que ce sont eux qui l'y ont dérobée à l'âge de quatre ans ; et voici un bracelet qu'ils m'ont donné, qui pourra nous aider à trouver ses parents.

ARGANTE.

Hélas ! à voir ce bracelet, c'est ma fille que je perdis à l'âge que vous dites.

GÉRONTE.

Votre fille ?

ARGANTE.

Oui, ce l'est ; et j'y vois tous les traits qui m'en peuvent rendre assuré. Ma chère fille !

HYACINTHE.

O ciel, que d'aventures extraordinaires !

SCÈNE XIII.

ARGANTE, GÉRONTE, LÉANDRE, OCTAVE, HYACINTHE, ZERBINETTE, NÉRINE, SILVESTRE, CARLE.

CARLE.

Ah, messieurs! il vient d'arriver un accident étrange.

GÉRONTE.

Quoi?

CARLE.

Le pauvre Scapin...

GÉRONTE.

C'est un coquin que je veux faire pendre.

CARLE.

Hélas! monsieur, vous ne serez pas en peine de cela. En passant contre un bâtiment, il lui est tombé sur la tête un marteau de tailleur de pierre, qui lui a brisé l'os et découvert toute la cervelle. Il se meurt; il a prié qu'on l'apportât ici pour vous pouvoir parler avant que de mourir.

ARGANTE.

Où est-il?

CARLE.

Le voilà.

SCÈNE XIV.

ARGANTE, GÉRONTE, LÉANDRE, OCTAVE, HYACINTHE, ZERBINETTE, NÉRINE, SCAPIN, SILVESTRE, CARLE.

SCAPIN, *apporté par deux hommes, et la tête entourée de linge, comme s'il avoit été blessé.*

Ah, ah! messieurs, vous me voyez... ah! vous me voyez dans un étrange état... Ah! je n'ai pas voulu mourir sans venir demander pardon à toutes les personnes que je puis avoir offensées. Ah! oui, messieurs, avant que de rendre le dernier soupir, je vous conjure de tout mon cœur de vouloir me pardonner tout ce que je puis vous avoir fait, principalement le seigneur Argante et le seigneur Géronte. Ah!

ARGANTE.

Pour moi, je te pardonne; va, meurs en repos.

SCAPIN, *à Géronte.*

C'est vous, monsieur, que j'ai le plus offensé par les coups de bâton...

GÉRONTE.

Ne parle point davantage; je te pardonne aussi.

SCAPIN.

C'a été une témérité bien grande à moi, que les coups de bâton que je...

GÉRONTE.

Laissons cela.

ACTE III, SCÈNE XIV.

SCAPIN.

J'ai, en mourant, une douleur inconcevable des coups de bâton que...

GÉRONTE.

Mon dieu, tais-toi!

SCAPIN.

Les malheureux coups de bâton que je vous...

GÉRONTE.

Tais-toi, te dis-je, j'oublie tout.

SCAPIN.

Hélas, quelle bonté! mais est-ce de bon cœur, monsieur, que vous me pardonnez ces coups de bâton que...

GÉRONTE.

Hé! oui. Ne parlons plus de rien; je te pardonne tout : voilà qui est fait.

SCAPIN.

Ah! monsieur, je me sens tout soulagé depuis cette parole.

GÉRONTE.

Oui; mais je te pardonne à la charge que tu mourras.

SCAPIN.

Comment, monsieur?

GÉRONTE.

Je me dédis de ma parole, si tu réchappes.

SCAPIN.

Ah, ah! voilà mes foiblesses qui me reprennent.

ARGANTE.

Seigneur Géronte, en faveur de notre joie, il faut lui pardonner sans condition.

GÉRONTE.

Soit.

ARGANTE.

Allons souper ensemble, pour mieux goûter notre plaisir.

SCAPIN.

Et moi, qu'on me porte au bout de la table, en attendant que je meure.

FIN DES FOURBERIES DE SCAPIN.

TABLE

DES PIÈCES CONTENUES DANS CE VOLUME.

George Dandin, ou le Mari confondu, comédie en trois actes et en prose. Page 1

Relation de la Fête de Versailles du 18 juillet 1666. 82

M. de Pourceaugnac, comédie-ballet en trois actes et en prose. 133

Les Amants magnifiques, comédie-ballet en cinq actes et en prose. 225

Le Bourgeois gentilhomme, comédie-ballet en cinq actes et en prose. 319

Les Fourberies de Scapin, comédie en trois actes et en prose. 473

FIN DE LA TABLE DU CINQUIÈME VOLUME.

www.ingramcontent.com/pod-product-compliance
Lightning Source LLC
Chambersburg PA
CBHW060505230426
43665CB00013B/1401